COMPOSIÇÃO E ORIGEM DAS ÁGUAS MINERAIS NATURAIS

Exemplo de Caldas da Saúde

ALBERTO LIMA

COMPOSIÇÃO E ORIGEM
DAS ÁGUAS MINERAIS NATURAIS

Exemplo de Caldas da Saúde

ALMEDINA | 2010

COMPOSIÇÃO E ORIGEM DAS ÁGUAS MINERAIS NATURAIS

AUTOR
ALBERTO LIMA

DISTRIBUIDORA
EDIÇÕES ALMEDINA. SA
Av. Fernão Magalhães, n.º 584, 5.º Andar
3000-174 Coimbra
Tel.: 239 851 904
Fax: 239 851 901
www.almedina.net
editora@almedina.net

PRÉ-IMPRESSÃO | IMPRESSÃO | ACABAMENTO
G.C. GRÁFICA DE COIMBRA, LDA.
Palheira – Assafarge
3001-453 Coimbra
producao@graficadecoimbra.pt

Julho, 2010

DEPÓSITO LEGAL
314379/10

Os dados e as opiniões inseridos na presente publicação
são da exclusiva responsabilidade do(s) seu(s) autor(es).

Toda a reprodução desta obra, por fotocópia ou outro qualquer
processo, sem prévia autorização escrita do Editor, é ilícita
e passível de procedimento judicial contra o infractor.

Biblioteca Nacional de Portugal – Catalogação na Publicação

LIMA, Alberto

Composição e origem das águas minerais
naturais : exemplo de Caldas da Saúde
ISBN 978-972-40-4306-7

CDU   556

ÍNDICE

PREFÁCIO 7

INTRODUÇÃO 9

Parte I

CARACTERÍSTICAS GERAIS DA ÁREA
DA OCORRÊNCIA HIDROMINERAL

1. LOCALIZAÇÃO 21
2. GEOMORFOLOGIA 22
3. QUADRO GEOLÓGICO-ESTRUTURAL 25
4. ASPECTOS CLIMÁTICOS 27
   4.1. Precipitação 27
   4.2. Temperatura 31
   4.3. Evapotranspiração 32
   4.4. Balanço hídrico 34

Parte II

COMPOSIÇÃO DA ÁGUA MINERAL NATURAL

5. PARÂMETROS GLOBAIS 38
   5.1. Temperatura 39
   5.2. pH 41
   5.3. Condutividade eléctrica 44
   5.4. Alcalinidade 48
   5.5. Dureza 53
   5.6. Sílica 57
   5.7. Carbono inorgânico total 65
   5.8. Sulfuração total 67
   5.9. Enxofre total 72
   5.10. Resíduo seco 75
6. COMPONENTE MAIORITÁRIA 80
   6.1. Aniões 82
       6.1.1. *Fluoreto* 82
       6.1.2. *Cloreto* 87
       6.1.3. *Hidrogenocarbonato e carbonato* 91
       6.1.4. *Hidrogenossulfureto e sulfato* 93
       6.1.5. *Silicato* 95
       6.1.6. *Nitrato e nitrito* 96

6 | COMPOSIÇÃO E ORIGEM DAS ÁGUAS MINERAIS NATURAIS

6.2. Catiões 102
    6.2.1. *Lítio* 103
    6.2.2. *Sódio* 106
    6.2.3. *Potássio* 110
    6.2.4. *Magnésio* 113
    6.2.5. *Cálcio* 117
    6.2.6. *Amónio* 122
6.3. Fácies hidroquímica 124

7. COMPONENTE VESTIGIÁRIA 127
    7.1. Berílio 131
    7.2. Boro 132
    7.3. Alumínio 134
    7.4. Escândio 137
    7.5. Titânio 139
    7.6. Vanádio 140
    7.7. Crómio 144
    7.8. Manganês 146
    7.9. Níquel 148
    7.10. Cobre 150
    7.11. Zinco 153
    7.12. Arsénio 155
    7.13. Selénio 158
    7.14. Bromo 161
    7.15. Rubídio 163
    7.16. Estrôncio 164
    7.17. Molibdénio 165
    7.18. Iodo 167
    7.19. Césio 168
    7.20. Bário 169
    7.21. Tungsténio 171

8. ESPECIAÇÃO QUÍMICA 172

Parte III

ORIGEM DA ÁGUA MINERAL NATURAL

9. PROVENIÊNCIA DAS MOLÉCULAS DE ÁGUA 185
10. ÁREA DE RECARGA DO SISTEMA HIDROMINERAL 190
11. TEMPERATURA DO RESERVATÓRIO 194
12. PROFUNDIDADE DO CIRCUITO HIDROMINERAL 202
13. ORIGENS DA MINERALIZAÇÃO 205
14. IDADE DA ÁGUA 220
15. MODELO CONCEPTUAL 230

REFERÊNCIAS BIBLIOGRÁFICAS 235

PREFÁCIO

No centro do remoinho da nossa vida guardamos muito do que nos constrói e define. São pensamentos, factos, saberes e experiências que vivemos e recolhemos.

Só o Homem civilizado e culto se interessa verdadeiramente pelo seu passado, pela história, pela arqueologia, pela paleontologia, pela ciência em sentido lato. Tem curiosidade por tudo o que o precedeu, relembra os passos mais significativos da sua vida e das suas origens na procura do sentido e significado do seu fim.

Julgo, assim, oportuno, hoje e aqui, referir breves factos vividos com o Doutor Alberto Lima que, por ser um homem de cultura, me deixou vivo testemunho de exemplo, de convicção, lealdade e amizade.

No período lectivo entre 1981 e 1986 tive o prazer de ter como aluno o Doutor Alberto da Silva Lima, na Licenciatura em Ensino de Biologia e Geologia, da Universidade do Minho, durante o qual lhe foram reconhecidas excelentes qualidades de aprendizagem e relevantes facilidades de exposição, escrita e oral, sobre as temáticas curriculares da área das Ciências da Terra.

Como Vice-Reitor da Universidade do Minho, com o pelouro científico-pedagógico, tive a prerrogativa de lhe entregar o diploma de Mestre, em acto solene do dia da Universidade do Minho, em 17 de Fevereiro de 1995, pela menção honrosa que o seu estudo sobre as águas subterrâneas dos maciços graníticos da bacia aquífera de Braga mereceu.

A meu convite, ingressou como assistente estagiário do Departamento de Ciências da Terra da Universidade do Minho, no ano lectivo de 1991--1992, para leccionar aulas práticas da disciplina de Cristalografia do curso de Engenharia dos Materiais, então sob a responsabilidade do Professor Doutor Frederico Sodré Borges, da Universidade do Porto. Posteriormente, após a reestruturação do plano curricular da Licenciatura em Ensino de Biologia e Geologia, assumiu o ensino da disciplina de Recursos Hídricos, responsabilidade que ainda hoje exerce.

Fui também responsável científico da sua Dissertação de Doutoramento, no período compreendido entre 1996 e 2001, tendo como orientador científico o Professor Doutor Manuel Oliveira da Silva, da Universidade de Lisboa.

Obteve o grau de Doutor em Ciências, na área do conhecimento de Geologia, especialidade de Hidrogeologia, pela Universidade do Minho, em 2001, com menção honrosa pelo trabalho que apresentou sobre a Hidrogeologia de Maciços Graníticos da Região do Minho, perante um júri constituído por professores de universidades portuguesas e estrangeiras, que integrei na qualidade de co-orientador científico.

Com esta simplificada resenha curricular presto a devida homenagem às múltiplas facetas do talento científico e pedagógico do Doutor Alberto da Silva Lima e se louva esta sua obra científica onde se revela como um exímio naturalista e profícuo hidrogeólogo. Esta obra que nos entrega é, sem dúvida, merecedora da maior admiração e elogio.

Ao meritório trabalho científico que vem desenvolvendo no âmbito geral da Geologia junta, hoje, um dos mais interessantes e completo volume sobre as águas minero-medicinais portuguesas.

Obra de grande profundidade científica que nos propõe uma "viagem" pelas ocorrências hidrominerais sulfúreas, recorrendo ao estudo da água mineral natural das termas de Caldas da Saúde, numa procura para obter um conhecimento mais profundo e completo sobre as suas origens, composição e utilização.

Braga, Maio de 2010

J. E. LOPES NUNES
Prof. Catedrático

INTRODUÇÃO

Portugal é um dos países da Europa mais ricos em águas minerais, muitas das quais têm sido utilizadas, desde tempos imemoráveis, com fins medicinais (Lepierre, 1930-31). A distribuição destas emergências minerais não é homogénea, verificando-se que elas se concentram essencialmente no norte do país, como enfatiza Lopes (1982) ao considerar que o norte de Portugal é "o território que na Europa se apresenta mais ricamente provido de fontes de água minero-medicinal". Na Figura 1 está representado o mapa das nascentes minerais do NW de Portugal continental, segundo Acciaiuoli (1952). A abundância de águas minerais nesta região está relacionada com o seu enquadramento geotectónico, onde abundam rochas graníticas de idade hercínica, recortadas por fracturas de grande extensão e profundidade, as quais proporcionam longos e profundos circuitos subterrâneos às águas meteóricas. Nestes trajectos, as águas adquirem mineralizações parcialmente descontextualizadas e aquecem, emergindo frequentemente com temperaturas superiores às do ambiente e às das restantes águas subterrâneas. Aliás, é o carácter atípico destas águas subterrâneas que terá desencadeado a sua utilização termal desde tempos remotos e o desenvolvimento do fenómeno do termalismo.

Entre as ocorrências hidrominerais do sector NW de Portugal continental, particularmente as do tipo sulfúreo, a água de Caldas da Saúde (Caldinhas) assume uma posição de destaque, sendo já considerada nas referências mais antigas como uma das águas sulfúreas mais mineralizadas. Por exemplo, Carneiro (1931) descreve-a como "a água mineral portuguesa (...) mais sulfurosa, com excepção das águas da bacia de Entre-os-Rios" e a mais cloretada "das águas sulfurosas do norte do Mondego". O mesmo autor refere que "a água mineral das Caldas-da-Saúde é de todas as águas minerais portuguesas a que maior quantidade de sílica possui", salientando a sua importância no tratamento das

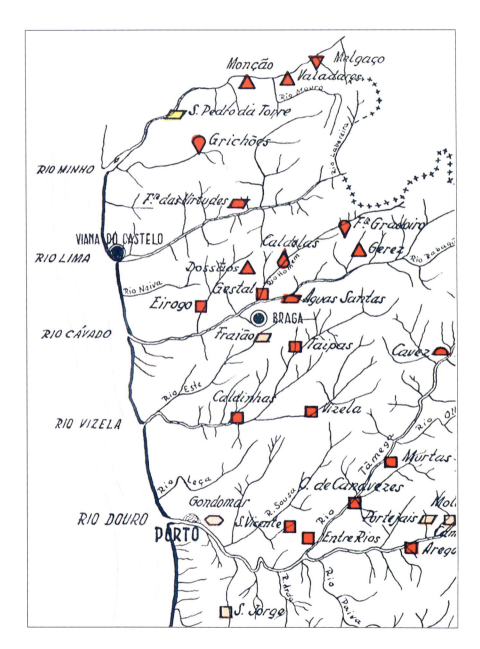

Figura 1: Nascentes de água mineral do NW de Portugal continental. Mapa adaptado de Acciaiuoli (1952).

bronquites asmáticas. Acciaiuoli (1952) coloca-a em segundo lugar entre as águas sulfúreas portuguesas, no que respeita à mineralização total. Do mesmo modo, mais recentemente, em estudo dedicado exclusivamente às águas sulfúreas alcalinas do Maciço Ibérico, Calado (2001) reconhece--lhe uma posição de destaque, colocando-a entre as águas mais mineralizadas e de sulfuração mais elevada. Estas características conferem um estatuto privilegiado à água mineral natural de Caldas da Saúde, podendo ser considerada um dos fluidos profundos mais genuínos no quadro das ocorrências termais de Portugal continental. Como tal, foi seleccionada para constituir o suporte da discussão sobre a composição e a origem das águas minerais naturais, que é o tema da presente obra.

As primeiras referências às Caldas da Saúde estão presentes em duas cartas de venda, provavelmente do ano de 998, nas quais é adoptada a denominação de Caldelas. Também num documento de 1548 é feita alusão às Caldas da Saúde, nele se encontrando uma referência ao lugar de Sande, onde está situado o actual balneário termal. Além de Caldelas, o topónimo mais antigo para Caldas da Saúde é Caldinhas, que terá sido utilizado pela primeira vez em 1801 (Carneiro, 1962). Segundo este autor, o topónimo Caldas da Saúde é recente, não devendo ser anterior aos meados ou à segunda metade do século XIX. No entanto, o topónimo "Caldinhas" está de tal forma enraizado que na carta geoquímica de Portugal (Acciaiuoli, 1952) apresentada na Figura 1, a ocorrência hidromineral de Caldas da Saúde aparece ainda referenciada como "Caldinhas". Na Carta das Nascentes Minerais de Portugal de 1970 (Almeida e Moura, 1970) a mesma ocorrência adopta as duas designações, surgindo com a denominação "Caldas da Saúde = Caldinhas".

O uso das águas termais, incluindo a de Caldas da Saúde, remonta a tempos muito recuados. Assim, na Grécia e na Roma antiga existiram bastantes balneários, embora, entre os gregos, não seja verdadeiramente conhecida a época em que se terá iniciado a aplicação das águas minerais como tratamento (Acciaiuoli, 1944a). Mas não foram apenas os romanos e os gregos que tiveram o culto das nascentes termais. Por exemplo, no norte do país há indícios da utilização das águas minerais pelos celtas, ou mesmo pelos povos pré-celtas, como atestam alguns vestígios encontrados em certas estâncias termais da região (Narciso, 1930-31).

À semelhança de muitos outros locais termais, os romanos estiveram também presentes nas Caldas da Saúde. Moedas romanas e outros artefactos de procedência romana achados durante as obras no balneário termal e no reservatório de água, levadas a cabo nos finais do século XIX e princípios do século XX, confirmam a existência de um balneário romano no local da actual estância termal (Acciaiuoli, 1944a).

A importância das águas minerais ao longo dos tempos é reconhecida principalmente pela sua utilização como meio terapêutico. Com efeito, em determinados períodos da História, este tipo de medicina – crenoterapia – terá desempenhado um papel fundamental no tratamento de diversas patologias, nomeadamente a lepra e a sarna. Aliás, Plínio terá reconhecido que em Roma, durante 600 anos, não havia outro tipo de medicina para além do recurso às águas minerais (Lopes, 1892).

O poder terapêutico das águas minero-medicinais é inquestionável, mas as razões da sua eficiência a este nível estão ainda longe de serem devidamente identificadas. De facto, como escreve Lopes (1892), "nas aguas minero-medicinaes existe á sua sahida da nascente *alguma coisa*, que até hoje não tem sido possivel apreciar, mas á qual se devem os innumeros e incontestaveis beneficios que a humanidade tem desde longiquas eras admirado". Entre as várias causas da acção especial deste tipo de águas, aquele autor salienta a composição química, considerando-a "o principal elemento therapeutico". Por isso, o mesmo autor conclui que, para além da investigação terapêutica, o estudo de uma água minero-medicinal deve ser feito também a nível físico-químico.

Até ao século XVII, as diversas aplicações das águas minerais eram efectuadas sem conhecimento da sua composição química, sendo as indicações terapêuticas baseadas exclusivamente no empirismo (Lepierre, 1930-31). A partir de então, o empirismo foi sendo progressivamente substituído pelo conhecimento científico adquirido, sobretudo devido ao aperfeiçoamento dos métodos químicos de análise.

A primeira análise química em águas minerais terá sido efectuada em 1680 por Herner, na Suécia (Lopes, 1892) e, em Portugal, Vandelli, em 1778, na Universidade de Coimbra, analisou pela primeira vez uma água mineral, a de Caldas da Rainha (Lopes, 1892; Narciso, 1930-31). Em relação a Caldas da Saúde, a primeira caracterização físico-química da água mineral terá sido efectuada por Venceslau da Silva, no ano da inauguração do estabelecimento termal (1891). Nessa mesma ocasião, Ferreira da Silva classificou estas águas como "sulfúreas sódicas, provavelmente cloretadas". Alguns anos mais tarde, em 1897, Ferreira da

Silva classificaria a água como "cloretada, sulfúrea sódica (sulfidratada), silicatada e bromoiodada" (Acciaiuoli, 1944b). A partir de análises efectuadas em 1915, Charles Lepierre considerou a água "sulfúrea sódica, cloretada e alcalina, silicatada, fluoretada, bromoiodada, litínica, arsenical e radioactiva". Além disso, faz ainda alusão à presença de radão (Lepierre, 1930-31). Também Luzes e Narciso (1930-31) classificam esta água como "sulfúrea sódica, siliciosa e radioactiva", considerando-a semelhante às águas dos Pirenéus franceses de La Preste, Cauterets e Saint Sauveur. Caracterização pouco precisa é referida por Carneiro (1931) ao considerar as águas "sulfúreas sódicas primitivas, cloretadas, silicatadas, fluoretadas, etc."

Comparando os atributos imputados à água mineral de Caldas da Saúde a partir das três análises antes referidas, verifica-se, em termos cronológicos, uma complexificação das classificações adoptadas, a qual traduz o aperfeiçoamento dos métodos analíticos e o alargamento do leque de parâmetros analisados. Por outro lado, particularmente a classificação de Charles Lepierre sugere que os diferentes elementos surgem nesta água em concentrações inusitadas, daí a necessidade de realçar este aspecto na classificação escolhida. Aliás, ainda hoje a classificação das ora denominadas águas minerais naturais encerra uma certa dificuldade em reconhecer de forma justa as peculiaridades das diferentes águas. Na classificação adoptada na Carta de Nascentes Minerais (Calado, 1992, 1995), a água mineral de Caldas da Saúde está incluída no grupo hidroquímico das águas sulfúreas sódicas (sulfúreas alcalinas). Entre as características deste grupo destacam-se as seguintes (Calado, 1995): cheiro fétido, pH francamente alcalino, mineralização total moderada, presença de enxofre no estado reduzido, teores elevados de flúor e teores relativos de sílica elevados.

Até ao início do século XIX, a análise das águas era feita apenas em relação aos seus constituintes principais, mas ao longo daquele século muitos outros elementos foram pesquisados. Entre eles destacam-se o manganês, o tungsténio, o potássio, o lítio, o estrôncio, o flúor, o bário, o iodo, o rubídio, o césio e o arsénio (Lepierre, 1930-31). Mas, como aliás já defendia o químico Moureau, todos os terrenos contêm quantidades, ainda que em alguns casos ínfimas, de todos os elementos químicos, pelo que estes mesmos elementos deverão também estar presentes nas águas, em concentrações diversas (Lepierre, 1930-31). Hoje sabe-se que, virtualmente, uma água subterrânea pode conter todos os elementos do quadro periódico, embora a presença de muitos deles só tenha sido reconhecida em tempos relativamente recentes, com o desenvolvimento das técnicas analíticas que possibilitaram a detecção de concentrações extremamente baixas, em alguns casos da ordem dos ng/L (10^{-9} g/L), ou mesmo pg/L (10^{-12} g/L). Portanto, desde já se esclarece que, no estudo efectuado à água mineral natural de Caldas da Saúde, não foram detectados alguns elementos pesquisados, o que não significa que eles não possam estar presentes na água. Significa apenas que as concentrações com que eventualmente possam surgir na água são inferiores aos limites de detecção dos métodos analíticos utilizados.

Em termos do aproveitamento da água mineral natural de Caldas da Saúde, pouco se sabe em relação às primeiras captações. Segundo Acciaiuoli (1953), as nascentes termais ocorrem na margem esquerda de uma linha de água de orientação N-S, com emergências através das diaclases do granito. Nessa altura, a obra de captação consistiria em canais construídos sobre as diaclases que conduziriam a água para um depósito. Sobre a área de emergência no granito existiria uma camada de seixo e, sobre esta, uma outra camada de areia fina. A protecção da captação em relação à infiltração das águas superficiais era assegurada por uma argamassa de cimento, colocada sobre a camada arenosa. Esta captação debitaria um caudal de 25 460 L/dia, ou seja, um pouco mais de 1 000 L/h ou, aproximadamente, 0,3 L/s (Acciaiuoli, 1953). Carneiro (1962) refere a existência de duas nascentes, ambas a emergir no interior do balneário. Segundo este autor, a nascente da "copa" era aproveitada para ingestão, enquanto a do "depósito" abastecia a área de banhos. Estas captações, com eventuais pequenas obras de manutenção, terão assegurado o suprimento de água mineral ao balneário até 1987, ano em que o estabelecimento termal foi encerrado para dar início a uma profunda obra de remodelação. Tal remodelação incidiu, não só no balneário termal, mas também na construção de novas captações. Assim, foram efectuadas quatro sondagens mecânicas, duas das quais transformadas em captações definitivas, que adoptaram as designações de AC1A e AC2A. Estes trabalhos foram iniciados em 28 de Agosto de 1989 e concluídos em 10 de Novembro do mesmo ano. Na Figura 2 pode observar-se o fenómeno de artesianismo repuxante em AC1A no final das obras de captação.

Figura 2: Aspecto da captação AC1A, observando-se o fenómeno de artesianismo repuxante. Foto gentilmente cedida pelo actual concessionário.

Actualmente, a exploração do recurso hidromineral de Caldas da Saúde é assegurada através das duas captações referidas (AC1A e AC2A), as quais correspondem a furos verticais com 62 m e 106 m de profundidade, respectivamente. A captação principal (AC1A) ainda hoje apresenta artesianismo repuxante, mas a sua exploração é feita por um grupo electrobomba submersível, à semelhança da captação AC2A.

As águas de ambas as captações são submetidas a programas analíticos de controlo de estabilidade, determinados pela Direcção-Geral de Energia e Geologia (DGEG), cujos resultados constituem o suporte da segunda parte do estudo agora apresentado. Como se referiu, este estudo tem como principal finalidade discutir os aspectos relativos à composição e à origem da água mineral natural.

Para além de uma primeira parte dedicada à caracterização geral da área da ocorrência hidromineral de Caldas da Saúde, o presente livro compreende mais duas partes. Assim, na segunda parte, partindo dos resultados analíticos antes referidos, é feita uma caracterização da composição química da água mineral em estudo. São apresentados os fundamentos da estrutura composicional da água, por meio da modelação hidrogeoquímica, salientando-se os aspectos relativos à especiação química. Estes fundamentos não se limitam necessariamente à água mineral em estudo, mas podem ser aplicados a qualquer outra água, particularmente às do tipo sulfúreo. Pretende-se com esta abordagem disponibilizar elementos para futuras investigações, nomeadamente em estudos médico-hidrológicos de novas vocações terapêuticas, além de contribuir para uma melhor compreensão das razões subjacentes ao inegável poder terapêutico desta água.

Na terceira parte são discutidos os aspectos relacionados com a origem da água e da sua mineralização, recorrendo a técnicas de hidro-geoquímica convencional e a técnicas isotópicas. Nestas últimas, são apresentados os fundamentos da sua utilização nas diferentes tarefas de identificação das fontes da própria água mineral e das substâncias nela dissolvidas.

A sequência adoptada segue uma lógica determinística, partindo da apresentação dos factos para, posteriormente, tentar encontrar as razões que justificam esses factos. Parte-se, assim, da composição da água mineral natural para uma discussão crítica dos factores intervenientes na sua mineralização, abordando inevitavelmente a questão relacionada com a origem das próprias moléculas de água.

O tratamento efectuado aos dados analíticos e a discussão apresentada poderão parecer exagerados para uma obra de divulgação. E certamente são. Mas o objectivo do presente livro não se limita a constituir um marco do conhecimento actual da ocorrência hidromineral de Caldas da Saúde. Pretende-se também disponibilizar um documento de estudo e de consulta para um vasto público, incluindo estudantes e profissionais de geociências, sobretudo no domínio da hidrogeoquímica e, assim, contribuir para o enriquecimento da literatura científica em língua portuguesa que, particularmente nesta área do conhecimento, é extremamente parca. Também os profissionais da saúde, particularmente os médicos hidrologistas, poderão encontrar neste livro informação de base que poderá contribuir para uma melhor prescrição dos tratamentos termais.

Uma penúltima nota merece referência antes de finalizar este capítulo introdutório. Prende-se com o uso indiscriminado, mas propositado, de conceitos como "água mineral", "água mineral natural", "água minero-medicinal" e "água termal". Com esta utilização indistinta pretende-se realçar a dificuldade terminológica que este tipo de águas encerra. Actualmente, as águas sulfúreas estão incluídas nos chamados "recursos hidrominerais", tal como definidos no artigo 3º do Decreto-Lei nº 90/90 de 16 de Março. Estes recursos compreendem as "águas minerais naturais" e "as águas minero-industriais". Nesta divisão, as águas como a de Caldas da Saúde deverão ser consideradas "águas minerais naturais", mas a definição de "água mineral natural" (número 3, artigo 3º, Decreto-Lei nº 90/90 de 16 de Março) não é de todo satisfatória, por um vasto conjunto de razões, cuja discussão extravasa o âmbito deste livro. Não obstante, será a designação adoptada doravante, apenas porque é um conceito com suporte legal na actualidade. De facto, e apesar disso, prefere-se o termo "água termal", no sentido de que é susceptível de ser utilizada em termas, ou seja, é adequada à prática do termalismo. Acresce que a maioria das águas com estas características apresenta também temperaturas de emergência elevadas nos seus contextos regionais, o que justificaria plenamente aquela designação (termal).

Finalmente, importa salientar a validade relativa das interpretações efectuadas, sobretudo as ilações aduzidas na terceira parte do livro. De facto, o conhecimento científico, enquanto processo dinâmico, não é axiomático e a natureza dos dados obtidos pode não conduzir a interpretações unívocas, proporcionando antes um espectro de possibilidades, por vezes difícil ou impossível de restringir. Como tal, o conhecimento actual sobre as origens e a composição da água mineral natural de Caldas da Saúde expresso neste livro não deverá ser entendido como o final do processo, mas apenas como o termo de uma das etapas do infindável percurso na procura da verdade.

Parte I

CARACTERÍSTICAS GERAIS DA ÁREA DA OCORRÊNCIA HIDROMINERAL

1. LOCALIZAÇÃO

A ocorrência hidromineral denominada "Caldas da Saúde" localiza-se na freguesia de Areias, concelho de Santo Tirso, distrito do Porto. Para a exploração do recurso, foi concessionada à Empresa das Caldas da Saúde, S. A. uma área de 74,395 hectares, delimitada pela poligonal representada na Figura 3, a qual abrange terrenos pertencentes aos concelhos de Santo Tirso (sector meridional) e Vila Nova de Famalicão (sector setentrional), estando, por isso, dividida entre os distritos de Braga e Porto.

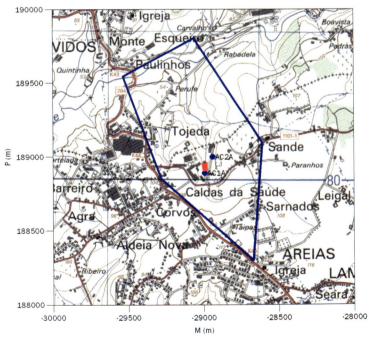

Figura 3: Localização da ocorrência hidromineral de Caldas da Saúde, assinalando-se o estabelecimento termal (polígono vermelho) e as captações de água mineral natural (círculos azuis). O polígono azul delimita a área de concessão de exploração. Referenciação Hayford-Gauss, Ponto Central. Mapa adaptado da folha 98 da Carta Militar de Portugal do Instituto Geográfico do Exército (IGE, 1997).

O acesso à estância termal é feito através da EM 1101-1 (Rua das Termas) que entronca, a poucas centenas de metros, com a EN 204, próximo do Km 44 (Figura 3), através da Alameda das Termas (Figura 4). Por sua vez, a EN 204 estabelece a ligação entre as cidades de Santo Tirso e de Vila Nova de Famalicão e permite aceder às auto-estradas A3 (Porto-Valença) e A7 (Vila do Conde-Vila Pouca de Aguiar).

Figura 4: Imagem de satélite da área da estância termal de Caldas da Saúde, assinalando--se as vias de acesso e o estabelecimento termal.

2. GEOMORFOLOGIA

Em termos geomorfológicos, a zona da emergência mineral corresponde a um pequeno vale de direcção aproximada N-S a NNW-SSE, com drenagem para norte em direcção ao Rio Pele. No trecho inicial é ligeiramente encaixado passando, a jusante, para um vale mais aberto (Figura 3).

A uma escala menor, a ocorrência hidromineral enquadra-se no domínio da bacia hidrográfica do Rio Pele que, por sua vez, é um afluente da margem direita do Rio Ave (Figura 5). Trata-se de uma bacia alongada segundo a orientação geral NE-SW, com oscilações de cota entre os 30 m e os 465 m, onde se destaca o contraste entre relevos moderadamente elevados e vales amplos, de base frequentemente aplanada. Para além daquela orientação, assinalam-se outras direcções, nomeadamente, NNE-SSW, ENE-WSW, NW-SE a NNW-SSE e N-S que completam o padrão do sistema de drenagem fluvial e que, pela sua frequência, originam a diferenciação e individualização dos relevos.

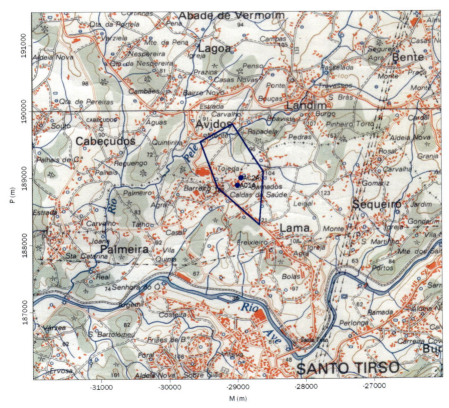

Figura 5: Enquadramento geomorfológico da ocorrência hidromineral de Caldas da Saúde. O polígono azul delimita a área de concessão de exploração. Os círculos azuis assinalam as captações de água mineral natural. Referenciação Hayford-Gauss, Ponto Central. Mapa adaptado da folha 9B (Guimarães) da Carta Corográfica de Portugal na Escala 1/50 000, do Instituto Geográfico e Cadastral (IGC, 1984).

Na Figura 6, onde se apresenta uma perspectiva tridimensional do relevo da área envolvente à ocorrência hidromineral, está bem patente o recorte geomorfológico impresso pela rede de drenagem, não obstante o carácter pouco acidentado da paisagem, bem evidenciado pela superfície de aplanamento onde se desenvolveram as povoações de Lama e Sequeirô. As emergências minerais surgem no rebordo setentrional desta superfície de aplanamento, admitindo-se, por isso, que o mesmo possa estar relacionado com uma zona de fractura de orientação geral NE-SW, a qual terá condicionado o percurso do Rio Pele e de outros cursos de água. Esta mesma zona de fractura deverá estar envolvida na circulação da água mineral, nomeadamente condicionando a sua área de emergência, pela criação de um nó tectónico com a fracturação submeridiana, proporcionando um aumento de permeabilidade do meio, favorável à ascensão da água mineral natural.

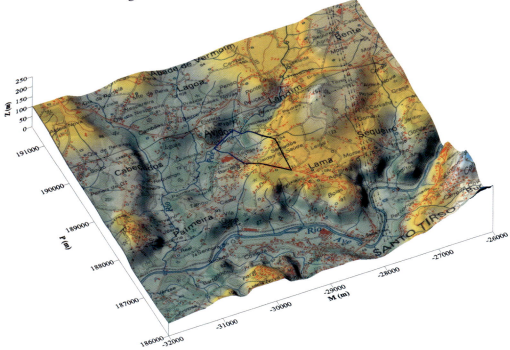

Figura 6: Representação tridimensional (projecção ortográfica) da morfologia da área envolvente à ocorrência hidromineral de Caldas da Saúde. Exagero vertical de 5X. O polígono azul delimita a área de concessão de exploração. Referenciação Hayford--Gauss, Ponto Central.

3. QUADRO GEOLÓGICO-ESTRUTURAL

Do ponto de vista geológico, a área onde se insere a ocorrência hidromineral de Caldas da Saúde está integrada no chamado Maciço Ibérico, um dos actuais afloramentos do Orógeno Varisco Europeu, circunscrevendo-se ao zonamento paleogeográfico atribuído à Zona Centro-Ibérica, tal como definida por Julivert *et al.* (1972, 1977), mais especificamente ao Domínio do Complexo Xisto-Grauváquico, no qual abundam os granitóides tardiorogénicos (Pérez-Estaún *et al.*, 2004). Frequentemente, estes granitóides afloram em bandas paralelas, concordantes com estruturas variscas de importância regional, assumindo orientações próximas de NW-SE.

À escala da ocorrência hidromineral estão representados dois granitóides distintos, um tardi-tectónico e outro tardi a pós-tectónico, relativamente à terceira fase de deformação varisca. O primeiro, denominado de granito de Guimarães e Santo Tirso, corresponde a um granito porfiróide de grão grosseiro, essencialmente biotítico, com fenocristais de microclina. O segundo, designado de granito de Burgães, Selho e Arões, é um granito monzonítico de grão médio, porfiróide, biotítico-moscovítico. O contacto entre as duas fácies graníticas ocorre nas imediações das emergências minerais (Figura 7).

Intrusivos em rochas do Silúrico, estes granitos induziram a formação de auréolas de metamorfismo de contacto, originando corneanas junto aos contactos e xistos mosqueados em zonas mais afastadas (Figura 7).

Para além das litologias referidas, têm também representação cartográfica pequenos depósitos de terraços fluviais do Plistocénico e depósitos de aluvião do Holocénico.

Face ao seu enquadramento geotectónico, esta área é essencialmente afectada por um conjunto de elementos estruturais frágeis, resultantes das fases de fracturação tardi-varisca. A presença destas descontinuidades é evidenciada pelo traçado rígido da rede de drenagem e pela configuração do relevo, destacando-se os alinhamentos com direcções NNE-SSW a ENE-WSW, NW-SE a NNW-SSE e N-S. Estruturas com estas orientações parecem estar envolvidas na circulação da água mineral, tanto a nível regional, como a nível local. De facto, os dados disponíveis sugerem que o fluxo regional se faz globalmente de NE para SW, aproveitando descontinuidades com aquela orientação, que controlam o percurso do

26 | COMPOSIÇÃO E ORIGEM DAS ÁGUAS MINERAIS NATURAIS

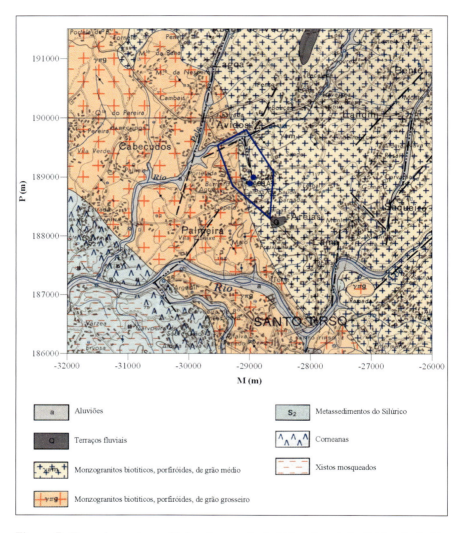

Figura 7: Enquadramento geológico da ocorrência hidromineral de Caldas da Saúde. O polígono azul delimita a área de concessão de exploração. Os círculos azuis assinalam as captações de água mineral natural. Referenciação Hayford-Gauss, Ponto Central. Mapa adaptado da folha 9B (Guimarães) da Carta Geológica de Portugal na Escala de 1/50 000.

Rio Pele e de alguns dos seus tributários. Localmente, as estruturas N-S a NNW-SSE parecem condicionar a ascensão da água mineral natural.

4. ASPECTOS CLIMÁTICOS

4.1. Precipitação

A precipitação atmosférica constitui, directa ou indirectamente, a fonte de recarga das águas subterrâneas, incluindo as de circulação profunda, como a água mineral em estudo. Como veremos oportunamente, esta água, apesar de ser quente e apresentar uma mineralização algo atípica, não deixa de ter uma origem meteórica, semelhante à das restantes águas subterrâneas regionais. Daí a pertinência do estudo da precipitação para a compreensão global da origem e circulação desta água mineral.

A Oscilação do Atlântico Norte constitui o principal modo de variabilidade climática de todo o Hemisfério Norte (Trigo *et al.*, 2002). Interferindo directamente sobre a repartição temporal dos eventos pluviosos, este padrão de circulação atmosférica explica a elevada variabilidade interanual da precipitação regional.

Em termos espaciais, a variabilidade pluviométrica está fortemente condicionada pela orografia, quer em termos altimétricos, quer na posição dos relevos em relação à circulação das massas de ar húmidas. Assim, na região do Minho, Lima (2001) considera que, em função da exposição das vertentes, a altitude explica entre 72% e 98% da variância da precipitação regional.

Localizada em relevos pouco acentuados, a região de Caldas da Saúde apresenta uma precipitação média anual de, aproximadamente, 1 350 mm, de acordo com os registos da estação climatológica de Santo Tirso (Lima, 1994). A precipitação mediana (1 269 mm) é ligeiramente inferior à precipitação média. A distribuição pluviométrica ao longo da série considerada (1960/61 a 1989/90) apresenta uma certa irregularidade (desvio padrão=366 mm), sendo 1978/79 o ano hidrológico mais pluvioso (2 133 mm) e 1975/76 e 1988/89 os anos mais secos, ambos com 759 mm (Figura 8).

O modelo de distribuição intra-anual da precipitação segue, em termos gerais, uma distribuição normal, com centro localizado nos meses de Dezembro e Janeiro, sendo o período que decorre entre Outubro e Março o mais pluvioso (Figura 9). Nos meses de Junho, Julho e Agosto atingem-se os valores anuais mais baixos. Acima do valor da precipitação média mensal (112,6 mm) situam-se os meses de Outubro a Março e abaixo daquele valor os restantes meses do ano. O primeiro semestre do ano hidrológico contribui com cerca de 73% da precipitação anual, enquanto

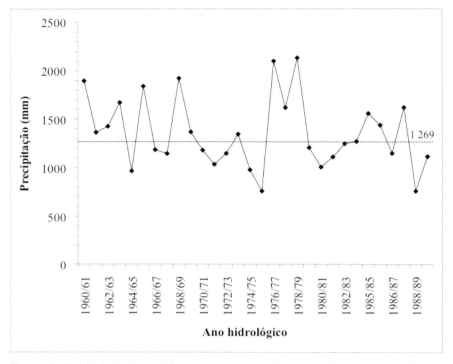

Figura 8: Distribuição da precipitação anual na estação climatológica de Santo Tirso ao longo da série pluviométrica de 1960/61 a 1989/90. A linha horizontal assinala o valor da precipitação mediana (1 269 mm). Dados obtidos em Lima (1994).

os meses de Julho e Agosto concorrem apenas com 3%. A presença, embora discreta, de precipitação nestes meses explica-se, segundo Ribeiro *et al.* (1988), pela influência esporádica de depressões atlânticas em deslocamento para leste.

O padrão regular da distribuição intra-anual é modificado no mês de Maio, o qual, situando-se no tramo descendente da curva de tendência, apresenta um valor de precipitação superior ao do mês de Abril. Esta situação explica-se, de acordo com Ribeiro *et al.* (1988), pela instalação de pequenas depressões locais, devido ao aquecimento desigual do solo, as quais originam perturbações atmosféricas, responsáveis por fortes trovoadas, acompanhadas de copiosos aguaceiros. Este fenómeno explica também as elevadas precipitações no mês de Abril.

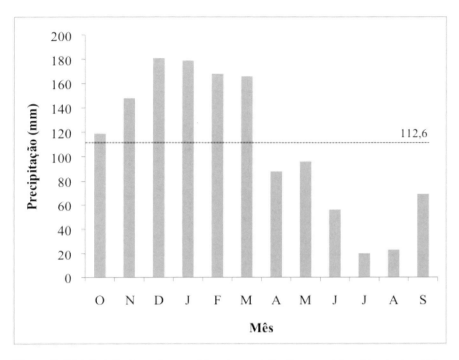

Figura 9: Distribuição dos valores médios de precipitação mensal da série pluviométrica de 1960/61 a 1989/90 na estação climatológica de Santo Tirso. A linha horizontal assinala o valor da precipitação média mensal (112,6 mm). Dados obtidos em Lima (1994).

O conhecimento das propriedades químicas da precipitação de uma determinada região assume um papel importante em trabalhos do domínio de aplicação da hidrogeologia, nomeadamente ao nível de interpretações hidrogeoquímicas.

A análise química da precipitação aqui apresentada é feita com base em dados obtidos em Lima (2001), relativos a amostragens efectuadas em pleno recinto termal de Caldas da Saúde, durante o período de 05/11/1997 a 04/06/1998. Foram colhidas e analisadas 13 amostras em relação aos seguintes parâmetros: condutividade eléctrica (a 25 °C), pH, Ca^{2+}, Mg^{2+}, Na^+, K^+, Cl^-, SO_4^{2-} e NO_3^-. As principais estatísticas dos resultados analíticos obtidos são apresentadas no Quadro 1.

30 | COMPOSIÇÃO E ORIGEM DAS ÁGUAS MINERAIS NATURAIS

Quadro 1: Principais parâmetros estatísticos da composição química da precipitação em Caldas da Saúde [extraído de Lima (2001)]. Valores em meq/l, excepto condutividade eléctrica (μS/cm) e pH.

N=13	C.E.	pH	Ca^{2+}	Mg^{2+}	Na^+	K^+	Cl^-	SO_4^{2-}	NO_3^-
Mínimo	14,8	4,43	0,000	0,000	0,031	0,000	0,042	0,021	0,000
Máximo	207,0	7,50	0,361	0,085	0,272	0,096	0,498	0,229	0,121
Amplitude	192,2	3,07	0,361	0,085	0,241	0,096	0,456	0,208	0,121
Média	70,0	5,89	0,123	0,038	0,135	0,030	0,187	0,122	0,047
Mediana	59,0	6,23	0,073	0,022	0,147	0,019	0,186	0,117	0,044
D. Padrão	52,5	1,09	0,116	0,027	0,081	0,027	0,118	0,062	0,040
C. Variação	75,0	18,4	94,1	71,4	59,7	90,5	63,6	50,9	84,2

Da observação dos resultados obtidos destaca-se, em primeiro lugar, a grande amplitude dos valores de certos parâmetros, como é o caso da condutividade eléctrica e do pH. Este facto evidencia uma relativa variação da composição química da precipitação durante o período de amostragem. Segundo Lima (2001), esta situação não estará correlacionada com oscilações volumétricas particulares da pluviosidade (efeito de massa), mas antes com efeitos continentais, como a elevada urbanização e a carga poluente industrial na envolvente desta área. Os valores médios e medianos do pH da chuva mostram que a precipitação regional tem características ligeiramente ácidas embora, segundo Lima (2007), estes valores possam, em termos relativos, ser considerados alcalinos, quando comparados com o valor 5,0, que é o pH natural da chuva em equilíbrio com o CO_2 atmosférico (Charlson e Rodhe, 1982; Galloway *et al.*, 1982).

No que diz respeito à composição iónica, o cloreto sobressai como o anião dominante, enquanto, nos catiões, predomina o sódio, registando-se, no entanto, a relativa proximidade do cálcio. A precipitação assume assim a fácies cloretada sódica, tal como a própria água mineral natural. A mineralização da precipitação está relacionada com a participação de aerossóis de origem marinha e de origem continental. Assim, o sódio, o magnésio e o cloreto provêm maioritariamente da dissolução de sais marinhos, enquanto o cálcio, o potássio, o sulfato e o nitrato estão associados predominantemente a sais de origem continental (Lima, 2007).

4.2. Temperatura

Segundo Ribeiro *et al.*, (1988), o ritmo climático anual na maior parte do território português depende sobretudo da repartição da precipitação e, em menor escala, das oscilações térmicas. O ciclo anual da temperatura é uma consequência do movimento de translação da Terra em volta do Sol, devido essencialmente à inclinação do eixo terrestre. Além deste ritmo astronómico, a variabilidade térmica é função da latitude e da altitude, definindo-se, a nível da troposfera, um gradiente médio de -6,5 °C km^{-1} (Shaw, 1994).

Para a região noroeste de Portugal continental, Lima (2001) determinou um gradiente térmico de -5,5 °C/km, com uma temperatura média anual de cerca de 15 °C nos locais com cotas próximas do nível do mar. No entanto, segundo este autor, até aos 70-80 metros de altitude a temperatura mostra-se praticamente independente da altitude.

Com base nos dados da série 1960/61 a 1981/82 da estação climatológica de Santo Tirso (Lima, 2001), as estimativas dos valores médios das temperaturas mínima, média e máxima anuais em Caldas da Saúde são de 8,6 °C, 14,5 °C e 20,3 °C, respectivamente. Na média da série considerada, o mês mais frio é Dezembro e o mais quente é Julho (Figura 10).

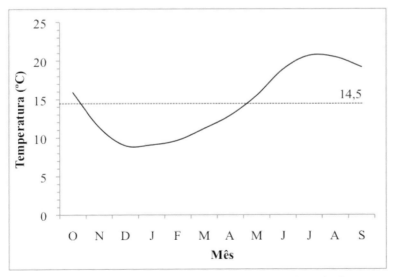

Figura 10: Temperaturas médias mensais na área de influência da estação climatológica de Santo Tirso. A linha horizontal assinala o valor correspondente à temperatura média anual (14,5 °C). Dados relativos à série 1960/61-1981/82, obtidos em Lima (2001).

4.3. Evapotranspiração

Nem toda a água que atinge a superfície do solo alcança os reservatórios de água subterrânea. De facto, para além da água que não se infiltra e que, por isso, se evapora ou escorre à superfície, uma parte da água infiltrada nos níveis superficiais do solo é devolvida à atmosfera através da transpiração das plantas.

Em condições de campo não é possível separar totalmente a evaporação da transpiração. Por isso, as perdas para a atmosfera estão normalmente englobadas num fenómeno designado de evapotranspiração, que compreende evidentemente os dois anteriores (evaporação e transpiração). Naturalmente que a aplicação correcta deste conceito a uma determinada área pressupõe a existência de vegetação.

Dado que a evapotranspiração depende de numerosos factores muito variáveis e difíceis de medir, como o teor de humidade do solo e o desenvolvimento vegetal, Thornthwaite (1944) introduziu o conceito de evapotranspiração potencial (ETP), optimizando aqueles dois factores. Desta forma, o valor da evapotranspiração potencial corresponde ao limite máximo de água que pode passar do estado líquido ao estado gasoso em condições de desenvolvimento vegetal óptimo e humidade do solo em plena capacidade de campo.

A evapotranspiração real ou efectiva (ETR/ETE) equivale ao valor da evapotranspiração potencial condicionada à humidade disponível, devendo considerar-se também na avaliação deste parâmetro os mecanismos fisiológicos de defesa das plantas quando sujeitas a "stress" hídrico. Com efeito, a maioria das plantas, em condições de humidade desfavoráveis, regula, através de mecanismos próprios do aparelho estomático foliar, as perdas de água para a atmosfera.

A estimativa da evapotranspiração potencial através de métodos de campo é muito onerosa e difícil. Por isso, foram desenvolvidas, em meados do século XX, diversas equações empíricas ou semiempíricas que utilizam dados climáticos normalmente disponíveis. Entre as primeiras, as mais utilizadas são as de Thornthwaite (1944) e Blaney e Criddle (1950). Entre os métodos semiempíricos, o de Penman (1950) é o mais divulgado (Custódio e Llamas, 1983).

A evapotranspiração real pode ser avaliada recorrendo a diversas metodologias. Uma das mais utilizadas consiste em efectuar balanços hídricos ao nível do solo, contabilizando as entradas (precipitação) e as saídas (evapotranspiração) de água num determinado espaço e durante um certo tempo.

Seguindo a metodologia proposta por Thornthwaite e Mather (1955) e utilizando os valores de evapotranspiração potencial calculados pelo método de Thornthwaite (1944), estima-se que a evapotranspiração real na área de influência da estação climatológica de Santo Tirso segue a distribuição apresentada na Figura 11.

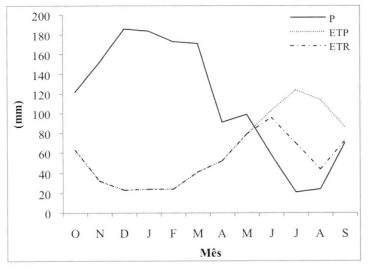

Figura 11: Distribuição dos valores de precipitação (P), evapotranspiração potencial (ETP) e evapotranspiração real (ETR) em ano médio na área de influência da estação climatológica de Santo Tirso (dados obtidos em Lima, 1994, 2001).

Entre os meses de Outubro e Maio, os valores de evapotranspiração potencial e real são iguais, uma vez que a precipitação é suficiente para manter o solo em capacidade de campo. A partir de Maio, o solo é obrigado a ceder água às plantas, dado que a precipitação não é suficiente para suprir as suas necessidades hídricas. Esta situação prolonga-se até ao final do ano hidrológico, ocorrendo a restituição da água cedida pelo solo no mês de Outubro seguinte.

Os totais anuais médios de evapotranspiração potencial e real são de 765 mm e 620 mm, respectivamente.

4.4. Balanço hídrico

Com base nos dados apresentados anteriormente é possível efectuar uma estimativa do balanço hídrico na área de influência da estação climatológica de Santo Tirso, onde se considera estar incluída a região de Caldas da Saúde (Quadro 2). Assim, em ano médio, dos 1 351 mm de precipitação, 620 mm são devolvidos à atmosfera por evapotranspiração e os restantes 731 mm são considerados excedentes para o solo e constituem os recursos hídricos totais. Destes, 420 mm não se infiltram e, por isso, escoam directamente à superfície, enquanto os 311 mm remanescentes infiltram-se em profundidade, atingindo a zona saturada das formações geológicas. Uma parte desta água alimenta o aquífero associado à ocorrência hidromineral em apreço. Admite-se, ainda, que parte da água que inicialmente escoa à superfície se possa vir a infiltrar na própria rede hidrográfica, aproveitando a fracturação que, como se viu, condiciona de modo significativo o traçado do sistema de drenagem.

Quadro 2: Balanço hídrico anual na região de Caldas da Saúde.

Parâmetro	Valor (mm)
Precipitação	1 351
Evapotranspiração potencial	765
Evapotranspiração real	620
Superavit hídrico	731
Deficit hídrico	145
Escoamento superficial	420
Escoamento subterrâneo	311

Uma vez que a ocorrência hidromineral se situa na bacia hidrográfica do Rio Pele e que esta perfaz uma área de, aproximadamente, 4 500 ha (considerando a zona de emergência como secção de referência), os recursos hídricos subterrâneos renováveis anualmente são estimados em cerca de 14 x 10^6 m³, ou seja, 444 L/s. Uma parte deste valor deverá constituir o recurso hidromineral explorado na estância termal de Caldas da Saúde.

Parte II

COMPOSIÇÃO DA ÁGUA MINERAL NATURAL

De acordo com a classificação adoptada na Carta de Nascentes Minerais (Calado, 1992), a ocorrência hidromineral de Caldas da Saúde pertence ao tipo sulfúreo, cuja característica mais marcante é a presença de espécies reduzidas de enxofre na água, para além do sulfato, que constitui a espécie química de enxofre mais frequente na maioria das águas naturais e que corresponde ao estado de maior oxidação deste elemento. A presença destas e de outras espécies químicas nesta água advém das suas condições de pH e Eh peculiares, as quais proporcionam a existência, embora em quantidades reduzidas, de sulfureto de hidrogénio, um gás incolor, tóxico e inflamável, facilmente detectável pelo seu odor fétido. É esta, aliás, a característica sensorial mais distinta da maioria das águas sulfúreas.

O estudo do quimismo da água mineral natural de Caldas da Saúde baseia-se em dados analíticos relativos às águas exploradas nas captações AC1A e AC2A. Os parâmetros considerados agrupam-se da seguinte forma: (i) parâmetros globais, (ii) componente maioritária e (iii) componente vestigiária. Os dados utilizados neste estudo foram recolhidos em boletins de análises efectuadas pelo Laboratório do Instituto Nacional de Engenharia, Tecnologia e Inovação, I. P. (INETI), no âmbito dos programas analíticos estipulados pela Direcção-Geral de Energia e Geologia (DGEG). Além destes dados, são também utilizados neste trabalho resultados analíticos de uma amostra de água recolhida pelo autor na captação AC1A e analisada no Activation Laboratories Ltd (Ontario, Canadá).

Os parâmetros globais referem-se a grandezas que caracterizam quimicamente a água mineral natural de um ponto de vista genérico e incluem: temperatura, pH, condutividade eléctrica, alcalinidade, dureza total, sílica, silício total, carbono inorgânico total, sulfuração total, enxofre total e resíduo seco a 180 ºC.

A componente maioritária é dividida em dois grupos: (i) aniões e (ii) catiões. No primeiro grupo estão incluídos os seguintes aniões: fluoreto, cloreto, hidrogenocarbonato, carbonato, hidrogenossulfureto, sulfato, silicato, nitrato e nitrito. Do segundo grupo fazem parte os seguintes catiões: lítio, sódio, potássio, magnésio, cálcio e amónio.

A componente vestigiária abrange um vasto leque de elementos, embora as concentrações em muitos deles sejam inferiores aos respectivos limites de detecção do método analítico utilizado. Excluindo estes elementos, a componente vestigiária tem a seguinte composição: berílio, boro, alumínio, escândio, titânio, vanádio, crómio, manganês, níquel, cobre, zinco, arsénio, selénio, bromo, rubídio, estrôncio, molibdénio, iodo, césio, bário e tungsténio.

5. PARÂMETROS GLOBAIS

No Quadro 3 apresenta-se uma síntese dos valores medianos dos parâmetros globais das águas das captações AC1A e AC2A. Estes valores foram calculados com base em resultados analíticos relativos aos anos de 2004, 2005, 2006, 2007 e 2008, correspondendo a 13 amostras da captação AC1A e 11 amostras da captação AC2A.

Quadro 3: Valores medianos dos parâmetros globais das águas das captações AC1A e AC2A.

Parâmetro	Unidades	AC1A	AC2A
Temperatura	°C	35,5	27,4
pH	Escala de Sørensen	8,74	8,90
Condutividade eléctrica	µS/cm a 25 °C	874	873
Alcalinidade total	mg/L $CaCO_3$	110,0	113,5
Dureza total	mg/L $CaCO_3$	16,4	12,3
Sílica	mg/L SiO_2	98,4	76,8
Silício total	mg/L SiO_2	107,0	87,1
Carbono inorgânico total	mmol/L CO_2	1,55	1,57
Sulfuração total	mL/L I_2 0,01N	76,2	75,4
Enxofre total	mmol/L	1,017	1,004
Resíduo Seco	mg/L a 180 °C	591	567

5.1. Temperatura

A temperatura da água, como parâmetro de medida do calor, depende da energia cinética média das moléculas. No caso das águas subterrâneas, a sua temperatura está condicionada pela dos terrenos em que circulam, a qual está parcialmente dependente da temperatura atmosférica, na parte mais superficial, e, sobretudo, do calor interno da Terra gerado por diversos processos, nomeadamente a desintegração radioactiva de elementos como o urânio e o tório.

A temperatura das águas subterrâneas pouco profundas aproxima-se da temperatura média anual do ar, já que a sua origem é exclusivamente meteórica e as profundidades de circulação não são suficientes para provocar incremento térmico por efeito do gradiente geotérmico. De facto, como se observa na Figura 12, a temperatura mediana das águas subterrâneas da região do Minho (Lima, 2001) e da área envolvente à ocorrência hidromineral de Caldas da Saúde (Lima et al., 2006), é de, aproximadamente, 15 °C, ou seja, ligeiramente superior à temperatura média do ar (14,5 °C) da área de influência da estação climatológica de Santo Tirso (Figura 10).

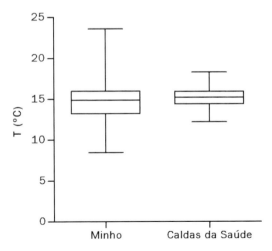

Figura 12: Distribuição dos valores de temperatura das águas subterrâneas da região do Minho e da área envolvente à ocorrência hidromineral de Caldas da Saúde. Dados extraídos de Lima (2001) e Lima et al. (2006).

COMPOSIÇÃO E ORIGEM DAS ÁGUAS MINERAIS NATURAIS

Com base na comparação entre a temperatura da água (t) e a temperatura média anual do ar (t_m), Schöeller (1962) propõe a seguinte classificação das águas subterrâneas:

- águas hipertermais (t>t_m+4 °C);
- águas ortotermais (t=t_m a t_m+4 °C);
- águas hipotermais (t<t_m).

A aplicação deste critério às águas subterrâneas não minerais da região de Caldas da Saúde mostra que, de um modo geral, as águas são consideradas ortotermais, já que o intervalo interquartílico está delimitado pelos valores de 14,4 °C e 15,9 °C (Lima *et al.*, 2006).

Ao contrário das águas subterrâneas não minerais, cuja temperatura máxima registada foi de 17,4 °C (Lima *et al.*, 2006), a água mineral natural de Caldas da Saúde tem, à saída da captação AC1A, uma temperatura de 35,5 °C que, de acordo com o critério de Schöeller (1962), a coloca na classe das águas hipertermais. Com efeito, esta temperatura de emergência excede a temperatura média anual do ar em 21 °C, sendo ainda significativamente superior à temperatura média do mês mais quente (Julho: 20,6 °C).

A qualidade das águas minerais para uso terapêutico está condicionada pelas suas propriedades físico-químicas. Em relação à temperatura (T), estas águas podem ser classificadas em (Albu *et al.*, 1997):

- Águas hipotermais (23 °C<T<36 °C);
- Águas mesotermais (36 °C<T<42 °C);
- Águas hipertermais (T>42 °C).

De acordo com estes critérios, a água mineral natural de Caldas da Saúde é considerada uma água hipotermal, não obstante na classificação de Schöeller (1962), ser qualificada como hipertermal. A água proveniente da captação AC1A aproxima-se do limite que separa as águas hipotermais das águas mesotermais, segundo a classificação para uso terapêutico. Por isso, para algumas das aplicações terapêuticas, esta água é submetida a aquecimento.

5.2. pH

O pH é uma medida da concentração efectiva (actividade) do ião hidrogénio numa solução. Uma vez que esta concentração é normalmente muito baixa, Sørensen (1909) propôs uma notação que representa o simétrico do logaritmo (cologaritmo) decimal da concentração do ião hidrogénio em moles por litro. É esta notação (pH) que é actualmente utilizada, embora o termo "actividade" seja preferido em relação ao termo "concentração". Além disso, usualmente fala-se em "iões hidrogénio" (H^+), embora, em soluções aquosas, esta espécie esteja presente apenas na sua forma hidratada (H_3O^+).

Numa água pura, a concentração de iões H^+ e OH^- resulta da dissociação das próprias moléculas de água, de acordo com a equação:

$$H_2O(l) = H^+ + OH^- \tag{1}$$

Pela lei de acção de massas, pode escrever-se:

$$\frac{[H^+][OH^-]}{[H_2O]} = K_w \tag{2}$$

Por convenção, a actividade da água líquida é considerada unitária em soluções muito diluídas, pelo que a constante K_w corresponde ao produto das actividades dos iões H^+ e OH^-. O produto da actividade da água para uma temperatura de 25 °C é de $10^{-14,00}$, ou seja, o logaritmo de K_w é igual a -14,00. Por definição, na neutralidade, a actividade de H^+ é igual à de OH^-, daí resultando um valor de pH igual a 7,00. No entanto, K_w varia em função da temperatura e, por isso, o valor de pH neutro é também variável. Assim, o carácter ácido, neutro ou alcalino de uma solução terá de ser avaliado em função da sua temperatura. Na Figura 13, onde se apresenta a variação do pH de neutralidade em função da temperatura, observa-se que o valor de pH neutro diminui à medida que a temperatura aumenta. Assim, enquanto a 25 °C o pH neutro é de 7,00, um pH de 6,50 poderá ser considerado alcalino para temperaturas superiores a, aproximadamente, 60 °C. Do mesmo modo, no caso do organismo humano, onde a temperatura do sangue é de 37 °C, a neutralidade verifica-se para um pH=6,84, uma vez que, a esta temperatura, K_w=2,1x10^{-14} (Atkins, 1988).

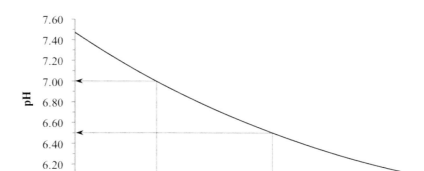

Figura 13: Variação do pH de neutralidade em função da temperatura (as setas assinalam valores discutidos no texto).

Pelas razões expostas, a medição do pH de uma solução requer o conhecimento da sua temperatura. Os equipamentos modernos, efectuando a medição simultânea destes dois parâmetros e procedendo à respectiva compensação de temperatura, permitem exprimir o resultado em relação a uma temperatura de referência.

A actividade dos iões hidrogénio numa solução aquosa é controlada por diversas reacções químicas nas quais há produção ou consumo destes iões. Tais reacções são interdependentes e, para além da própria dissociação da molécula de água, incluem outras, envolvendo espécies sólidas, líquidas e gasosas. Assim, o pH de uma água natural constitui um importante indicador do estado de equilíbrio das reacções em que a água participa (Hem, 1985).

O pH das águas naturais está maioritariamente compreendido no intervalo de 6,0 a 8,5, embora valores inferiores e superiores possam ocorrer em determinados tipos de água, nomeadamente em águas termais (Hem, 1985). As águas subterrâneas não minerais da região de Caldas da Saúde apresentam valores de pH compreendidos entre 4,64 e 7,17, com um valor mediano de 5,85. Estes baixos valores são comuns em águas subterrâneas de aquíferos graníticos pouco profundos (Lima e Silva, 2003). Por sua vez, a água mineral natural possui valores medianos de pH de 8,74 e 8,90, respectivamente nas captações AC1A e AC2A. Na Figura 14 apresenta-se a distribuição dos valores de pH nestas duas captações, no período de 17 de Fevereiro de 2004 a 1 de Abril de 2008, sendo de destacar o paralelismo da variabilidade do parâmetro entre as duas captações, mantendo-se um desfasamento médio de 0,14 unidades de pH. Desta forma, no que respeita ao pH, as águas das duas captações são idênticas, até por que o valor mínimo registado em AC2A (8,77) é muito próximo do valor mediano de AC1A (8,74) e inferior ao seu valor máximo (8,89); inversamente, o valor máximo de AC1A (8,89) é praticamente igual ao valor mediano de AC2A (8,90) e superior ao seu valor mínimo (8,77).

Um outro aspecto que ressalta da observação da Figura 14 é a elevada estabilidade da água a nível do pH (repare-se que a amplitude da escala representada é de apenas uma unidade de pH). Esta estabilidade manifesta-se por um desvio padrão de 0,07 e 0,05, respectivamente para AC1A e AC2A, a que correspondem coeficientes de variação de 0,8% e 0,6%. A amplitude dos valores de pH no período em análise é de 0,31 e 0,18 unidades de pH, respectivamente para AC1A e AC2A.

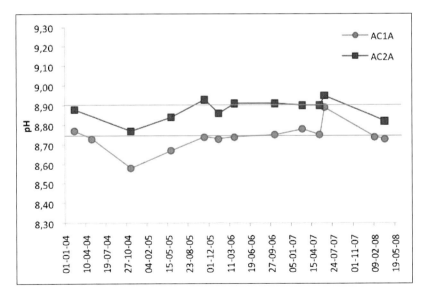

Figura 14: Distribuição dos valores de pH nas captações AC1A e AC2A, no período de 17 de Fevereiro de 2004 a 1 de Abril de 2008. As linhas horizontais assinalam os valores medianos.

44 | COMPOSIÇÃO E ORIGEM DAS ÁGUAS MINERAIS NATURAIS

O pH desta água mineral natural tem, como se verá posteriormente, repercussões a nível de outras características físico-químicas da água, nomeadamente na distribuição das espécies químicas dependentes de reacções ácido-base, com as do carbono inorgânico, do enxofre, do azoto e da sílica, para além de ser determinante na mobilidade de alguns elementos. Acresce que, nesta gama de valores de pH, a água adquire propriedades organolépticas, particularmente a nível táctil, manifestando--se através de um toque sedoso.

5.3. Condutividade eléctrica

A condutividade eléctrica de uma solução aquosa é a sua capacidade em conduzir a electricidade e corresponde à quantidade de electricidade transportada pela água entre dois eléctrodos paralelos de 1 cm^2 de secção e separados de 1 cm, sob uma diferença de potencial de 1 volt (Custodio e Llamas, 1983). Esta quantidade depende da carga e do tipo de electrólitos presentes, bem como da sua concentração.

Para conduzirem a corrente eléctrica, os iões deverão mover-se na solução de modo a transferirem as cargas. A eficiência de um dado ião neste processo depende de alguns factores, nomeadamente, a carga, a dimensão e as interacções com o solvente. A mobilidade iónica representa a velocidade de deslocação de um ião quando submetido a um gradiente de potencial de 1 V/cm e decresce com o aumento da concentração, devido a interferências entre os iões (Hem, 1985). Em soluções muito diluídas, a velocidade dos iões é da ordem de $6x10^{-4}$ cm/s, a 25 ºC (Glasstone e Lewis, 1960).

A unidade SI da condutividade eléctrica é o Siemens por metro (S/m) mas, dado que os valores são normalmente muito baixos e ainda devido às dimensões das constantes das células (normalmente 1 cm^{-1}), é usual exprimir a condutividade eléctrica em μS/cm.

A condutância de uma solução, G (ohm^{-1}), é directamente proporcional à superfície dos eléctrodos, A (cm^2), e inversamente proporcional à distância entre eles, L (cm). A constante de proporcionalidade, σ $(1/ohm.cm$ ou $S/cm)$, é designada de condutividade. A expressão (3) traduz esta relação.

$$G = \sigma \frac{A}{L} \qquad (3)$$

A condutividade eléctrica está fortemente dependente da temperatura da solução, já que, à medida que a temperatura aumenta, a água torna-se menos viscosa e os iões movimentam-se mais rapidamente. A relação entre condutividade e temperatura não é linear mas, para os valores de temperatura usuais nas águas naturais, a modelação linear constitui uma boa aproximação, podendo exprimir-se da seguinte forma:

$$\sigma_{T'} = \frac{\sigma_T}{1 + \alpha(T - T')} \qquad (4)$$

Onde:

σ_T – condutividade eléctrica à temperatura de referência (μS/cm);
σ_T – condutividade eléctrica à temperatura de medição (μS/cm);
α – factor de compensação (%/ºC);
T – temperatura de medição (ºC);
T' – temperatura de referência (ºC).

Para que os valores de condutividade de diferentes águas possam ser comparados é necessário que os mesmos sejam determinados em idênticas condições de temperatura. No entanto, só por coincidência é que duas águas teriam o mesmo valor de temperatura. Como tal, há necessidade de estabelecer um valor comum de temperatura para as medições de condutividade. Este valor é chamado de temperatura de referência (T'), sendo o mais usual 25 ºC. Assim, independentemente da temperatura a que é efectuada a medição (T), o valor de condutividade medido (σ_T) deverá ser compensado através da diferença entre a temperatura de medição (T) e a temperatura de referência (T'). O factor de compensação (α) depende do tipo e da concentração dos electrólitos, mas varia normalmente entre 1%/ºC e 3%/ºC, sendo usual utilizar o valor de 2%/ºC.

Desta forma, qualquer medição da condutividade deverá ser acompanhada da medição da temperatura, sendo que o valor de condutividade após compensação ($\sigma_{T'}$) deverá fazer alusão à temperatura de referência (T'). Os equipamentos modernos dispõem de medição simultânea de condutividade e temperatura e proporcionam uma compensação automática, por aplicação de expressões lineares ou não lineares.

A condutividade eléctrica das águas é extremamente variável. Assim, a mais pura das águas que possa ser produzida terá uma condutividade de, aproximadamente, 0,05 µS/cm, devido à presença de iões H^+ e OH^-, resultantes da dissociação das próprias moléculas de água.

A água desionizada utilizada normalmente em laboratórios tem uma condutividade situada no intervalo de 0,5 µS/cm a 3,0 µS/cm (Greenberg *et al.*, 1992).

A chuva da região de Caldas da Saúde tem uma condutividade mediana de 59 µS/cm, mas valores inferiores podem ser encontrados noutros locais. Lima (2007) menciona valores médios de condutividade na precipitação da Serra do Gerês de 17 µS/cm. Por sua vez, Oliveira e Lima (2007a) referem valores de condutividade da precipitação no noroeste da Península Ibérica compreendidos entre 15 µS/cm e 452 µS/cm, com um valor mediano de 44 µS/cm. O valor mais elevado corresponde a uma amostra colhida numa estação situada a pequena distância do mar, onde a influência dos sais marinhos é significativa. Como salientam estes autores, a precipitação atmosférica apresenta uma variabilidade composicional muito acentuada, tanto no espaço, como no tempo, daí resultando um largo espectro nos valores de condutividade eléctrica.

As águas subterrâneas não minerais do noroeste de Portugal apresentam valores de condutividade, na sua maioria, inferiores a 100 µS/cm (Lima e Silva, 2003). Na região de Caldas da Saúde, Lima *et al.* (2006) referem valores de condutividade das águas subterrâneas compreendidos entre 133 µS/cm e 1344 µS/cm, embora os valores mais elevados respeitem a águas com fortes indícios de contaminação pela actividade agro-pecuária.

A condutividade da água do mar, embora não seja igual em todos os oceanos e mares, apresenta valores de condutividade da ordem de 50 000 µS/cm.

Valores de condutividade superiores aos da água do mar podem ser encontrados em outras águas naturais hipersalinas, como acontece em algumas salmouras, onde os valores de condutividade podem ultrapassar os 225 000 µS/cm (Hem, 1985).

Os dados de condutividade eléctrica relativos às captações AC1A e AC2A estão projectados no gráfico da Figura 15. Os valores originais encontram-se corrigidos para uma temperatura de referência de 25 ºC pela aplicação da expressão (4), já que os mesmos foram medidos a diferentes temperaturas, com um equipamento desprovido de compensação automática.

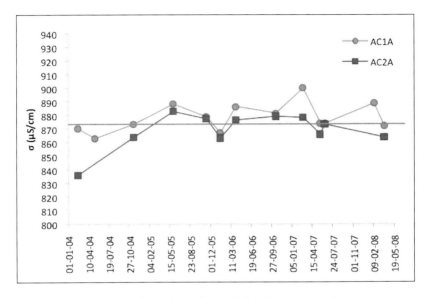

Figura 15: Distribuição dos valores de condutividade eléctrica (σ) nas captações AC1A e AC2A, no período de 17 de Fevereiro de 2004 a 1 de Abril de 2008. As linhas horizontais assinalam os valores medianos.

No caso da condutividade eléctrica, o paralelismo entre os dados das duas captações é ainda mais pronunciado que no caso do pH. Os valores medianos são de 874 µS/cm e 873 µS/cm, respectivamente para AC1A e AC2A, pelo que as linhas que os representam no diagrama da Figura 15 são praticamente indistintas. No caso de AC1A, os valores oscilam entre 863 µS/cm e 900 µS/cm, com um valor médio de 878 µS/cm. O desvio padrão é de 10,3 µS/cm, a que corresponde um coeficiente de variação de 1,2%. Em relação a AC2A, o valor mínimo é de 836 µS/cm e o máximo de 883 µS/cm. Com um valor médio de 869 µS/cm e um desvio padrão de 13,0 µS/cm, obtém-se um coeficiente de variação de 1,5%. De salientar que, em vários momentos de amostragem, os valores de condutividade nas duas captações são praticamente iguais, com destaque para o dia 15 de Junho de 2007, onde os valores em AC1A e AC2A são de 874 µS/cm e 873 µS/cm, respectivamente. Não obstante esta similitude, os valores em AC1A são, invariavelmente, ligeiramente superiores aos de AC2A.

48 | COMPOSIÇÃO E ORIGEM DAS ÁGUAS MINERAIS NATURAIS

É importante notar a ausência de qualquer correlação entre os valores de condutividade e os valores dos diferentes iões ou dos seus somatórios, como seria de esperar, tendo em conta que a condutividade eléctrica da água está dependente da concentração e do tipo de iões nela presentes. Este facto sugere que, ao longo do período considerado, a variabilidade composicional desta água mineral é um fenómeno puramente aleatório, não se identificando qualquer tendência evolutiva, incluindo efeitos sazonais. Por isso, a aparente inconstância dos valores de condutividade eléctrica (ainda que discreta) deverá ser o resultado da imprecisão instrumental, já que, mesmo com equipamentos de elevada precisão, a reprodutibilidade das medições é da ordem 1% a 2% (Greenberg *et al.*, 1992).

Do exposto, conclui-se que a condutividade eléctrica da água mineral natural de Caldas da Saúde apresenta valores superiores aos das águas subterrâneas não minerais da região. As excepções dizem respeito a águas cuja mineralização não decorre de processos naturais, como se depreende dos elevados teores de nitratos detectados nessas águas, os quais podem atingir concentrações de 243 mg/L (Lima *et al.*, 2006). No caso da água mineral natural, os teores de nitratos são muito baixos (mediana= =0,34 mg/L) e resultam do equilíbrio químico com outras espécies de azoto, em função das condições de pH e Eh (potencial redox) da água. Este azoto é incorporado na água por processos naturais, como se verá oportunamente.

5.4. Alcalinidade

A alcalinidade é a capacidade da água em aceitar protões, ou seja, a capacidade para neutralizar ácidos. A alcalinidade mede o efeito das bases presentes na água, nomeadamente dos iões HCO_3^- e CO_3^{2-} e, ainda, dos iões OH^-, $H_3SiO_4^-$, PO_4^{3-}, $H_2BO_3^-$ e F^-, entre outros (Custodio e LLamas, 1983). À excepção do bicarbonato (HCO_3^-), os restantes aniões estão normalmente nas águas em muito baixas concentrações, pelo que, na maioria das águas subterrâneas a alcalinidade está exclusivamente relacionada com os teores de bicarbonato. No entanto, a água mineral natural de Caldas da Saúde está entre o grupo das águas onde aqueles iões influenciam a alcalinidade, aos quais se junta ainda o HS^-, que atinge concentrações importantes nesta água e que, por isso, contribui de forma não negligenciável para a alcalinidade. O contributo do hidroxilo (OH⁻) para a alcalinidade torna-se significativo acima de pH=10, onde a sua actividade é de, aproximadamente, 1,7 mg/L (Hem, 1985).

A alcalinidade exprime-se normalmente em ppm de $CaCO_3$, em mg/L de $CaCO_3$ ou em meq/L de $CaCO_3$.

A principal fonte de alcalinidade das águas superficiais é o CO_2 atmosférico. No caso das águas subterrâneas, para além do CO_2 atmosférico, a atmosfera do solo e os gases presentes na zona não saturada (zona situada acima do nível freático) constituem importantes contributos para a alcalinidade.

Quando o CO_2 gasoso entra em contacto com a água, dissolve-se até atingir um equilíbrio, no qual a actividade do dióxido de carbono dissolvido é proporcional à fugacidade do CO_2 na fase gasosa (Drever, 1988). A dissolução do dióxido de carbono em água pode escrever-se da seguinte forma:

$$CO_{2(g)} + H_2O = H_2CO_3 \tag{5}$$

A constante de equilíbrio desta equação pode escrever-se:

$$K_{CO_2} = \frac{a_{H_2CO_3}}{P_{CO_2}\, a_{H_2O}} \tag{6}$$

Em soluções diluídas, a actividade da água é muito próxima de 1, pelo que a expressão (6) pode ser rescrita da seguinte forma:

$$a_{H_2CO_3} = K_{CO_2}\, P_{CO_2} \tag{7}$$

Desta forma, a cada valor de fugacidade de CO_2 corresponde uma actividade de H_2CO_3 e vice-versa.

Uma vez que H_2CO_3 é um ácido, ele tenderá a dissociar-se, mediante a equação:

$$H_2CO_3 = H^+ + HCO_3^- \tag{8}$$

A constante de equilíbrio desta equação pode escrever-se:

$$K_1 = \frac{a_{H^+}\, a_{HCO_3^-}}{a_{H_2CO_3}} \tag{9}$$

De forma análoga, também o ião bicarbonato poderá dissociar-se, de acordo com a equação:

$$HCO_3^- = H^+ + CO_3^{2-} \tag{10}$$

A correspondente constante de equilíbrio pode ser escrita como se segue:

$$K_2 = \frac{a_{H^+} \, a_{CO_3^{2-}}}{a_{HCO_3^-}} \tag{11}$$

Os valores destas constantes de equilíbrio dependem da temperatura, como se pode observar no Quadro 4. Para uma temperatura de 25 °C, os valores de K_{CO_2}, K_1 e K_2 são de $10^{-1,47}$, $10^{-6,35}$ e $10^{-10,33}$, respectivamente. Como se depreende da análise das equações (9) e (11), o equilíbrio entre as diferentes espécies carbonatadas está dependente do pH. Considerando uma concentração total de carbono inorgânico de 10^{-3} M, as concentrações relativas das diferentes espécies químicas em função do pH assume a distribuição apresentada na Figura 16. Assim, para um valor de pH=6,35, as concentrações de ácido carbónico e bicarbonato são iguais, o mesmo se verificando para pH=10,33, onde as concentrações de bicarbonato e carbonato são também iguais. Abaixo de pH=6,35, o ácido carbónico é dominante, embora o bicarbonato ainda esteja presente. Salienta-se que o ácido carbónico estabelece um equilíbrio com o dióxido de carbono livre (não combinado), pelo que a espécie $H_2CO_3^0$ indicada na Figura 16 inclui, de facto, a espécie CO_2. Para concentrações de carbono inorgânico total de 10^{-3} M, a espécie HCO_3^- atinge concentrações relativas insignificantes para valores de pH inferiores a 4,7. Para valores de pH superiores a 6,35, domina a espécie HCO_3^-, em detrimento da espécie $H_2CO_3^0$, atingindo a sua máxima concentração a um pH=8,30 (Figura 16). Neste ponto, as concentrações de $H_2CO_3^0$ e CO_3^{2-} são iguais, mas extremamente reduzidas (no conjunto, perfazem cerca de 1% do carbono inorgânico total), considerando-se, por isso, que todo o carbono inorgânico está sob a forma de HCO_3^-. Para valores de pH superiores a 8,30 mantém-se o domínio da espécie HCO_3^-, cuja concentração vai diminuindo em favor da espécie CO_3^{2-}, à medida que o pH aumenta. Estas duas espécies atingem concentrações iguais para um pH=10,33 e, para valores superiores, a espécie CO_3^{2-} assume predominância (Figura 16).

Quadro 4: Constantes de equilíbrio do sistema carbonatado ($pK=-\log_{10}K$). Adaptado de Plummer e Busenberg (1982).

$T\,(°C)$	pK_{CO_2}	pK_1	pK_2
0	1.11	6.58	10.63
5	1.19	6.52	10.55
10	1.27	6.46	10.49
15	1.34	6.42	10.43
20	1.41	6.38	10.38
25	1.47	6.35	10.33
30	1.52	6.33	10.29
45	1.67	6.29	10.20
60	1.78	6.29	10.14
80	1.90	6.34	10.13
90	1.94	6.38	10.14

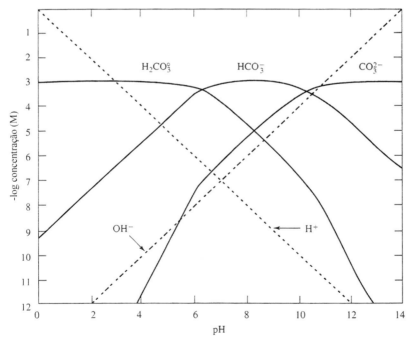

Figura 16: Distribuição das espécies de carbono inorgânico em função do pH, para uma concentração total de 10^{-3} M. São também apresentadas as concentrações de H⁺ e OH⁻, as quais são independentes da concentração total de carbono inorgânico. Adaptado de Langmuir (1997).

No caso da água mineral natural de Caldas da Saúde, a alcalinidade não resulta apenas das espécies do sistema carbonatado, uma vez que estão presentes outras bases em concentrações relativamente importantes, nomeadamente o $H_3SiO_4^-$ e o F^-. Os valores de alcalinidade relativos às captações AC1A e AC2A estão projectados no diagrama da Figura 17. De um modo geral, verifica-se que a alcalinidade de AC2A é superior à de AC1A, embora as diferenças sejam pouco significativas, já que os valores medianos são de 113,5 mg/L de $CaCO_3$ e 110,0 mg/L de $CaCO_3$, respectivamente. Aliás, na amostragem de 17 de Fevereiro de 2004, os valores nas duas captações são rigorosamente iguais. No entanto, a ligeira supremacia global de AC2A em relação a AC1A poderá dever-se, pelo menos em parte, ao seu pH levemente superior, o qual condiciona os teores de outras bases como o $H_3SiO_4^-$, tendo um efeito directo (através do próprio OH^-) e indirecto (através de outras bases) sobre a alcalinidade total da água. Repare-se que, considerando os valores medianos de pH das duas captações, as concentrações de OH^- em AC1A e AC2A são de 0,093 mg/l e 0,135 mg/L, respectivamente.

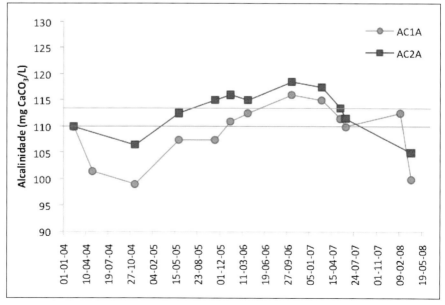

Figura 17: Distribuição dos valores de alcalinidade nas captações AC1A e AC2A, no período de 17 de Fevereiro de 2004 a 1 de Abril de 2008. As linhas horizontais assinalam os valores medianos.

Em relação a AC1A, os valores de alcalinidade oscilam entre 99,0 mg/L de $CaCO_3$ e 116,0 mg/L de $CaCO_3$, com um valor médio de 108,8 mg/L de $CaCO_3$. A dispersão dos dados é baixa, sendo o coeficiente de variação de 5,1%. Os valores mínimo e máximo em AC2A são de 105,0 mg/L de $CaCO_3$ e 118,5 mg/L de $CaCO_3$, respectivamente. A média é de 112,8 mg/L de $CaCO_3$ e o coeficiente de variação não vai além de 3,8%. Estes valores de dispersão são da ordem de grandeza da reprodutibilidade do método analítico (Greenberg *et al.*, 1992).

A alcalinidade total desta água mineral, não sendo muito elevada, é claramente superior à das águas subterrâneas regionais. Lima (2001) menciona um valor mediano de 6 mg/L de $CaCO_3$ nas águas subterrâneas da região do Minho e refere que 80% das águas estudadas possuem alcalinidade igual ou inferior a 10 mg/L da $CaCO_3$. Desta forma, a alcalinidade mediana da água mineral de Caldas da Saúde é quase 20 vezes superior à alcalinidade mediana das águas subterrâneas não minerais da região. Este aspecto poderá ter implicações a nível da utilização terapêutica da água, nomeadamente em situações em que se pretende elevar o pH do meio, como acontece em casos de hiperacidez gástrica. De facto, as substâncias activas presentes nos medicamentos antiácidos exercem a sua acção mediante o seu poder de gerar alcalinidade e, por- tanto, de aceitar protões, os responsáveis pela acidez do suco gástrico. Não obstante, a água mineral de Caldas da Saúde não tem, na actualidade, indicações terapêuticas ao nível do aparelho digestivo, pelo que não deve ser utilizada para este efeito, sem a realização da indispensável inves- tigação médico-hidrológica.

5.5. Dureza

A dureza de uma água está relacionada com a concentração de iões susceptíveis de reagirem com sabão sódico, provocando a sua precipitação. Esta precipitação ocorre principalmente pela reacção dos iões cálcio e magnésio presentes nas águas, mas outros catiões polivalentes podem também precipitar o sabão, como é o caso do Sr^{2+}, do Fe^{2+} e do Mn^{2+}. No entanto, estes últimos surgem normalmente na água em concentrações muito baixas e, quando presentes, estão sob a forma de complexos, frequentemente com constituintes orgânicos, pelo que o seu contributo para a dureza da água é mínimo e difícil de quantificar. Assim, a dureza total (Dt) é definida como a soma das concentrações dos iões cálcio e magnésio, expressa sob a forma de mg/L de $CaCO_3$, e pode ser determinada pela expressão (Greenberg *et al*., 1992):

$$Dt\,(mg/L\,CaCO_3) = 2,497\Big[Ca^{2+}\,(mg/L)\Big] + 4,118\Big[Mg^{2+}\,(mg/L)\Big] \qquad (12)$$

Quando o valor da dureza é superior à alcalinidade carbonatada, a quantidade equivalente à da alcalinidade designa-se por "dureza carbonatada" (Greeenberg *et al*., 1992) e resulta da solubilização do carbonato de cálcio ou magnésio, por conversão do carbonato em bicarbonato. Esta dureza pode ser removida por aquecimento (Gray, 1994). A quantidade de dureza em excesso é denominada "dureza não carbonatada" e é atribuída a todos os catiões associados a todos os aniões, exceptuando o carbonato, como por exemplo, o cloreto de cálcio e o sulfato de magnésio (Gray, 1994). Quando a dureza é igual ou inferior à alcalinidade carbonatada, toda a dureza corresponde a dureza carbonatada, estando ausente a dureza não carbonatada (Greeenberg *et al*., 1992). A dureza permanente é equivalente à dureza não carbonatada e não pode ser removida por aquecimento. Pelo contrário, a dureza temporária é equivalente à dureza carbonatada e, como se disse, pode ser removida por aquecimento, como se ilustra na seguinte reacção:

$$Ca^{2+} + 2\,HCO_3^- \xrightarrow{\;calor\;} CaCO_3\downarrow + H_2O + CO_2 \qquad (13)$$

Na Figura 18 apresentam-se os valores de dureza total das águas das captações AC1A e AC2A, verificando-se que, na primeira, os valores são invariavelmente superiores aos da segunda, com medianas de 16,4 mg/L de $CaCO_3$ e 12,3 mg/L de $CaCO_3$, respectivamente. Atendendo a que a dureza total é obtida por cálculo a partir das concentrações de cálcio e magnésio nas águas (expressão 12), as diferenças identificadas prendem--se com os teores mais elevados de cálcio e magnésio em AC1A. Aliás, no que respeita ao magnésio, os teores em AC2A são quase sempre inferiores às quantidades analíticas mínimas doseáveis.

A estabilidade temporal da dureza total nestas águas é evidenciada pelos baixos valores dos coeficientes de variação, de 4,1% e 2,9% em AC1A e AC2A, respectivamente. Os teores mínimo e máximo em AC1A são de 15,4 mg/L de $CaCO_3$ e 18,0 mg/L de $CaCO_3$, respectivamente. O valor máximo em AC2A (13,0 mg/L de $CaCO_3$) é inferior ao mínimo em AC1A e o seu mínimo é de 12,0 mg/L de CaCO₃, resultando numa amplitude e numa dispersão muito baixas.

A classificação das águas com base na sua dureza difere de região para região, de acordo com as características das águas que, por sua vez, estão relacionadas com o tipo de rocha por onde circulam. Na classificação de Durfor e Becker (1962), são considerados quatro tipos de águas: (i) águas brandas, com valores de dureza inferiores a 60 mg/L de CaCO₃; (ii) águas moderadamente duras, as que possuem dureza compreendida entre 61 mg/L e 120 mg/L de CaCO₃; (iii) águas duras, quando os valores de dureza estão no intervalo de 121 mg/L a 180 mg/L de CaCO₃; (iv) águas muito duras, com valores de dureza superiores a 180 mg/L. Por sua vez, De Zuane (1997), adoptando a mesma terminologia, propõe limites diferentes. Assim, para este autor, uma água branda tem dureza inferior a 50 mg/L de CaCO₃, enquanto as águas moderadamente duras possuem valores de dureza entre 50 mg/L e 150 mg/L de CaCO₃. As águas duras apresentam valores de dureza compreendidos entre 150 mg/L e 300 mg/L de CaCO₃, sendo consideradas muito duras as águas com dureza superior a este último valor.

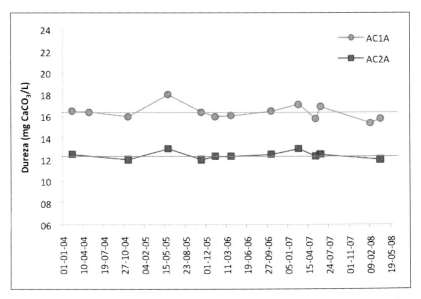

Figura 18: Distribuição dos valores de dureza total nas captações AC1A e AC2A, no período de 17 de Fevereiro de 2004 a 1 de Abril de 2008. As linhas horizontais assinalam os valores medianos.

Independentemente da classificação adoptada, a água mineral de Caldas da Saúde é uma água branda, já que os valores de dureza são claramente inferiores aos diferentes limites superiores da classe das águas brandas.

Ao nível terapêutico, diversos estudos têm tentado demonstrar o efeito da dureza da água na saúde, nomeadamente no que respeita às doenças cardiovasculares, à osteoporose e à génese de cálculos renais.

No caso das doenças cardiovasculares, a falta de consenso das conclusões dos diferentes estudos está relacionada com o carácter discreto do efeito da dureza ao nível da saúde do sistema cardiovascular e da dificuldade em detectar este tipo de efeito em estudos com amostras de reduzida dimensão. Pensa-se que o efeito estará relacionado com o aporte de elementos essenciais, como o magnésio. Este elemento desempenha papel fundamental nas células musculares e nervosas, pelo que níveis baixos de magnésio poderão conduzir a arritmias cardíacas e a espasmos nos vasos sanguíneos e subsequente redução do fluxo sanguíneo para órgãos vitais. Por sua vez, o cálcio terá um feito benéfico ao nível cardio-vascular, devido à redução da tensão arterial, conquanto o mecanismo não esteja totalmente esclarecido (Barzilay *et al.*, 1999). Embora os primeiros estudos sobre a relação entre a dureza da água e as doenças cardiovasculares não sejam totalmente conclusivos, os resultados dos estudos epidemiológicos e experimentais mostram que o magnésio na água de consumo previne a mortalidade por enfarte do miocárdio (Rubenowitz-Lundin e Hiscock, 2005). Por isso, existe suficiente evidência dos efeitos da dureza da água no sistema cardiovascular, o que, por si, deveria constituir um estímulo à prossecução da investigação neste domínio.

São numerosos os estudos médicos que enfatizam a importância da ingestão de suplementos de cálcio na prevenção da osteoporose. No entanto, pouco se sabe em que medida o cálcio da água poderá contribuir para o atraso do desenvolvimento desta doença, seja através da sua ingestão, seja mediante o contacto da água com a pele (Barzilay *et al.*, 1999).

O mecanismo de formação de cálculos renais, embora não esteja completamente esclarecido, está relacionado com o processo de filtração do sangue nos rins, no qual ocorre remoção de sais, água e contaminantes, conduzindo à produção de urina, onde estas substâncias ficam concen-tradas. Entre estas substâncias contam-se o sódio, o potássio, o cálcio, o magnésio e fosfatos. Se a quantidade de água na urina for baixa, estas substâncias podem atingir concentrações para além do ponto de saturação, conduzindo à formação de precipitados. São estes precipitados que constituem os chamados cálculos renais, sendo o cálcio o principal constituinte. Do exposto, seria razoável admitir que a redução da ingestão de compostos de cálcio, incluindo o existente na água, diminuiria a possibilidade de formação de cálculos renais. No entanto, não parece ser este o caso. De facto, diversos estudos realizados nos Estados Unidos, na Escandinávia e no Japão mostram que em áreas com águas muito duras a incidência desta patologia é inferior à de áreas com águas brandas (Barzilay *et al.*, 1999). Estas conclusões são contra-intuitivas e até ao momento não têm uma explicação consensual, embora estejam em estudo diversas hipóteses.

Não obstante a baixa dureza da água mineral de Caldas da Saúde, alguns tratamentos proporcionam o contacto do corpo com grandes volumes de água, o que acaba por expor a superfície corporal a quantidades significativas dos elementos que conferem dureza à agua, em particular do cálcio, uma vez que os teores de magnésio são muito baixos. Por isso, admite-se que esta água possa ter efeitos benéficos a nível das patologias antes referidas, mas torna-se necessário desenvolver os respectivos estudos médico-hidrológicos. Sublinha-se que uma das actuais indicações terapêuticas desta água mineral é ao nível do tratamento e prevenção das doenças músculo-esqueléticas, onde a dureza da água poderá estar envolvida.

5.6. Sílica

O silício é, a seguir ao oxigénio, o elemento mais abundante na crosta terrestre. Aparece sob a forma de óxido (sílica) no quartzo e surge combinado com metais em vários outros minerais que constituem a classe dos silicatos. A alteração das rochas que contêm silicatos na sua composição resulta na presença de sílica nas águas naturais, sob a forma de partículas em suspensão, em estado coloidal ou polimérico ou, ainda, sob a forma de ácido silícico ou ião silicato. A maior parte da sílica presente nas águas permanece em solução, principalmente no estado monomérico de ácido silícico, H_4SiO_4 (Langmuir, 1997). Tal resulta do facto de que a sílica proveniente da alteração dos minerais silicatados combina-se com duas moléculas de água, de acordo com a equação:

$$SiO_2 + 2H_2O = H_4SiO_4 \qquad (14)$$

No entanto, H_4SiO_4 é um ácido fraco e, por isso, pode dissociar-se segundo as equações:

$$H_4SiO_4 = H_3SiO_4^- + H^+ \qquad (15)$$

$$H_3SiO_4^- = H_2SiO_4^{2-} + H^+ \qquad (16)$$

Para uma temperatura de 25 °C, as constantes de equilíbrio das reacções (15) e (16) são, respectivamente, $K_1=10^{-9,82}$ e $K_2=10^{-13,10}$. Considerando o valor de K_1, verifica-se que a concentração de sílica não dissociada é superior à da sílica iónica até pH igual a 9,82. Além disso, a concentração de $H_3SiO_4^-$ só tem expressão a partir de pH=7,8, podendo ser ignorada para valores de pH inferiores, já que a sua concentração é inferior a 1% da sílica total.

Embora a solubilidade do quartzo, dos seus polimorfos e da sílica amorfa na maioria das águas seja muito baixa, a dissociação do ácido silícico (H_4SiO_4) conduz a um aumento substancial da sua solubilidade para valores de pH superiores a 9. A solubilidade de qualquer espécie sólida de sílica deve ser igual à soma das concentrações de todas as espécies químicas de sílica em solução, no equilíbrio. Esta soma é dada pela seguinte equação de balanço de massa (Langmuir, 1997):

$$\sum SiO_2 \, (molal) = H_4SiO_4 + H_3SiO_4^- + H_2SiO_4^{2-} \qquad (17)$$

A variação da solubilidade do quartzo e da sílica amorfa em função do pH está representada na Figura 19, onde também se assinalam os intervalos de dominância das diferentes espécies químicas de sílica. Como se observa, a solubilidade da sílica amorfa é significativamente superior à do quartzo, independentemente do pH. Assim, enquanto a constante de equilíbrio relativa à dissolução do quartzo é de $10^{-4,00}$, a da sílica amorfa é de $10^{-2,71}$, para valores de pH inferiores a 9 (Krauskopf e Bird, 1995), a que correspondem concentrações de sílica de 6,0 ppm e 117 ppm, respectivamente. Como se disse, para valores de pH superiores a 9, a solubilidade destas espécies minerais aumenta substancialmente, podendo atingir-se concentrações de sílica total no equilíbrio de 1 028 ppm e 20 500 ppm, respectivamente, para um pH=12. A projecção da composição da água mineral da captação AC1A no diagrama da Figura 19 mostra que a mesma se encontra praticamente em equilíbrio com a sílica amorfa, mas sobressaturada em relação ao quartzo. O tema relativo ao estudo dos estados de equilíbrio água-rocha será tratado posteriormente, onde será retomada a questão relativa aos polimorfos de sílica.

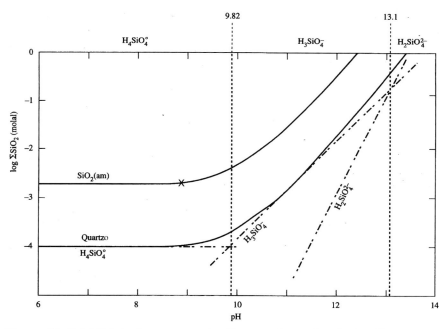

Figura 19: Solubilidade do quartzo e da sílica amorfa em função do pH, para uma temperatura de 25 °C. Estão também representados os intervalos de dominância das diferentes espécies químicas de sílica em função do pH. O asterisco assinala a composição da água mineral da captação AC1A. Adaptado de Langmuir (1997).

Um outro factor determinante na dissolução da sílica amorfa, do quartzo e dos seus polimorfos é a temperatura. Como se observa na Figura 20, as concentrações de sílica em equilíbrio com o quartzo e a sílica amorfa, para uma temperatura de 25 °C são de 6 ppm e 117 ppm, respectivamente. Quando a temperatura ascende a 100 °C, as concentrações de sílica em equilíbrio aumentam para cerca de 45 ppm e 350 ppm, respectivamente. De notar que a concentração de silício total na água mineral da captação AC1A é compatível com a solubilidade da sílica amorfa a 25 °C (Figura 20).

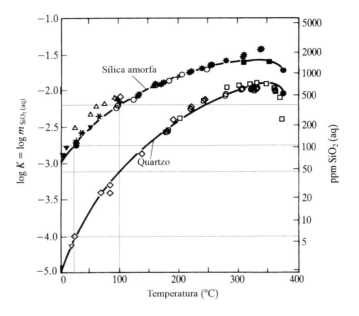

Figura 20: Solubilidade do quartzo e da sílica amorfa em função da temperatura, para valores de pH inferiores a 9. Assinalam-se os valores das constantes de solubilidade e correspondentes concentrações de sílica para temperaturas de 25 °C e 100 °C. Adaptado de Krauskopf e Bird (1995).

A influência do pH e da temperatura na solubilidade das espécies minerais e, consequentemente, na concentração de sílica em equilíbrio, é de grande importância na água mineral de Caldas da Saúde, dado tratar-se de uma água quente com pH no domínio alcalino. Este último aspecto faz com que o silício presente na água não esteja na sua totalidade sob a espécie neutra (ácido silícico), existindo, embora em reduzida quantidade, sílica dissociada, sob a espécie química $H_3SiO_4^-$.

Na Figura 21 apresenta-se a distribuição das concentrações de sílica não dissociada (H_4SiO_4) nas águas das captações AC1A e AC2A, verificando-se que, em termos gerais, AC1A possui teores mais elevados que AC2A, com valores medianos de 98,40 mg/L e 76,80 mg/L, respectivamente. A dispersão dos dados é bastante reduzida, traduzindo-se, pela mesma ordem, por desvios padrões de 2,96 mg/L e 3,58 mg/L, a que correspondem coeficientes de variação de 3,0% e 4,7%. Estas diferenças podem ser explicadas pelo efeito da temperatura e do pH, já que, ao nível destes parâmetros, as duas águas são algo distintas.

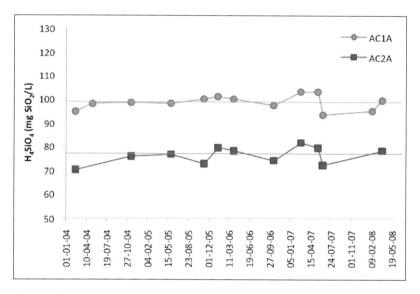

Figura 21: Distribuição dos valores de sílica (sob a espécie neutra H_4SiO_4 mas expressa em mg/L de SiO_2) nas captações AC1A e AC2A, no período de 17 de Fevereiro de 2004 a 1 de Abril de 2008. As linhas horizontais assinalam os valores medianos.

Como se viu anteriormente, a temperatura na emergência em AC1A é de 35,5 °C, enquanto em AC2A é de 27,2 °C. Se a concentração de sílica dissolvida na água estiver controlada pela solubilidade do quartzo (Figura 20), um aumento de temperatura conduzirá a um aumento da concentração, o que poderá explicar a supremacia de AC1A. Por outro lado, o pH mediano de AC1A (8,74) é inferior ao de AC2A (8,90), o que condicionará o equilíbrio entre a espécie não dissociada (H_4SiO_4) e a espécie resultante da primeira dissociação ($H_3SiO_4^-$), favorecendo esta última no caso de AC2A. Com efeito, como se pode observar na Figura 22, o teor mediano de $H_3SiO_4^-$ em AC2A (10,81 mg/L) é superior ao teor mediano de AC1A (9,61 mg/L), embora, pontualmente, ocorra uma inversão desta tendência, como acontece, por exemplo, na primeira e na última amostragens.

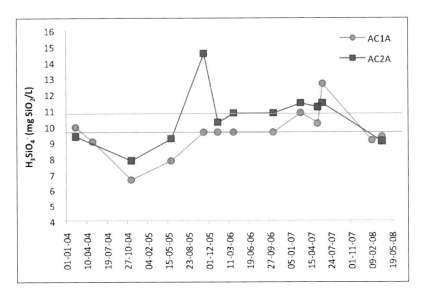

Figura 22: Distribuição dos valores de $H_3SiO_4^-$ (expressos em mg/L de SiO_2) nas captações AC1A e AC2A, no período de 17 de Fevereiro de 2004 a 1 de Abril de 2008. As linhas horizontais assinalam os valores medianos.

A distribuição dos teores de $H_3SiO_4^-$ em AC2A ao longo do período considerado mostra um valor anómalo na amostra recolhida em 9 de Novembro de 2005, onde se atinge uma concentração de 14,53 mg/L (expressa sob a forma de SiO_2), que não encontra paralelismo (ou anti--paralelismo), nem com o teor registado em AC1A (Figura 22), nem com os teores de sílica não dissociada (Figura 21), nem, ainda, com a distribuição dos valores de pH (Figura 14). Desta forma, considera-se que este valor decorre de um possível erro na sua determinação, já que o mesmo é obtido por cálculo a partir dos teores de silício total. Os valores deste parâmetro (expressos sob a forma de SiO_2) correspondem ao somatório dos teores de sílica não dissociada (H_4SiO_4) e de sílica resultante da primeira dissociação ($H_3SiO_4^-$), se expressos sob a forma de SiO_2, e estão apresentados na Figura 23. Os teores medianos em AC1A e em AC2A são, respectivamente, de 107,0 mg/L e 87,1 mg/L, com coeficientes de variação de 3,19% e 3,78%, denotando uma elevada estabilidade temporal. Como se referiu anteriormente, as diferenças composicionais a nível da sílica total entre as duas captações resultam do diferencial das respectivas temperaturas de emergência.

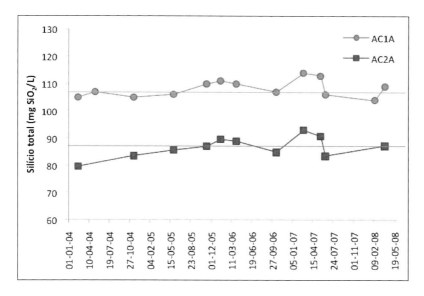

Figura 23: Distribuição dos valores de silício total (expressos em mg/L de SiO$_2$) nas captações AC1A e AC2A, no período de 17 de Fevereiro de 2004 a 1 de Abril de 2008. As linhas horizontais assinalam os valores medianos.

Em termos relativos, pode dizer-se que a água mineral natural de Caldas da Saúde possui elevados teores de sílica quando comparados com os teores médios nas restantes águas subterrâneas regionais. Com efeito, Lima (2001) refere teores médios de sílica de 12 mg/L nas águas subterrâneas da região do Minho e um teor máximo que não ultrapassa 30 mg/L (Figura 24). Desta análise comparativa, verifica-se que o teor de sílica da captação AC1A é cerca de 9 vezes superior ao teor médio das águas subterrâneas não minerais, o que lhe confere uma individualidade composicional no contexto regional. Aquele teor representa 17,3% da mineralização total da água mineral natural.

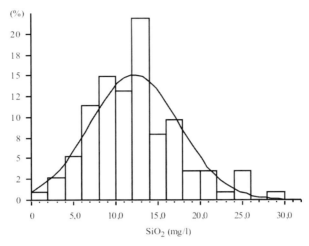

Figura 24: Distribuição dos teores de sílica nas águas subterrâneas da região do Minho. Extraído de Lima (2001).

Embora seja o segundo elemento mais abundante na crosta terrestre e um dos principais mineralizadores das águas subterrâneas, o papel biológico do silício no organismo humano não foi ainda perfeitamente identificado (IOM, 2001). A distribuição deste elemento no corpo de alguns animais e as alterações bioquímicas a nível ósseo relacionadas com a sua deficiência sugerem que o mesmo intervém na formação dos ossos destes animais. Diversos tecidos conjuntivos, como os da aorta, da traqueia, dos ossos, dos tendões e da pele contêm a maioria do silício presente no organismo humano, sugerindo que este elemento é um componente integrante de complexos proteicos destes tecidos (Friedberg e Schiller, 1988). Atendendo ao pH do sangue (7,4), o silício aí presente encontra-se, quase na sua totalidade, sob a forma neutra de ácido silícico, que é também a espécie de sílica mais abundante nas águas naturais, incluindo a água mineral em estudo. Dado que o papel funcional do silício no organismo humano não se encontra ainda definido, não está estabelecida a respectiva dose diária recomendada. No entanto, alguns estudos revelam valores medianos de ingestão compreendidos entre 14 mg/dia e 21 mg/dia de silício (IOM, 2001). Os alimentos de origem vegetal são mais ricos em silício que os de origem animal. Todavia, as bebidas constituem a principal forma de ingestão de silício.

Considerando a composição mediana da água da captação AC1A (107 mg/L de SiO_2), a que corresponde um teor em silício de 50 mg/L, as doses diárias antes mencionadas seriam conseguidas através da ingestão de água em quantidades variáveis entre 280 mL e 420 mL, considerando que todo o silício seria obtido por esta via. Contudo, salienta-se que outras fontes de silício estão normalmente presentes na alimentação, pelo que aquelas quantidades poderiam ser reduzidas, embora não haja qualquer evidência de que doses superiores possam ter efeitos adversos sobre a saúde humana, para além de uma possível relação entre a utilização de antiácidos contendo silício e o desenvolvimento de urolitíase (IOM, 2001).

Finalmente, importa estabelecer a distinção entre a sílica presente na água e a sílica constituinte dos minerais silicatados, alguns deles de elevada acção patogénica. A principal consequência da inalação destes compostos de sílica é a conhecida fibrose pulmonar, mas este tema está para além dos propósitos deste livro. Por sua vez, em relação à sílica presente na água, sob as espécies químicas oportunamente referidas, não é conhecido qualquer efeito prejudicial sobre o organismo humano. Pelo contrário, estudos recentes sugerem que o silício poderá ter efeitos funcionais favoráveis, nomeadamente a nível dos tecidos conjuntivos. Tilemann (2005) considera que o silício é fundamental para a preservação das fibras colagéneas do cabelo, dentes, unhas e ossos e refere que a sílica das águas minerais é vista como um antigo remédio para a pele, para o estômago e para certas doenças intestinais.

5.7. Carbono inorgânico total

A química do carbono é mais complexa que a de qualquer outro elemento, sendo virtualmente ilimitado o número de compostos de carbono (Zorn *et al.*, 1988a). Muitos destes compostos são imprescindíveis à vida, sendo de destacar os glícidos, os lípidos, as proteínas e os ácidos nucleicos. Os compostos de carbono são, na sua maioria, considerados compostos orgânicos. Entre as excepções contam-se os óxidos (monóxido e dióxido de carbono), os carbonatos e bicarbonatos e os cianetos, que são considerados compostos inorgânicos (Lindh, 2005). Alguns compostos inorgânicos de carbono apresentam elevada toxicidade, embora esta não esteja relacionada com o carbono enquanto elemento, mas antes com a estrutura desses compostos e a sua reactividade (Zorn *et al.*, 1988a).

As águas naturais podem conter carbono, tanto sob a forma de compostos orgânicos, como integrando compostos inorgânicos.

O carbono inorgânico total presente numa água subterrânea corresponde ao somatório do dióxido de carbono livre e do dióxido de carbono combinado, estando a distribuição das diferentes espécies dependente do pH (Figura 16). Considerando o valor de pH da água mineral de Caldas da Saúde, o carbono inorgânico total está, na sua totalidade, sob a forma combinada, repartido por duas espécies químicas (HCO_3^- e CO_3^{2-}), com larga superioridade do hidrogenocarbonato (HCO_3^-).

Na Figura 25 está representada a distribuição dos teores de carbono inorgânico total nas águas das captações AC1A e AC2A, expresso em mmol/L de CO_2. Os valores medianos nas duas captações são muito semelhantes (1,55 mmol/L em AC1A e 1,57 mmol/L em AC2A) em todas

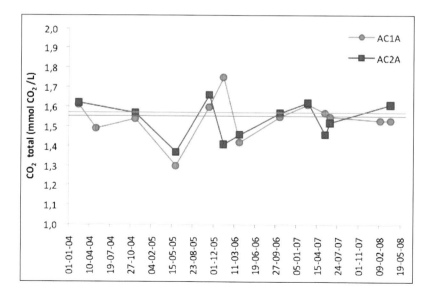

Figura 25: Distribuição dos valores de CO_2 total nas captações AC1A e AC2A, no período de 17 de Fevereiro de 2004 a 1 de Abril de 2008. As linhas horizontais assinalam os valores medianos.

as medições efectuadas, sendo mesmo praticamente iguais em duas amostragens. Aliás, os valores médios são ainda mais próximos (1,54 mmol/l em AC1A e 1,53 mmol/L em AC2A), o que realça a identidade composicional da água das duas captações.

É de salientar também a elevada estabilidade temporal deste parâmetro, traduzindo-se por coeficientes de variação de 6,8% e 6,3% em AC1A e AC2A, respectivamente. Esta ligeira dispersão deverá resultar das imprecisões do método analítico e não da variabilidade composicional da água.

No estudo da componente maioritária da água será retomado o tema do carbono inorgânico total, analisando-se a distribuição das espécies HCO_3^- e CO_3^{2-}.

5.8. Sulfuração total

O enxofre é um elemento que pode ocorrer em diversos estados de oxidação, desde S^{2-} até S^{6+}. No estado mais oxidado (S^{6+}), o enxofre forma uma estrutura estável em coordenação tetraédrica com o oxigénio, originando o anião sulfato (SO_4^{2-}). A espécie reduzida de enxofre, S^{2-}, forma sulfuretos de baixa solubilidade. Na Figura 26 apresenta-se um diagrama que mostra as espécies termodinamicamente estáveis ou de metaestabilidade persistente, em função do número de átomos de enxofre e do seu estado de oxidação. A estabilidade e a dominância das diferentes espécies na água estão relacionadas com equilíbrios ácido-base e equilíbrios redox, estando, por isso, dependentes do pH e do potencial redox das soluções aquosas. As reacções ácido-base entre as diferentes espécies são normalmente rápidas e reversíveis. Contudo, embora algumas reacções redox possam ser rápidas e reversíveis, a maioria são irreversíveis, na ausência de mediação microbiana, tal como acontece na redução de SO_4^{2-} a H_2S (Langmuir, 1997).

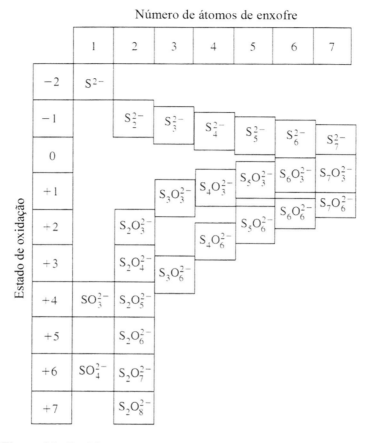

Figura 26: Espécies de enxofre termodinamicamente estáveis ou de metaestabilidade persistente. Adaptado de Williamson e Rimstidt (1992).

Na Figura 27 apresenta-se um diagrama Eh-pH para as espécies de enxofre termodinamicamente mais estáveis. Considerando os valores de pH e Eh da maioria das águas superficiais e subterrâneas, verifica-se que o sulfato (SO_4^{2-}) é, nestas águas, a espécie de enxofre dominante, podendo desprezar-se as concentrações de hidrogenossulfureto (HS^-) e de sulfureto de hidrogénio (H_2S). Pelo contrário, as condições de pH (8,74) e Eh (-255 mV) da água mineral da captação AC1A determinam a presença de HS^- em concentrações não negligenciáveis (Figura 27), embora o sulfato continue a ser a espécie dominante.

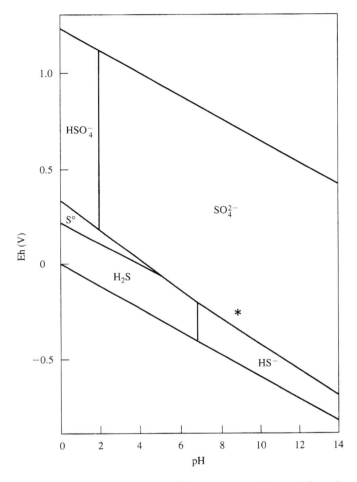

Figura 27: Domínios de estabilidade das espécies químicas de enxofre em função do pH e do Eh, para uma concentração total de enxofre de 10⁻³ mol/kg, a 25 °C. O asterisco assinala a posição da água mineral da captação AC1A. Adaptado de Langmuir (1997).

Por sua vez, o equilíbrio ácido-base favorece a concentração de HS⁻, em detrimento de H$_2$S (Figura 28). Por isso, esta última espécie, embora não tenha sido quantificada, deverá existir na água em muito baixa concentração, não obstante a água apresentar um certo odor, característico deste gás. No entanto, como salienta Hem (1985), o odor do sulfureto de

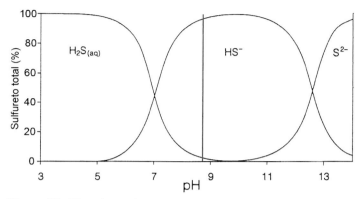

Figura 28: Dissociação do H$_2$S na água, em função do pH. A linha vertical representa a posição da água da captação AC1A. Adaptado de Clark e Fritz (1997).

hidrogénio é perceptível mesmo em concentrações inferiores a 1 mg/L de H$_2$S. Por exemplo, concentrações da ordem de 0,05 mg/L podem provocar odor e sabor à água, tornando-a imprópria para consumo humano (Reimann e Caritat, 1998).

A sulfuração total mede a concentração das espécies reduzidas de enxofre dissolvidas na água, ou seja, do sulfureto (e iões derivados, como o HS⁻) e dos polissulfuretos (S$^{2-}_n$), onde o estado de oxidação do enxofre varia entre 0 e -2 (Figura 26). De facto, como se observa na Figura 29, para valores de pH superiores a 8, os polissulfuretos dominam sobre o hidrogenossulfureto (Langmuir, 1997). A projecção do valor de pH da água da captação AC1A permite verificar que os polissulfuretos estão em ligeira dominância sobre o hidrogenossulfureto e que os teores de H$_2$S são muito baixos. O equilíbrio entre HS⁻ e H$_2$S ocorre para um pH de 6,99 (Langmuir, 1997).

Na Figura 30 apresenta-se um diagrama com a distribuição dos valores de sulfuração total nas águas das captações AC1A e AC2A, expressa sob a forma de mL/L de I$_2$ 0,01N utilizados na titulação redox. Como veremos oportunamente, estes valores serão convertidos na sua totalidade em concentrações de hidrogenossulfureto, mostrando que a sulfuração total desta água se refere exclusivamente a esta espécie de enxofre. Os valores medianos de sulfuração total são de 76,2 mL/L I$_2$ 0,01N e 75,4 mL/L I$_2$ 0,01N, respectivamente em AC1A e AC2A. A dispersão é reduzida e traduz-se, pela mesma ordem, por coeficientes de variação de 7,5% e 5,4%. Como

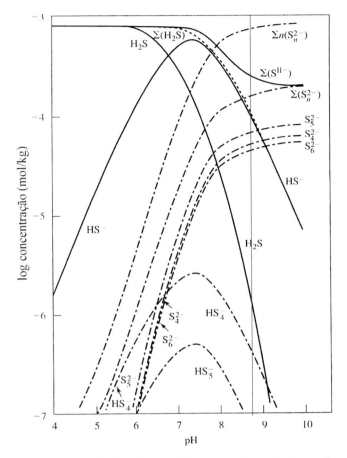

Figura 29: Distribuição das espécies de enxofre reduzido em função do pH, para uma concentração total de enxofre de 10^{-3} mol/kg. A linha vertical assinala o valor de pH da água mineral da captação AC1A. Adaptado de Langmuir (1997).

se observa na Figura 30, embora o valor mediano de AC1A seja ligeiramente superior ao de AC2A, a distribuição temporal da sulfuração total nas duas captações não revela aquela supremacia, ocorrendo situações em que os valores de AC2A são superiores aos de AC1A. As diferenças entre as duas captações e a própria variabilidade temporal estarão essencialmente relacionadas com a reprodutibilidade específica do método analítico (volumetria redox).

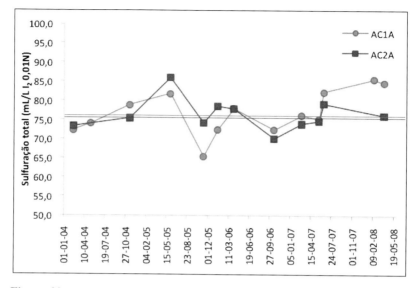

Figura 30: Distribuição dos valores de sulfuração total nas captações AC1A e AC2A, no período de 17 de Fevereiro de 2004 a 1 de Abril de 2008. As linhas horizontais assinalam os valores medianos.

5.9. Enxofre total

Do exposto anteriormente, verifica-se que o enxofre presente na água mineral natural de Caldas da Saúde ocorre essencialmente sob duas espécies químicas, que representam dois estados de oxidação distintos. De acordo com as condições de pH e Eh da água, a espécie dominante será o sulfato (SO_4^{2-}), seguindo-se o hidrogenossulfureto (HS^-). O somatório destas duas espécies pode ser englobado num parâmetro que traduz o enxofre total presente na água. As mesmas serão tratadas separadamente, quando do estudo da componente maioritária da água. Como se observa na Figura 31, a concentração total de enxofre na água mineral em estudo é muito próxima de 1 mmol/L, o que sustenta as ilações extraídas dos diagramas de estabilidade e distribuição das espécies de enxofre. Os teores medianos nas captações AC1A e AC2A são de 1,017 mmol/L e de 1,004 mmol/L, respectivamente. Os coeficientes de variação são, por aquela ordem, de 3,0% e 2,1%, o que revela uma dispersão muito baixa.

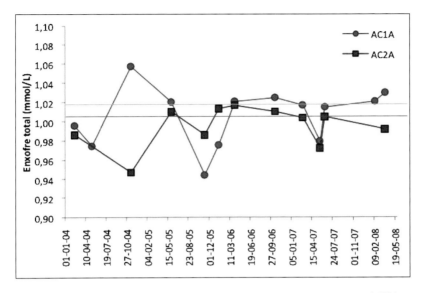

Figura 31: Distribuição dos valores de enxofre total nas captações AC1A e AC2A, no período de 17 de Fevereiro de 2004 a 1 de Abril de 2008. As linhas horizontais assinalam os valores medianos.

Os teores de enxofre total da água mineral natural são muito superiores ao teor mediano das águas subterrâneas não minerais da área envolvente à ocorrência hidromineral (0,313 mmol/L), embora tenha sido identificado nestas águas um valor máximo de 2,10 mmol/L. No entanto, este valor corresponde a uma amostra com fortes indícios de contaminação pela actividade doméstica e/ou agrícola (Lima *et al.*, 2007). Comparado com as águas subterrâneas não minerais da região do Minho, o teor de enxofre da água mineral natural é ainda mais elevado, já que o teor mediano daquelas águas é de 0,04 mmol/L (Lima, 2001).

Como se observa no Quadro 5, a água mineral encontra-se enriquecida em enxofre relativamente à precipitação e às águas subterrâneas, mostrando-se empobrecida em relação à água do mar e aos granitos. Um aspecto curioso a registar tem a ver com a ordem de grandeza dos factores de enriquecimento ou empobrecimento. Assim, o factor de enriquecimento em relação às águas subterrâneas (3,3) é cerca de 100 vezes superior ao factor relativo à água do mar (0,036) e 10 vezes superior ao respeitante aos granitos (0,326).

74 | COMPOSIÇÃO E ORIGEM DAS ÁGUAS MINERAIS NATURAIS

Importa ainda salientar de que os valores medianos da composição da precipitação e das águas subterrâneas não minerais referem-se a dados obtidos na região da ocorrência hidromineral, estando, como se disse, influenciados pela actividade antrópica.

Quadro 5: Concentração de enxofre em diversos tipos de água e em granitos. Os teores na precipitação e nas águas subterrâneas foram obtidos em Lima (2007) e Lima *et al.* (2007), respectivamente; à excepção dos valores relativos à captação AC1A, os restantes foram obtidos em Reimann e Caritat (1998).

AC1A	mg/L	32,6
Precipitação (P)	mg/L	3,9
Águas subterrâneas (AS)	mg/L	10,0
Água do mar (AM)	mg/L	905
Granito (G)	mg/Kg	100
AC1A/P	-	8,4
AC1A/AS	-	3,3
AC1A/AM	-	0,036
AC1A/G	-	0,326

O enxofre ocupa o 16.º lugar na hierarquia dos elementos mais abundantes nas rochas da crosta continental, com uma abundância média de 260 ppm (Krauskopf e Bird, 1995). Sendo um elemento calcófilo está fundamentalmente associado a sulfuretos metálicos, como a pirite (FeS_2), a calcopirite ($CuFeS_2$) e a galena (PbS). A sua concentração nos granitos é da ordem de 100 ppm e na água do mar situa-se em torno dos 900 ppm (Reimann e Caritat, 1998). Apesar de relativamente abundante na água mineral de Caldas da Saúde, o enxofre surge em concentrações muito inferiores à da água do mar.

Entre os dez elementos não metálicos essenciais à vida, o enxofre desempenha um papel de destaque, devido à sua extraordinária versatilidade química, a qual lhe confere uma diversidade de funções a nível biológico (Lindh, 2005). O corpo humano contém entre 1,0% e 1,1% de enxofre em peso, sob a forma de aminoácidos e outros compostos. No líquido intracelular e no plasma sanguíneo as concentrações de enxofre (sob a forma de sulfato) são de 1,151 g/L e 50 mg/L, respectivamente. Dado que o enxofre é abundante em muitos alimentos, qualquer dieta contém normalmente quantidades adequadas de enxofre, não sendo, por isso, conhecidas situações de deficiência em seres humanos (Meyer, 1988).

A toxicidade do enxofre depende do seu estado de oxidação. No estado mais oxidado (S^{6+}), o enxofre é praticamente atóxico, enquanto no estado mais reduzido (S^{2-}) apresenta elevada toxicidade.

Pensa-se que a acção fisiológica do enxofre decorre de reacções redox em que participa. Uma vez no interior do organismo, o enxofre pode ser parcialmente reduzido a sulfureto de hidrogénio, o que pode provocar um efeito laxativo. Pelo contrário, aplicado na pele, o enxofre pode dissolver-se nas excreções orgânicas cutâneas e oxidar-se lentamente. Admite-se que a acção benéfica do enxofre em cremes corporais e champôs advém da sua oxidação parcial a politionatos (Meyer, 1988).

O sulfureto de hidrogénio tem sido indicado como causa de morte de diferentes grupos de pessoas, quer no trabalho, quer noutros locais de concentração. É um gás que actua rapidamente e, em concentrações de 30 ppm a 100 ppm, tem um aparente cheiro agradável que insensibiliza os sentidos. O efeito do H_2S não resulta da sua combinação com a hemoglobina do sangue, mas decorre do seu efeito paralisador sobre o centro respiratório (Meyer, 1988). Os efeitos a longo prazo da exposição a H_2S não são ainda bem conhecidos, mas julga-se que incidirão a nível do sistema nervoso, dos olhos e das mucosas. No entanto, a exposição ocasional a H_2S proveniente das águas minerais é considerada saudável (Meyer, 1988). Salienta-se que, no caso da água mineral de Caldas da Saúde, a concentração deste gás é muito baixa, devido ao pH da água. A estimativa efectuada com base no diagrama da Figura 29 aponta para uma concentração da ordem de 0,06 mg/L de H_2S.

5.10. Resíduo seco

O resíduo seco corresponde à quantidade de sólidos que se obtém quando se evapora um determinado volume de água, a uma temperatura definida. Esta quantidade inclui o "total de sólidos suspensos", ou seja, a porção de sólidos retida por um filtro, e o "total de sólidos dissolvidos", isto é, a porção que passa através do filtro. A separação entre sólidos suspensos e sólidos dissolvidos está essencialmente condicionada pelas características dos filtros, nomeadamente, a área, a porosidade, a dimensão do poro e a espessura. Nesta separação são normalmente utilizados filtros de microfibra de vidro com poros de 2,0 µm, ou inferior. A temperatura à qual é obtido o resíduo seco tem muita influência no resultado, uma vez que interfere nas perdas por volatilização da matéria orgânica, da água retida mecanicamente, da água de cristalização e de gases resultantes de eventuais decomposições químicas. Além disso, podem surgir ganhos devido a processos de oxidação. O resíduo obtido a temperaturas de 103 ºC a 105 ºC pode conter, não só água de cristalização, mas também água retida mecanicamente. A estas temperaturas há perda de CO_2 por conversão de bicarbonato em carbonato. O resíduo obtido a temperaturas de 180 ºC ± 2 ºC está praticamente desprovido de água de retenção mecânica, podendo conter alguma água de cristalização, sobretudo se existirem concentrações elevadas de sulfatos e cálcio, devido à formação de sulfato de cálcio hemihidratado, conhecido por gesso-de--paris (Hounslow, 1995). Também a estas temperaturas ocorre perda de CO_2 por conversão de bicarbonatos em carbonatos e estes podem transformar-se em óxidos ou sais alcalinos. Normalmente, o resíduo obtido por evaporação e secagem a 180 ºC é semelhante ao calculado pelo somatório das concentrações das diferentes espécies presentes na água (Greenberg *et al.*, 1992). Desta forma, o resíduo seco a 180 ºC constitui uma boa aproximação ao "total de sólidos dissolvidos" presentes numa água, mas é necessário considerar as perdas de CO_2 antes referidas. Como se disse, a 180 ºC os bicarbonatos são totalmente convertidos em carbonatos, de acordo com a reacção (Hounslow, 1995):

$$2\, HCO_3^- \rightarrow CO_3^{2-} + CO_2 + H_2O \qquad (18)$$

A quantidade de carbonato formada pode ser calculada pela expressão:

$$CO_3^{2-}(mg/L) = \frac{HCO_3^-(mg/L)}{M\ HCO_3^-(g/mol)} \times \frac{M\ CO_3^{2-}(g/mol)}{2} \qquad (19)$$

Por sua vez, as perdas de CO_2 podem ser determinadas pela expressão:

$$CO_2(mg/L) = \frac{HCO_3^-(mg/L)}{M\ HCO_3^-(g/mol)} \times \frac{M\ CO_2(g/mol)}{2} \qquad (20)$$

Expressão semelhante às anteriores permite calcular as perdas de água. Assim, a conversão do bicarbonato em carbonato liberta a seguinte quantidade de água:

$$H_2O\ (mg/L) = \frac{HCO_3^-(mg/L)}{M\ HCO_3^-(g/mol)} \times \frac{M\ H_2O\ (g/mol)}{2} \qquad (21)$$

Simplificando as equações anteriores, por substituição dos diferentes pesos molares, obtém-se:

$$CO_3^{2-}(mg/L) = \frac{HCO_3^-(mg/L)}{61,02} \times \frac{60,01}{2} = HCO_3^-(mg/L) \times 0,4917 \qquad (22)$$

$$CO_2(mg/L) = \frac{HCO_3^-(mg/L)}{61,02} \times \frac{44,01}{2} = HCO_3^-(mg/L) \times 0,3606 \qquad (23)$$

$$H_2O\ (mg/L) = \frac{HCO_3^-(mg/L)}{61,02} \times \frac{18,02}{2} = HCO_3^-(mg/L) \times 0,1477 \qquad (24)$$

Desta forma, a quantidade de carbonato formado a partir do bicarbonato corresponde a 49,17% da quantidade de bicarbonato inicialmente presente. Por sua vez, no processo, há perdas de 36,06% de bicarbonato sob a forma de CO_2 e 14,77% de bicarbonato sob a forma de água, o que perfaz um total de perdas de 50,83% do bicarbonato inicial.

O total de sólidos dissolvidos (TSD) é calculado pelo somatório de todas as espécies dissolvidas, iónicas ou neutras (essencialmente a sílica), tal como ilustra a equação:

$$TSD\ (mg/L) = \sum iões(mg/L) + sílica\ (mg/L) \qquad (25)$$

Assim, o resíduo seco (RS) será igual ao total de sólidos dissolvidos (TSD) após a subtracção da quantidade perdida (CO_2+H_2O) devido à conversão do bicarbonato em carbonato. Desta forma, pode escrever-se:

$$RS(mg/L) = \sum i\tilde{o}es\,(mg/L) + s\acute{\imath}lica\,(mg/L) - HCO_3^-\,(mg/L) \times 0,5083 \quad (26)$$

Simplificando:

$$RS(mg/L) = TSD(mg/L) - HCO_3^-(mg/L) \times 0,5083 \quad (27)$$

Tal como se observa na equação anterior, o resíduo seco pode ser facilmente calculado a partir do total de sólidos dissolvidos (ou inversamente), bastando subtrair cerca de metade da concentração inicial de bicarbonato.

É importante notar que, no cálculo do total de sólidos dissolvidos, a quantidade de sílica diz respeito apenas à espécie não dissociada, já que a restante (se existir), já se encontra contabilizada no somatório dos iões.

A melhor forma de avaliar a mineralização global de uma água é recorrendo aos valores de resíduo seco ou do total de sólidos dissolvidos. Na Figura 32 apresenta-se a distribuição dos valores de resíduo seco nas captações AC1A e AC2A, verificando-se que, sistematicamente, a água da primeira captação é mais mineralizada que a de AC2A, com valores medianos de 591 mg/L e 567 mg/L, respectivamente. A dispersão é muito baixa e traduz-se por coeficientes de variação de 0,9% em AC1A e 1,6% em AC2A. A supremacia de AC1A está essencialmente relacionada com os seus teores de sílica mais elevados. De facto, o diferencial dos teores de sílica entre as duas captações (22 mg/L) é semelhante à diferença registada a nível do resíduo seco (24 mg/L).

Na Figura 33 estão projectados os valores do total de sólidos dissolvidos nas águas das captações AC1A e AC2A. Como seria de esperar, também neste parâmetro, a água de AC1A apresenta valores mais elevados que a de AC2A, com valores medianos de 619 mg/L e 591 mg/L, respectivamente. A diferença entre as duas captações é ainda mais notória que a diferença relativamente ao resíduo seco. Para este facto concorrem, para além dos teores de sílica, as concentrações de ião cloreto, que são superiores em AC1A. Este aspecto será retomado mais adiante.

A estabilidade temporal da água das duas captações é também bem evidente neste parâmetro, já que a dispersão é de 1,1%, no caso de AC1A e de 1,4% no caso de AC2A.

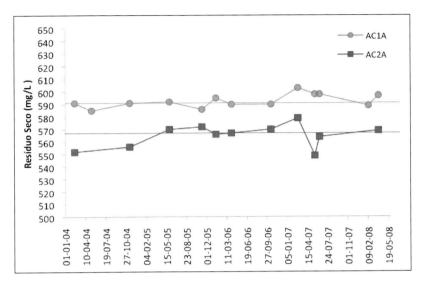

Figura 32: Distribuição dos valores de resíduo seco nas captações AC1A e AC2A, no período de 17 de Fevereiro de 2004 a 1 de Abril de 2008. As linhas horizontais assinalam os valores medianos.

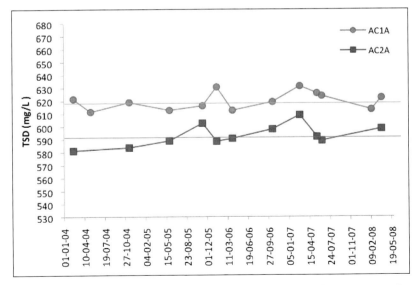

Figura 33: Distribuição dos valores do total de sólidos dissolvidos nas captações AC1A e AC2A, no período de 17 de Fevereiro de 2004 a 1 de Abril de 2008. As linhas horizontais assinalam os valores medianos.

Do ponto de vista do uso terapêutico, a água mineral natural de Caldas da Saúde pode ser considerada hipotónica, já que a sua osmolaridade é muito inferior a 320 mOsm/L (Albu *et al.*, 1997). Este aspecto tem repercussões a nível da utilização da água em alguns tratamentos, designadamente em duches nasais, sendo neste caso necessário adicionar à água cloreto de sódio, de modo a obter uma solução isotónica, com uma salinidade à volta de 0,9%.

Apesar da sua débil salinidade, esta água mineral individualiza-se no contexto regional por apresentar uma mineralização total superior às águas subterrâneas não minerais e mesmo em relação a outras águas sulfúreas portuguesas. De facto, Lima (2001) refere que as águas subterrâneas não minerais do noroeste de Portugal apresentam mineralizações que raramente ultrapassam 50 mg/L. Por outro lado, no quadro das águas sulfúreas portuguesas, a água mineral de Caldas da Saúde está incluída num grupo muito restrito, com mineralização total igual ou superior a 600 mg/L, já que mais de 95% deste tipo de águas possui concentrações de sólidos inferiores a este valor (Calado, 2001).

6. COMPONENTE MAIORITÁRIA

A composição das águas naturais depende de vários factores, mas usualmente obedece a um certo padrão, tendo em consideração a abundância dos diferentes constituintes. Na Figura 34 pode observar-se a distribuição de alguns constituintes nas águas naturais, superficiais e subterrâneas. Tomando referência os valores medianos, verifica-se que o bicarbonato é o anião mais abundante, seguindo-se o sulfato e o cloreto. Nos catiões, o cálcio é o que surge em concentrações mais elevadas, seguido do sódio e do magnésio. Juntamente com a sílica, estes constituintes ocorrem nas águas com concentrações medianas iguais ou superiores a 10 mg/L. O nitrato e o potássio surgem com concentrações entre 1 mg/L e 10 mg/L e os restantes constituintes apresentam concentrações que, em termos medianos, não atingem 1 mg/L.

De acordo com a concentração em que ocorrem, os constituintes das águas costumam ser agrupados em constituintes maiores, menores e traço ou vestigiais. Assim, os constituintes maiores surgem normalmente em concentrações superiores a 5 mg/L, enquanto os menores apresentam concentrações entre 0,01 mg/L e 10 mg/L. Os constituintes traço ou

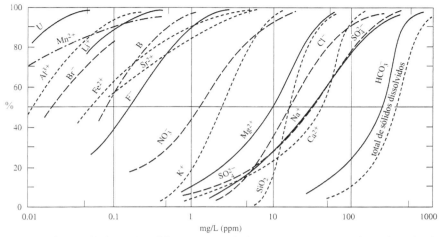

Figura 34: Distribuição dos diferentes constituintes nas águas naturais. Adaptado de Davis e DeWiest (1971).

vestigiais surgem com concentrações inferiores a 0,1 mg/L. O sódio, o cálcio, o magnésio, o cloreto, o sulfato, o bicarbonato e a sílica são considerados constituintes maiores. O potássio, o estrôncio, o ferro, o carbonato, o fluoreto e o nitrato pertencem ao grupo dos constituintes menores. Finalmente, são considerados constituintes traço o alumínio, o arsénio, o bário, o brometo, o cádmio, o crómio, o cobalto, o cobre, o iodo, o chumbo, o lítio, o manganês, o molibdénio, o fosfato, o selénio, o urânio e o zinco (Hounslow, 1995). As modernas técnicas analíticas mostraram que, além destes constituintes, podem estar presentes nas águas praticamente todos os restantes elementos do quadro periódico. A divisão em constituintes maiores, menores e traço não tem um significado rígido, até porque, para além da existência de numerosas excepções às concentrações definidas, ocorrem sobreposições dos limites das diferentes classes.

No presente trabalho não será adoptada a divisão apresentada, considerando-se apenas a componente maioritária e a componente vestigiária. Aliás, como se verá, alguns constituintes classicamente considerados menores e vestigiários são incluídos na componente maioritária, como é o caso do fluoreto, do carbonato, do nitrato, do potássio e do lítio. Acresce a inclusão de outros constituintes não mencionados na listagem anterior, como acontece com o hidrogenossulfureto e o silicato.

82 | COMPOSIÇÃO E ORIGEM DAS ÁGUAS MINERAIS NATURAIS

A componente maioritária será, por sua vez, dividida em aniões e catiões, de modo a facilitar a apresentação e a discussão dos dados.

6.1. Aniões

No Quadro 6 apresentam-se os parâmetros aniónicos incluídos na componente maioritária e os respectivos valores medianos nas águas das captações AC1A e AC2A.

Quadro 6: Valores medianos dos aniões incluídos na componente maioritária das águas das captações AC1A e AC2A.

Parâmetro	Unidades	AC1A	AC2A
Fluoreto	mg/L F⁻	19,8	19,4
Cloreto	mg/L Cl⁻	131	128
Hidrogenocarbonato	mg/L HCO_3^-	91,5	90,9
Carbonato	mg/L CO_3^{2-}	3,0	4,2
Hidrogenossulfureto	mg/L HS^-	12,6	12,4
Sulfato	mg/L SO_4^{2-}	59,1	59,2
Silicato	mg/L $H_3SiO_4^-$	15,2	17,1
Nitrato	mg/L NO_3^-	0,34	0,31
Nitrito	mg/L NO_2^-	< 0,01	< 0,01

6.1.1. *Fluoreto*

O flúor é o elemento mais leve do grupo dos halogéneos e o mais electronegativo de todos os elementos, possuindo, por isso, uma forte tendência para adquirir carga negativa, formando o anião fluoreto (F^-). Este anião tem a mesma carga e um raio semelhante ao hidroxilo, daí a sua intersubstituição na estrutura de alguns minerais. A sua concentração média em rochas graníticas é de 800 mg/Kg. A fluorite (CaF_2) e o topázio ($Al_2SiO_4(F,OH)_2$) são minerais tipicamente ricos em flúor, mas as micas, as anfíbolas, a turmalina e a apatite podem também conter este elemento, por substituição do hidroxilo (Reimann e Caritat, 1998). O fluoreto está normalmente associado a gases vulcânicos e fumarolas, os quais podem ser importantes fontes de fluoreto na água.

O flúor na água ocorre maioritariamente sob a espécie química de fluoreto (F^-), mas outras espécies podem também estar presentes.

Ao contrário da maioria das águas naturais, os teores de fluoreto na água mineral de Caldas da Saúde atingem concentrações bastante elevadas, muito superiores ao valor mediano expresso no diagrama da Figura 34. Como se observa na Figura 35, os teores medianos nas águas das captações AC1A e AC2A são, respectivamente, de 19,8 mg/L e 19,4 mg/L e a sua variabilidade temporal é muito reduzida, com coeficientes de variação de 2,0% e 2,3%. A identidade composicional das duas águas a nível deste constituinte é evidenciada pela similitude dos teores medianos, ocorrendo também situações em que os teores são iguais, como acontece nas amostras recolhidas em 9 de Novembro de 2005 e 17 de Janeiro de 2006. Além disso, a supremacia de AC1A é apenas aparente,

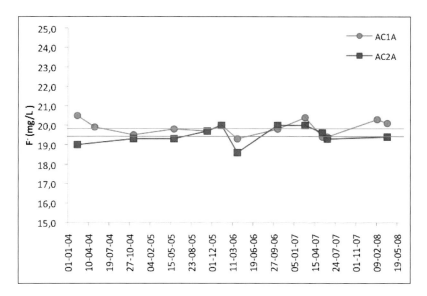

Figura 35: Distribuição dos teores de fluoreto nas captações AC1A e AC2A, no período de 17 de Fevereiro de 2004 a 1 de Abril de 2008. As linhas horizontais assinalam os valores medianos.

já que, em determinadas amostragens, a água de AC2A apresenta teores superiores à de AC1A, como se verifica, por exemplo, em 17 de Outubro de 2006 (Figura 35). Por isso, poderá dizer-se que, no que respeita ao fluoreto, as águas das duas captações são iguais. As eventuais diferenças poderão ser justificadas, pelo menos em parte, pelo erro associado ao método analítico.

Como se observa no Quadro 7, as concentrações de fluoreto na água mineral natural de Caldas da Saúde são muito superiores às das restantes águas subterrâneas e à da água do mar. Em relação à concentração média das rochas graníticas, a água em estudo mostra-se empobrecida em fluoreto.

Quadro 7: Concentração de fluoreto em diversos tipos de água e em granitos. À excepção dos valores relativos à captação AC1A, os restantes foram obtidos em Reimann e Caritat (1998).

AC1A	mg/L	19,8
Precipitação (P)	mg/L	<0,05
Águas subterrâneas (AS)	mg/L	0,33
Água do mar (AM)	mg/L	1,3
Granito (G)	mg/Kg	800
AC1A/P	-	-
AC1A/AS	-	60
AC1A/AM	-	15,2
AC1A/G	-	0,025

Em termos biológicos, o flúor é considerado um elemento traço, já que a sua abundância no organismo humano é reduzida, cerca de 37 µg/g. No entanto, entre os 18 elementos traço considerados essenciais (arsénio, bromo, cobalto, cobre, crómio, estanho, ferro, flúor, iodo, lítio, manganês, molibdénio, níquel, selénio, silício, tungsténio, vanádio e zinco), o flúor ocupa o terceiro lugar, depois do silício (260 µg/g) e do ferro (60 µg/g).

Do ponto de vista biológico, o flúor é um elemento essencial na dieta humana, já que a sua deficiência tem sido associada à incidência de cáries dentárias. Por esta razão, a mitigação de problemas de saúde dentária é normalmente conseguida pela introdução de fluoreto em pastas dentífricas e na própria água de consumo. No entanto, a ingestão crónica de elevadas doses de flúor conduz a situações patológicas como a fluorose dentária e, em casos extremos, a fluorose esquelética. Por isso, as doses óptimas situam-se num intervalo muito limitado, sendo que na água de consumo a concentração ideal de flúor será de aproximadamente 1 mg/L (Edmunds e Smedley, 2005). A ingestão de água com esta concentração promove níveis de flúor no sangue da ordem de 0,02 mg/L. A concentração sérica normal de fluoreto situa-se entre 0,01 mg/L e 0,04 mg/L, pelo que os níveis antes referidos caem neste intervalo (Sticht, 1988). No Quadro 8 apresentam-se diferentes gamas de concentração de fluoreto nas águas de consumo humano e os seus efeitos na saúde humana (Dissanayake, 1991).

Quadro 8: Concentração de fluoreto nas águas de consumo e seus efeitos na saúde humana. Adaptado de Dissanayake (1991).

Concentração de F^- (mg/L)	Efeitos na saúde humana
Ausente	Crescimento deficiente e infertilidade
0,0 – 0,5	Cárie dentária
0,5 – 1,5	Promove a saúde dentária e evita as cáries dentárias
1,5 – 4,0	Fluorose dentária
4 - 10	Fluorose dentária; fluorose esquelética
> 10	Fluorose severa

Para se perceber o papel preventivo que o fluoreto exerce no organismo humano é necessário conhecer a estrutura do dente e compreender o mecanismo da génese da cárie dentária.

A estrutura da coroa dentária inclui uma camada externa de esmalte, a que se segue a dentina e a polpa dentária. Cerca de 96% do esmalte é constituído por matéria mineral, sendo os restantes 4% constituídos por água e matéria orgânica. O principal mineral constituinte do esmalte é a hidroxiapatite, um fosfato de cálcio hidratado, de fórmula química

$Ca_5(PO_4)_3(OH)$, pertencente ao grupo da apatite. Este grupo constitui uma solução sólida completa entre a fluorapatite $(Ca_5(PO_4)_3F)$, a clorapatite $(Ca_5(PO_4)_3Cl)$ e a hidroxiapatite $(Ca_5(PO_4)_3(OH))$, por intersubstituição de F^-, Cl^- e OH^-. Além disso, os aniões carbonato (CO_3^{2-}) e sulfato (SO_4^{2-}) podem substituir o fosfato (PO_4^{3-}), sendo o desequilíbrio de cargas compensado pela substituição do Ca^{2+} pelo Na^+ (Zoltai e Stout, 1984).

A eventual formação de cárie dentária é determinada pelo balanço dinâmico entre os factores patogénicos que conduzem à desmineralização dos dentes e os factores de protecção que promovem a sua remineralização. Os factores patogénicos incluem as bactérias acidogénicas, a inibição da função salivar e a frequência da ingestão de glícidos fermentáveis. Os factores preventivos compreendem o fluxo salivar e os componentes da saliva, substâncias antibacterianas (naturais e aplicadas), a utilização de fontes de flúor e a selecção de uma dieta adequada (Featherstone, 2004).

O mecanismo da formação da cárie dentária pode ser descrito sumariamente como se segue. As bactérias acidogénicas (placa bacteriana) fermentam os glícidos existentes na boca, produzindo ácidos orgânicos, tais como, ácido láctico, ácido fórmico, ácido acético e ácido propiónico. Estes ácidos difundem-se no esmalte dentário, na dentina e no cimento, dissolvendo parcialmente os cristais de hidroxiapatite. Os iões resultantes da dissolução (cálcio e fosfato) abandonam o dente, podendo dar origem à formação de cavidades (cáries). Esta desmineralização pode ser contrariada pela deposição de películas de fluorapatite, que é muito mais resistente à acção dos ácidos orgânicos que a hidroxiapatite. Este processo de remineralização ocorrerá apenas se estiverem disponíveis os iões necessários, ou seja, o cálcio, o fosfato e o fluoreto.

Do balanço entre os processos de desmineralização e remineralização resultará o desenvolvimento de cáries dentárias, a sua regressão ou a manutenção de um bom estado de saúde dentária (Featherstone, 2004).

Embora o fluoreto seja o agente mais importante na prevenção da cárie dentária, a sua ingestão prolongada, mesmo em doses relativamente baixas durante o desenvolvimento dos dentes, provoca a fluorose do esmalte (Aoba e Fejerskov, 2002). Não obstante, o mecanismo pelo qual o excesso de flúor provoca fluorose não está ainda totalmente esclarecido (Bartlett *et al.*, 2005). Os estudos mostram que o fluoreto afecta predominantemente a fase de maturação da formação do esmalte dentário e que a gravidade da sua acção depende da concentração e do tempo de exposição (Aoba e Fejerskov, 2002). Por isso, as crianças constituem um grupo de risco, já que o fluoreto afecta o desenvolvimento dos dentes e dos ossos. Acresce que, uma vez iniciado, o processo de fluorose é irreversível (Edmunds e Smedley, 2005).

Do anteriormente exposto pode concluir-se que a água mineral natural de Caldas da Saúde não é adequada ao consumo humano, devido aos teores elevados de fluoreto e aos efeitos nocivos que tais teores podem ter sobre a saúde humana. No entanto, em doses terapêuticas, directamente ou através de produtos derivados, poderá eventualmente ser utilizada na prevenção de doenças resultantes da deficiência em fluoreto, como a cárie dentária. Além disso, em áreas onde as águas de abastecimento são muito empobrecidas em fluoreto, a ingestão de pequenas quantidades desta água mineral poderia contribuir para o aporte do flúor necessário ao organismo. Contudo, como salienta Skinner (2005), a dose adequada de flúor não se encontra ainda totalmente determinada e a compreensão do impacto do fluoreto no organismo humano requer a realização de mais estudos.

6.1.2. *Cloreto*

O cloro é o elemento mais abundante do grupo dos halogéneos. Embora possa ocorrer em vários estados de oxidação, desde Cl^{-1} até Cl^{+7}, a forma mais reduzida de cloro (Cl^-) é a única com expressão em águas em contacto com a atmosfera (Hem, 1985). A seguir ao flúor, o cloro é o mais reactivo dos halogéneos e forma, por isso, compostos com muitos outros elementos (Ewers *et al.*, 1988). À temperatura ambiente, o cloro é um gás amarelo esverdeado (daí a sua etimologia) com um odor intenso. Reage com a água de acordo com a equação:

$$Cl_2 + H_2O = H^+ + Cl^- + HOCl \qquad (28)$$

Nesta reacção, o cloro passa do estado de oxidação 0 (zero) para dois estados de oxidação distintos, -1 (em Cl^-) e +1 (em HOCl). O ácido hipocloroso (HOCl) é um agente oxidante mais forte que o ião hipoclorito (ClO^-), frequentemente utilizado como desinfectante ou biocida em sistemas de abastecimento de água.

Os principais minerais de cloro são a halite (NaCl), a carnalite ($KMgCl_3.6H_2O$), a silvite (KCl), a sodalite ($Na_4Al_3Si_3O_{12}Cl$) e a eudialite ($Na_6ZrSi_6O_{18}Cl$). No entanto, são raros os minerais em que o cloreto é um componente essencial, sendo mais frequente encontrar o cloreto como impureza (Hem, 1988). Por exemplo, o cloreto pode substituir o hidroxilo em minerais como a biotite, a horneblenda e a apatite. A concentração média de cloro nas rochas graníticas é de 200 mg/Kg (Reimann e Caritat, 1998). Por estas razões, as rochas ígneas não podem fornecer grandes quantidades de cloreto às águas subterrâneas. Concentrações elevadas estão normalmente associadas a águas que circulam em rochas sedimentares, de uma forma particular, em evaporitos.

Os iões cloreto não intervêm normalmente em reacções de oxidação-redução, não formam sais de baixa solubilidade, não são adsorvidos de forma significativa na superfície dos minerais e não participam activamente em processos bioquímicos. Por estas razões, o ião cloreto tem um comportamento conservativo, sendo considerado um traçador ideal.

Fazendo parte da composição química da precipitação e integrado no ciclo hidrológico, o cloreto acaba por alcançar as águas subterrâneas, onde pode atingir concentrações significativas, particularmente em climas áridos e semi-áridos, devido às elevadas taxas de evapotranspiração. Como se observa no diagrama da Figura 34, é amplo o espectro da distribuição da concentração de cloreto nas águas naturais, com valores que vão desde 1 ou 2 mg/L até algumas centenas. Relativamente à água mineral de Caldas da Saúde, os teores medianos em AC1A e AC2A são de 131 mg/L e 128 mg/L, respectivamente (Figura 36). Estes teores caem no último decil da distribuição apresentada na Figura 34 e são marcadamente superiores aos teores identificados nas águas subterrâneas regionais. Com efeito, Lima *et al.* (2007) referem um teor mediano de 45 mg/L de cloretos nas águas subterrâneas não minerais da área envolvente à ocorrência hidromineral de Caldas da Saúde. No entanto, estes autores salientam que as águas estudadas apresentam um elevado índice de contaminação, devido à intensa actividade agro-pecuária e à inexistência de saneamento básico pelo que, na ausência destes fenómenos, os teores de cloreto seriam ainda inferiores, tal como sustenta Lima (2001), em estudo hidrogeológico sobre a região do Minho, mencionando um teor mediano de cloreto de 11 mg/L nas águas subterrâneas. Por isso, os teores de cloreto da água mineral natural em estudo são, no contexto das águas subterrâneas regionais, significativamente elevados. Além disso,

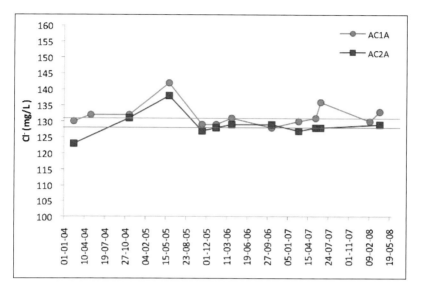

Figura 36: Distribuição dos teores de cloreto nas captações AC1A e AC2A, no período de 17 de Fevereiro de 2004 a 1 de Abril de 2008. As linhas horizontais assinalam os valores medianos.

quando comparada com as restantes águas minerais naturais da região, a água de Caldas da Saúde individualiza-se pelos seus teores elevados de cloreto, sendo a única água mineral sulfúrea claramente cloretada.

Assim, como se observa no Quadro 9, a água mineral de Caldas da Saúde mostra-se enriquecida em cloreto relativamente à precipitação e às águas subterrâneas não minerais. Comparada com a água do mar, a água mineral natural encontra-se muito empobrecida em cloreto, o que não surpreende já que, em termos ponderais, este constituinte representa mais de metade da mineralização total da água do mar. O empobrecimento em relação aos granitos é muito menos acentuado.

Do ponto de vista biológico, o cloro é considerado um elemento menor, juntamente com o sódio, o magnésio, o fósforo, o enxofre, o potássio e o cálcio. Partilha com o sódio o 10º lugar em termos de abundância no corpo humano, representando cerca de 0,14% da sua massa. A concentração sérica de cloreto no organismo humano varia entre 98 mmol/L e 106 mmol/L, enquanto no meio intracelular (glóbulos vermelhos) é da ordem de 50 mmol/L (Lindh, 2005). Assim, para funcionar devidamente,

90 | COMPOSIÇÃO E ORIGEM DAS ÁGUAS MINERAIS NATURAIS

Quadro 9: Concentração de cloreto em diversos tipos de água e em granitos. Os teores na precipitação e nas águas subterrâneas foram obtidos em Lima (2007) e Lima (2001), respectivamente; à excepção dos valores relativos à captação AC1A, os restantes foram obtidos em Reimann e Caritat (1998).

AC1A	mg/L	131
Precipitação (P)	mg/L	6,6
Águas subterrâneas (AS)	mg/L	11,0
Água do mar (AM)	mg/L	19 500
Granito (G)	mg/Kg	200
AC1A/P	-	19,8
AC1A/AS	-	11,9
AC1A/AM	-	0,0067
AC1A/G	-	0,655

o organismo tem de bombar cloreto para o meio extracelular. Dado o diferencial de concentração, a manutenção deste balanço osmótico é conseguida através de transporte activo, o qual requer o consumo de energia. Não obstante, as concentrações de cloreto nos meios intra e extracelulares são muito superiores à concentração de cloreto na água mineral (3,7 mmol/L).

Juntamente com os iões K^+ e Na^+, o Cl^- controla as seguintes propriedades a nível celular (Lindh, 2005): (i) pressão osmótica, (ii) potenciais de membrana, (iii) condensação de polielectrólitos e (iv) manutenção da força iónica. Além disso, tem sido sugerido que o cloreto intervém na regulação proteolítica a nível dos lisossomas, através da activação da enzima envolvida no processo (Lindh, 2005).

A quantidade adequada de ingestão diária de cloreto é de 2,3 g em indivíduos adultos jovens, sendo o máximo tolerável de 3,6 g. Este valor máximo não deve ser ultrapassado de modo a evitar estados de hipertensão arterial, que é um dos principais factores de risco das doenças cardiovasculares e renais (IOM, 2004). Apesar da água mineral de Caldas da Saúde possuir um teor relativamente elevado de cloreto, a mesma não representa um perigo potencial para a saúde, já que seria necessário ingerir cerca de 27,5 L de água para se atingir o valor máximo admissível.

6.1.3. Hidrogenocarbonato e carbonato

O carbono inorgânico presente na água mineral em estudo encontra-se distribuído por duas espécies químicas – hidrogenocarbonato (bicarbonato) e carbonato – com claro predomínio da primeira. Este tema foi já tratado em capítulos precedentes relativos ao estudo da alcalinidade e do carbono inorgânico total na água mineral natural. Por isso, neste ponto, a atenção está dirigida para a análise da distribuição e abundância das duas espécies químicas antes referidas. Assim, na Figura 37 apresenta-se a distribuição dos teores de hidrogenocarbonato nas captações AC1A e AC2A. Os teores medianos nas duas captações são praticamente indistintos e situam-se em torno de 91 mg/L. A ligeira supremacia de AC1A (91,5 mg/L) em relação a AC2A (90,9 mg/L) é aparente, já que não são raras as situações em que os teores em AC2A são superiores aos de AC1A (Figura 37). Aliás, o carbono inorgânico total é ligeiramente superior em AC2A (Figura 25), o que, atendendo ao exposto, só pode explicar-se pelos teores de carbonato (Figura 38), com

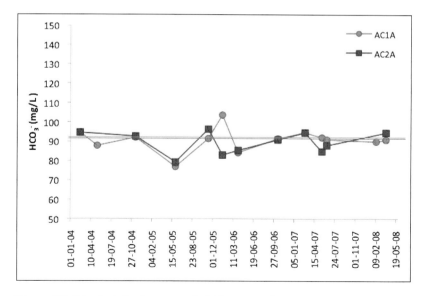

Figura 37: Distribuição dos teores de hidrogenocarbonato nas captações AC1A e AC2A, no período de 17 de Fevereiro de 2004 a 1 de Abril de 2008. As linhas horizontais assinalam os valores medianos.

valores medianos de 3,0 mg/L e 4,2 mg/L, respectivamente em AC1A e AC2A. Como se referiu oportunamente, as diferenças a nível dos teores de carbonato entre as duas captações é explicada pelo valor de pH, o qual é ligeiramente superior em AC2A.

O teor mediano de hidrogenocarbonato na água mineral natural (91 mg/L) é, no contexto regional, muito elevado, já que o valor mediano nas águas subterrâneas não minerais é de apenas 13,6 mg/L (Lima *et al.*, 2007). No entanto, comparado com a distribuição a nível global (Figura 34), aquele teor pode ser considerado baixo, já que se situa no primeiro quartil. Esta aparente contradição prende-se com a diversidade geológica da crosta terrestre, onde existem rochas ricas em carbono (por exemplo, calcários) e rochas muito empobrecidas neste elemento, como é o caso dos granitos. Por isso, em termos relativos, dado que o ambiente geológico é predominantemente granítico, o teor de hidrogenocarbonato da água mineral natural é manifestamente elevado.

Em relação ao carbonato, a identidade da água mineral natural é ainda mais marcada, uma vez que nas águas subterrâneas não minerais esta espécie química está virtualmente ausente.

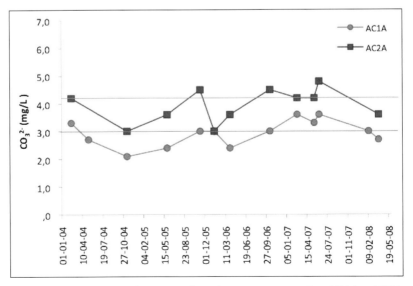

Figura 38: Distribuição dos teores de carbonato nas captações AC1A e AC2A, no período de 17 de Fevereiro de 2004 a 1 de Abril de 2008. As linhas horizontais assinalam os valores medianos.

Em termos biológicos, o principal papel do bicarbonato é o de manter um equilíbrio ácido-base no organismo humano.

A nível digestivo, o bicarbonato é naturalmente produzido pela membrana gástrica, juntamente com os ácidos do suco gástrico. A sua produção depende da acidez do meio, participando na primeira linha de protecção da mucosa gástrica.

A capacidade tampão do bicarbonato no organismo humano é também evidenciada pela capacidade de neutralização dos ácidos produzidos durante a actividade física. Com efeito, o exercício físico pode implicar a produção de ácido láctico, conduzindo à acidificação do sangue e dos músculos. No sentido de neutralizar esta acumulação de ácido láctico e para regular o equilíbrio ácido-base, o organismo humano recorre a sistemas tampão, de uma forma particular ao sistema bicarbonatado.

O hidrogenocarbonato parece exercer ainda um efeito protector a nível da cavidade bucal, evitando o desenvolvimento de cáries dentárias, por neutralização dos ácidos resultantes do metabolismo das bactérias acidogénicas.

A concentração sérica normal de bicarbonato varia entre 22 mmol/L e 30 mmol/L (Mason, 2004), enquanto na água mineral em estudo os teores de bicarbonato e carbonato, no conjunto, oscilam entre 1,55 mmol/L e 1,57 mmol/L.

Do exposto, poderá admitir-se que a ingestão de água mineral com concentrações elevadas de bicarbonato poderá constituir uma fonte importante de bicarbonato para o organismo. Sublinha-se, todavia, que os teores de bicarbonato na água mineral de Caldas da Saúde, sendo elevados no contexto regional e mesmo no grupo das águas sulfúreas, são inferiores aos teores típicos das águas gasocarbónicas, onde as concentrações podem ser superiores a 1 g/L ou 2 g/L.

6.1.4. *Hidrogenossulfureto e sulfato*

Como se viu em capítulos anteriores, as condições de Eh e pH da água mineral em estudo determinam que o enxofre esteja presente essencialmente sob as espécies hidrogenossulfureto e sulfato. Estas duas espécies materializam os dois estados extremos de oxidação do enxofre. No hidrogenossulfureto, o enxofre está no seu estado mais reduzido (-2) e no sulfato no seu estado mais oxidado (+6).

O significado hidrogeoquímico destas espécies e o seu papel biológico foram discutidos nos parâmetros "sulfuração total" e "enxofre total". Neste ponto, dá-se particular atenção à distribuição e abundância destas espécies na água mineral.

Relativamente ao hidrogenossulfureto, verifica-se que os teores nas águas das duas captações são muito semelhantes, com valores medianos de 12,6 mg/L e 12,4 mg/L, respectivamente em AC1A e AC2A (Figura 39). Pode mesmo falar-se em identidade composicional no que respeita a esta espécie mineral nas duas captações, até porque, nas diferentes campanhas de amostragem, não se observa superioridade sistemática em nenhuma das captações.

De forma análoga, também os teores de sulfato não apresentam diferenças entre as águas das duas captações. Os valores medianos em AC1A e AC2A são de 59,1 mg/L e 59,2 mg/L, respectivamente (Figura 40).

Como facilmente se conclui, as concentrações de sulfato na água mineral são superiores às de hidrogenossulfureto, quando expressas em mg/L, embora a diferença fique mais esbatida, quando se comparam as

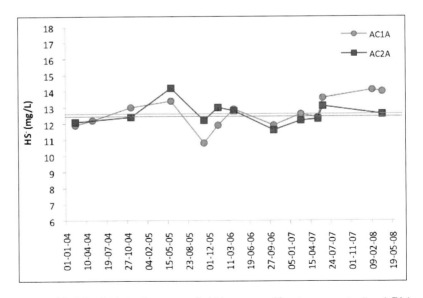

Figura 39: Distribuição dos teores de hidrogenossulfureto nas captações AC1A e AC2A, no período de 17 de Fevereiro de 2004 a 1 de Abril de 2008. As linhas horizontais assinalam os valores medianos.

concentrações em mmol/L. Tal como se explicou oportunamente, a superioridade da espécie oxidada está relacionada com as condições de pH e Eh da água (Figura 27).

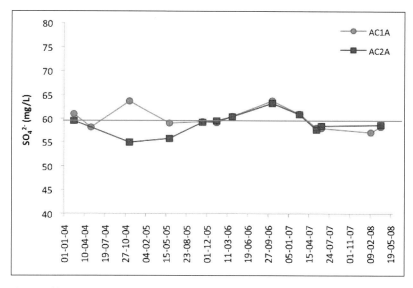

Figura 40: Distribuição dos teores de sulfato nas captações AC1A e AC2A, no período de 17 de Fevereiro de 2004 a 1 de Abril de 2008. As linhas horizontais assinalam os valores medianos.

6.1.5. *Silicato*

Ao contrário da maioria das águas naturais, o silício surge na água mineral em estudo sob a espécie iónica trihidrogenossilicato ($H_3SiO_4^-$) em concentrações significativas, uma vez que o pH da água favorece a dissociação do ácido silícico (H_4SiO_4). Este tema foi previamente tratado quando se analisou a distribuição da sílica total na água mineral. Por esta razão, a abordagem ora efectuada limita-se ao estudo da distribuição temporal e da concentração da espécie $H_3SiO_4^-$ na água mineral. Na Figura 41 apresentam-se os dados relativos às captações AC1A e AC2A, onde os teores medianos são, respectivamente, de 15,2 mg/L e 17,1 mg/L. Observa-se uma concentração de $H_3SiO_4^-$ muito elevada na amostra colhida em 9 de Novembro de 2005 na captação AC2A, que é considerada anómala, já que se distancia da tendência geral, tanto nesta captação, como em AC1A. O teor mais elevado em AC2A está relacionado com o seu pH mais alcalino e não implica superioridade em termos da composição total em silício. Pelo contrário, como se viu oportunamente, a concentração total de silício em AC1A (107,0 mg/L de SiO$_2$) é superior à de AC2A (87,1 mg/L de SiO$_2$), devido à sua temperatura mais elevada.

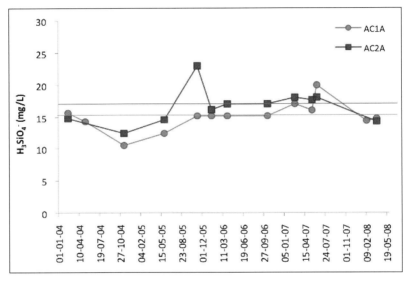

Figura 41: Distribuição dos teores de trihidrogenossilicato nas captações AC1A e AC2A, no período de 17 de Fevereiro de 2004 a 1 de Abril de 2008. As linhas horizontais assinalam os valores medianos.

6.1.6. *Nitrato e nitrito*

O comportamento geoquímico do azoto em meios aquosos é fortemente influenciado pelo papel que o mesmo tem na nutrição das plantas e dos animais.

O azoto encontra-se predominantemente na atmosfera, onde representa cerca de 78% em volume, e nas rochas da crosta terrestre. As quantidades existentes na hidrosfera e na biosfera são muito pequenas, mesmo se comparadas com a quantidade que pode existir no manto, a profundidades superiores a 16 km (Hem, 1985).

Na atmosfera, na hidrosfera e na biosfera, o azoto pode estar presente em diferentes estados de oxidação, que vão desde N^{3-} (na espécie NH_4^+) até N^{5+} (na espécie NO_3^-). A sequência da espécie mais oxidada até à espécie mais reduzida pode ser escrita da seguinte forma:

$$NO_3^- \Rightarrow NO_2^- \Rightarrow N_{2_{(g)}} \Rightarrow NH_4^+ \tag{29}$$

Nesta sequência, o azoto passa do estado de oxidação +5 (NO_3^-) para o estado de oxidação +3 (NO_2^-), seguindo-se o 0 (N_2) e, finalmente, o -3 (NH_4^+). Entre as espécies NO_2^- e $N_2(g)$ podem existir outras espécies em estados de oxidação intermédios, nomeadamente $NO_{(g)}$ e $N_2O_{(g)}$, embora normalmente em concentrações pouco significativas (Appelo e Postma, 1994). Os processos redox envolvidos são a fixação, a nitrificação e a desnitrificação e requerem usualmente mediação microbiana.

Chama-se fixação ao processo pelo qual o azoto gás (N_2) é convertido em compostos azotados, como o NH_3. Este processo requer grandes quantidades de energia, para vencer a forte ligação entre os dois átomos de azoto. De facto, por cada molécula de N_2, são necessárias 16 moléculas de ATP (Konhauser, 2007), como mostra a equação:

$$N_2 + 8H^+ + 8e^- + 16\,ATP \rightarrow 2NH_3 + H_2 + 16\,ADP + 16\,Pi \tag{30}$$

Esta fixação biológica é levada a cabo essencialmente por bactérias simbióticas (membros dos géneros *Rhizobium* e *Anabena*) presentes nas raízes de algumas plantas, particularmente das leguminosas (Konhauser, 2007). Além da fixação biológica, pode também ocorrer fixação inorgânica na atmosfera, sendo a energia fornecida pelas descargas eléctricas produzidas durante as trovoadas. No entanto, as quantidades produzidas por este processo são muito pequenas.

A nitrificação consiste na oxidação de compostos azotados reduzidos (orgânicos e inorgânicos), dando origem a nitrito (NO_2^-) e a nitrato (NO_3^-). O composto inorgânico mais frequentemente utilizado como dador de electrões é a amónia (ou mais especificamente o catião NH_4^+), a qual é oxidada a nitrito e a nitrato pelas bactérias nitrificantes, sendo o O_2 o aceitador de electrões.

Microrganismos pertencentes aos géneros *Nitrosomonas*, *Nitrosospira* e *Nitrosolobus* oxidam o amónio (NH_4^+) a nitrito (NO_2^-), de acordo com a reacção (Konhauser, 2007):

$$5NH_4^+ + 1,5O_2 + 6CO_2 + H_2O \rightarrow C_6H_{12}O_6 + 5NO_2^- + 10H^+ \quad (31)$$

Por sua vez, microrganismos dos géneros *Nitrobacter*, *Nitrospina* e *Nitrococcus* oxidam o nitrito (NO_2^-) a nitrato (NO_3^-), segundo a reacção geral (Konhauser, 2007):

$$13NO_2^- + 0,5O_2 + 6CO_2 + 6H_2O \rightarrow C_6H_{12}O_6 + 13NO_3^- \quad (32)$$

A desnitrificação diz respeito à redução do nitrato a azoto gasoso pelas bactérias, através de um complicado processo envolvendo a formação de compostos intermediários como o nitrito. Este processo reduz as formas oxidadas de azoto em resposta à oxidação de um dador de electrões, como a matéria orgânica. Em ambientes anaeróbicos, o nitrato (NO_3^-), o nitrito (NO_2^-), o monóxido de azoto (NO) e o óxido nitroso (N_2O) são os compostos azotados termodinamicamente mais favoráveis à aceitação de electrões. De uma forma simplificada, a desnitrificação pode ser escrita da seguinte forma (Konhauser, 2007):

$$2,5C_6H_{12}O_6 + 12NO_3^- \rightarrow 6N_2 + 15CO_2 + 12OH^- + 9H_2O \quad (33)$$

Na Figura 42 representa-se, de forma esquemática e simplificada, o ciclo do azoto, encontrando-se assinalados os processos antes referidos.

Nas águas, o azoto surge essencialmente sob as espécies NO_3^-, NO_2^- e NH_4^+ e, ainda, em estados de oxidação intermédios, sob a forma de matéria orgânica. Em casos excepcionais de áreas contaminadas, outras espécies podem também ocorrer, incluindo o ião cianeto (CN^-). Os iões amónio são fortemente adsorvidos nas superfícies dos minerais, mas as espécies aniónicas, como o nitrato, são facilmente transportadas para a água. A estabilidade das diferentes espécies está condicionada pelas condições redox e pH do meio, tal como se representa no diagrama da Figura 43. Neste diagrama, a estabilidade da espécie NO_2^- foi avaliada considerando duas situações distintas em termos de concentração: num caso, admitiu-se que as concentrações de nitrito e nitrato são iguais; no outro caso, assumiu-se uma concentração de nitrato mil vezes superior à de nitrito. Esta última situação é mais frequente nas águas naturais. Num e noutro caso, verifica-se que o nitrito é uma espécie muito instável, já que N_2 é uma espécie de azoto mais reduzida que NO_2^-. De facto, como

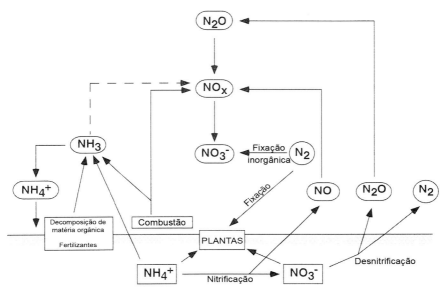

Figura 42: Representação esquemática do ciclo do azoto. Adaptado de Berner e Berner (1987).

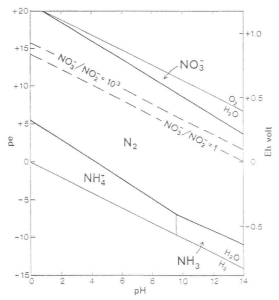

Figura 43: Diagrama de estabilidade das espécies de azoto, a 25 ºC, para $PN_2=0,77$ atm e actividades das espécies dissolvidas de 10^{-3} M. Adaptado de Appelo e Postma (1994).

se ilustra na Figura 44, para um pH de 7, o nitrito atinge concentrações relativas significativas numa gama muito restrita de Eh, com um máximo à volta dos 400 mV. Pelo contrário, tanto o amónio como o nitrato assumem concentrações relativas importantes em domínios de Eh mais vastos. O ião amónio domina em condições de Eh mais reduzidas, enquanto o nitrato é a espécie dominante em condições mais oxidadas. Portanto, independentemente das condições de Eh do meio (à excepção das já mencionadas), as concentrações relativas de nitrito são muito baixas.

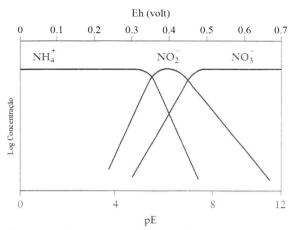

Figura 44: Concentrações relativas das espécies de azoto em solução, em função do potencial redox, para um pH=7. Adaptado de Bailey *et al.* (2002).

O azoto ocupa a 33.ª posição em termos de abundância nas rochas da crosta terrestre, com uma concentração média de 20 ppm (Krauskopf e Bird, 1995), não fazendo parte da composição principal das águas naturais. Os minerais típicos azotados são o niter (KNO_3) e a nitratite ($NaNO_3$), embora o ião amónio (NH_4^+) possa substituir o potássio na estrutura de alguns silicatos, como os feldspatos potássicos e as micas (Reimann e Caritat, 1998). Por isso, à excepção de ambientes hidrogeológicos específicos, a quantidade de azoto cedido pelos minerais para as águas subterrâneas é muito baixa. Desta forma, como resultado de processos naturais, as concentrações de espécies azotadas nas águas subterrâneas são normalmente reduzidas (Figura 34). No entanto, em algumas águas têm-se observado teores particularmente elevados de nitratos, podendo ultrapassar 100 mg/L. Estas situações estão quase sempre associadas a ambientes de forte pressão antrópica e são o resultado da contaminação dos solos e das águas pelas actividades domésticas, agrícolas e industriais. Por exemplo, as águas subterrâneas não minerais da região de Caldas da Saúde possuem um teor mediano de nitratos de 49 mg/L, tendo sido registado um máximo de 243 mg/L (Lima *et al.*, 2007). Tal como estes autores salientam, as elevadas concentrações estão indubitavelmente ligadas à actividade agropecuária e à inexistência de saneamento básico na região.

Ao contrário das águas subterrâneas não minerais, a água mineral natural encontra-se praticamente isenta de nitratos e os teores de nitritos são invariavelmente inferiores a 0,01 mg/L. Além do nitrato, o azoto está sobretudo presente sob a forma de ião amónio, dadas as condições de pH e Eh da água mineral. Tratando-se de um catião, o estudo da distribuição desta espécie na água será efectuado posteriormente.

Na Figura 45 apresenta-se a distribuição dos teores de nitrato nas captações AC1A e AC2A, resultando valores medianos de 0,34 mg/L e 0,31 mg/L, respectivamente. Os três valores anómalos registados no

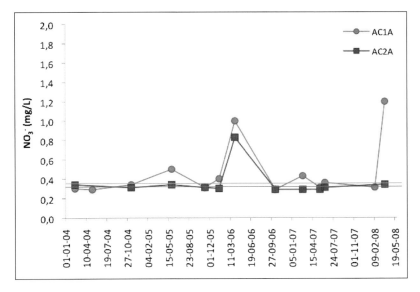

Figura 45: Distribuição dos teores de nitrato nas captações AC1A e AC2A, no período de 17 de Fevereiro de 2004 a 1 de Abril de 2008. As linhas horizontais assinalam os valores medianos.

período considerado deverão estar relacionados com imprecisões analíticas, uma vez que se afastam da tendência geral e não encontram paralelismo com os teores de outros constituintes, nomeadamente de amónio. De salientar, desde já, que as concentrações de nitratos detectadas são muito baixas e não estão associadas a fenómenos de contaminação antropogénica. Pelo contrário, considera-se que o azoto presente na água resulta de processos naturais, como a interacção água-rocha, sendo a abundância relativa das diferentes espécies determinada pelas condições Eh-pH (Figura 43).

6.2. Catiões

No caso das águas minerais naturais, sobretudo nas sulfúreas, é usual incluir na componente catiónica maioritária, para além do sódio, do potássio, do magnésio e do cálcio, o lítio e o amónio. Tal decorre do facto de que estes dois catiões atingem frequentemente nestas águas concentrações muito superiores às encontradas nas restantes águas subterrâneas. Repare-se, por exemplo, que a concentração máxima de lítio nas águas naturais (Figura 34) é inferior a 0,5 mg/L, sendo em 85% dos casos menor que 0,1 mg/L, o que contrasta com o teor mediano da água mineral, que se situa à volta de 0,45 mg/L. Este teor, não sendo em termos absolutos muito elevado, pode ser considerado excepcional, tanto a nível regional como em termos globais.

No Quadro 10 apresentam-se os valores medianos das concentrações dos diferentes catiões nas captações AC1A e AC2A.

Quadro 10: Valores medianos dos catiões incluídos na componente maioritária das águas das captações AC1A e AC2A.

Parâmetro	Unidades	AC1A	AC2A
Lítio	mg/L Li^+	0,46	0,44
Sódio	mg/L Na^+	172	175
Potássio	mg/L K^+	7,90	5,10
Magnésio	mg/L Mg^{2+}	0,20	<0,03
Cálcio	mg/L Ca^{2+}	6,20	4,90
Amónio	mg/L NH_4^+	1,65	1,34

6.2.1. *Lítio*

O lítio é o elemento sólido mais leve da tabela periódica, com uma massa atómica relativa de 6,94. Ocupa o 32º lugar em termos de abundância na crosta terrestre, imediatamente antes ao azoto (Krauskopf e Bird, 1995). A sua concentração média nos granitos e na água do mar é de 30 ppm e 0,18 ppm, respectivamente (Reimann e Caritat, 1998). Ocorre principalmente em minerais como a espodumena ($LiAlSi_2O_6$), a lepidolite ($K_2Li_3Al_4Si_7O_{21}(OH,F)_3$), a petalite ($LiAlSi_4O_{10}$), a ambligonite ($LiAl(F,OH)PO_4$), a montebrasite ($LiAlPO_4(OH)$) e a eucriptite ($LiAlSiO_4$). Além disso, o lítio pode substituir o magnésio em minerais como as piroxenas, as anfíbolas e as biotites. Esta substituição é tanto mais pronunciada quanto mais elevada for a temperatura, pelo que a relação Li/Mg tem sido utilizada como geotermómetro químico (Hounslow, 1995). Este tema será retomado posteriormente, quando se proceder à estimativa da temperatura da água mineral em profundidade.

Como referido anteriormente, nas águas subterrâneas, o lítio ocorre normalmente em concentrações baixas, embora em algumas águas minerais naturais possa atingir concentrações significativas, como acontece com algumas águas termais do Yellowstone National Park (USA), cujas concentrações oscilam entre 2,0 mg/L e 5,0 mg/L (Hem, 1985). Aliás, as concentrações relativamente elevadas deste elemento em algumas águas minerais têm sido invocadas para justificar a eficácia terapêutica dessas águas (Birch, 1988a). No caso da água mineral natural de Caldas da Saúde, os teores medianos são de 0,46 mg/L e 0,44 mg/L, respectivamente em AC1A e AC2A, tal como se ilustra na Figura 46. A ligeira supremacia de AC1A deverá estar relacionada com a sua temperatura mais elevada. Ao longo do período a que respeitam os dados analíticos, a dispersão é muito baixa, traduzindo-se por coeficientes de variação de 8,0% (AC1A) e 6,1% (AC2A).

Comparando com outras águas, verifica-se que a água mineral em estudo está francamente enriquecida em lítio, mesmo em relação à água do mar. No entanto, comparada com o teor médio em granitos, a água mostra-se empobrecida neste elemento (Quadro 11).

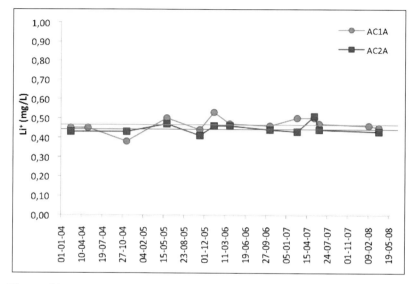

Figura 46: Distribuição dos teores de lítio nas captações AC1A e AC2A, no período de 17 de Fevereiro de 2004 a 1 de Abril de 2008. As linhas horizontais assinalam os valores medianos.

Quadro 11: Concentração de lítio em diversos tipos de água e em granitos. À excepção dos valores relativos à captação AC1A, os restantes foram obtidos em Reimann e Caritat (1998).

AC1A	mg/L	0,46
Precipitação (P)	mg/L	0,00012
Águas subterrâneas (AS)	mg/L	0,00362
Água do mar (AM)	mg/L	0,18
Granito (G)	mg/Kg	30
AC1A/P	-	3 833
AC1A/AS	-	127
AC1A/AM	-	2,56
AC1A/G	-	0,0153

Do ponto de vista terapêutico, o lítio foi inicialmente utilizado para o tratamento da gota, uma doença resultante da perturbação do metabolismo do ácido úrico, caracterizada por crises de artrite aguda (Birch, 1988a). Aliás, como anteriormente referido, muitas águas termais ricas em lítio tornaram-se populares pela sua acção terapêutica sobre este tipo de patologia.

Mais recentemente, o lítio tem sido utilizado na estimulação da produção de um tipo de glóbulos brancos (granulócitos) em pacientes com deficiência ou ausência de granulócitos (granulocitopenia).

No entanto, a utilização do lítio em patologias do foro não psiquiátrico é ainda controversa. O seu uso clínico em psiquiatria remonta aos meados do século XX, tendo sido utilizado no tratamento de psicoses maníaco--depressivas (Birch, 1988a). Do mesmo modo, estudos recentes (Danese e Parlante, 2008) sugerem que o lítio deve ser prescrito a pacientes com doença afectiva bipolar, para tratar e prevenir episódios de alteração de humor.

O lítio não parece ser um elemento essencial à vida e não é conhecido com rigor o seu papel biológico. No entanto, pode influenciar o metabolismo e a sua deficiência parece provocar alterações do comportamento (Aral e Vecchio-Sadus, 2008). Por exemplo, Schrauzer e Shrestha (1990) referem que os países em que a água é muito pobre em lítio possuem uma maior taxa de criminalidade que os países onde a água possui concentrações de lítio entre 0,07 mg/L e 0,17 mg/L. De acordo com Schrauzer (2002), a ingestão média diária de lítio num indivíduo adulto varia entre 0,65 mg e 3,1 mg, sendo o valor recomendável de 14,3 µg/kg de peso, o que, num adulto de 70 kg, daria aproximadamente 1,0 mg Li/dia. Os principais fornecedores de lítio são os vegetais (0,5-3,4 mg Li/kg), os produtos lácteos (0,50 mg Li/kg) e a carne (0,012 mg Li/kg). As águas com elevados teores em lítio podem constituir, também, uma importante fonte de lítio para o organismo (Aral e Vecchio-Sadus, 2008). Repare-se que a concentração de lítio na água mineral de Caldas da Saúde (0,45 mg/L) é muito próxima das concentrações encontradas em alguns vegetais e nos lacticínios.

Tal como acontece com muitos outros elementos, mesmo essenciais à vida, a ingestão de elevadas doses de lítio pode conduzir a situações de toxicidade. Com efeito, como se observa no gráfico da Figura 47, quando um determinado elemento essencial é consumido em quantidades inferiores às adequadas, as funções biológicas relacionadas estão dimi-

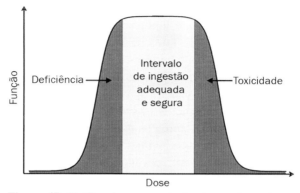

Figura 47: Gráfico dose-resposta de alguns elementos no organismo humano (adaptado de Lindh, 2005).

nuídas, verificando-se situação análoga quando o elemento é consumido em doses exageradas. Por isso, para cada elemento, há um intervalo que corresponde ao seu consumo adequado. Para muitos elementos este intervalo está bem definido, mas existem outros onde a incerteza é maior. O uso terapêutico do lítio conduz a concentrações séricas normais que variam entre 5,6 mg/L e 8,4 mg/L. No entanto, concentrações entre 10,5 mg/L e 17,5 mg/L caracterizam situações de toxicidade baixa, ocorrendo toxicidade moderada para concentrações entre 17,5 mg/L e 24,5 mg/L. Acima deste valor, observam-se sintomas indiciadores de toxicidade severa (Jaeger, 2003).

Do anteriormente exposto, verifica-se que a concentração de lítio na água mineral de Caldas da Saúde dificilmente conduziria a situações de toxicidade, podendo mesmo ser utilizada como fonte de lítio, contribuindo para a dose diária sugerida de 1,0 mg. Além disso, de acordo com Aral e Vecchio-Sadus (2008), o consumo de lítio através da ingestão de alimentos e água não apresenta risco toxicológico. De facto, ele é absorvido a partir do tracto gastrointestinal e excretado através dos rins após aproximadamente 24 horas, não sendo expectável a sua bioacumulação.

6.2.2. *Sódio*

O sódio é o elemento mais abundante do grupo dos metais alcalinos da tabela periódica, ocupando o 6.º lugar entre os elementos que constituem as rochas da crosta terrestre, situando-se entre o cálcio (5º lugar) e o potássio (7º lugar). Nos granitos, a abundância dos elementos não segue completamente a hierarquia relativa à crosta terrestre, pelo que o sódio ascende à quinta posição, após o potássio, mas antes do ferro (6º lugar) e do cálcio (7º lugar). Ocorre principalmente em minerais como a albite ($NaAlSi_3O_8$), a halite ($NaCl$), a criolite (Na_3AlF_6) e a soda (Na_2CO_3). Além da albite, o sódio participa na composição de outras plagioclases e outros silicatos como as micas, as anfíbolas e as piroxenas (Reimann e Caritat, 1998). Pode também ser adsorvido à superfície dos minerais, particularmente aos de elevada capacidade de troca catiónica, como as argilas.

Tal como todos os metais alcalinos, o sódio ocorre em solução sob o estado de oxidação +1 e não participa em processos redox. A sua concentração nas águas naturais apresenta um espectro muito amplo, que vai desde teores inferiores a 1 mg/L, na chuva e em águas superficiais de áreas extremamente pluviosas, até teores superiores a 100 000 mg/L, em salmouras associadas a depósitos evaporíticos (Hem, 1985). As águas subterrâneas da região do Minho apresentam concentrações de sódio que variam entre 1,7 mg/L e 40,5 mg/L, com valores médio e mediano de 10,0 mg/L e 8,1 mg/L, respectivamente (Lima, 2001). Na água mineral natural de Caldas da Saúde, a concentração mediana é de 172 mg/L, em AC1A, e 175 mg/L, em AC2A (Figura 48), sendo incomparavelmente o catião mais abundante. A diferença entre as águas das duas captações não é significativa, verificando-se mesmo que, em algumas amostragens, os teores em AC1A são superiores aos de AC2A. Ao longo do período considerado, a dispersão é muito baixa, já que os coeficientes de variação são de 0,7% e 1,3%, respectivamente em AC1A e AC2A, o que traduz uma elevada estabilidade composicional da água ao nível do sódio.

A concentração de sódio na água mineral em estudo é muito superior à da precipitação e à das águas subterrâneas regionais (Quadro 12). Pelo contrário, quando comparados com a água do mar e com os granitos, os teores da água mineral natural podem ser considerados muito baixos. Este facto não surpreende, uma vez que, tanto a água do mar como os granitos são meios onde o sódio se concentra. A superioridade da água mineral em relação às águas continentais traduz um forte enriquecimento em sódio, que poderá ser explicado, pelo menos em parte, por processos de interacção água-rocha.

108 | COMPOSIÇÃO E ORIGEM DAS ÁGUAS MINERAIS NATURAIS

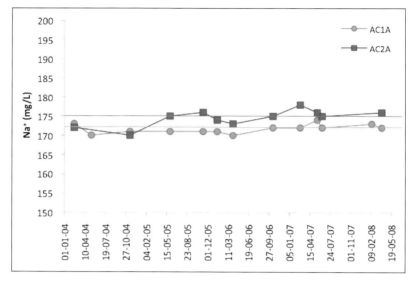

Figura 48: Distribuição dos teores de sódio nas captações AC1A e AC2A, no período de 17 de Fevereiro de 2004 a 1 de Abril de 2008. As linhas horizontais assinalam os valores medianos.

Quadro 12: Concentração de sódio em diversos tipos de água e em granitos. Os teores medianos na precipitação e nas águas subterrâneas foram obtidos em Oliveira e Lima (2007) e em Lima (2001), respectivamente; os teores na água do mar e nos granitos foram obtidos em Reimann e Caritat (1998).

AC1A	mg/L	172
Precipitação (P)	mg/L	2,05
Águas subterrâneas (AS)	mg/L	8,1
Água do mar (AM)	mg/L	10 800
Granito (G)	mg/Kg	25 000
AC1A/P	-	83,9
AC1A/AS	-	21,2
AC1A/AM	-	0,0159
AC1A/G	-	0,00688

Em termos de abundância no organismo humano, o sódio é considerado um elemento menor, representando cerca de 0,14% da massa corporal. No conjunto, os elementos menores (sódio, potássio, cálcio, magnésio, enxofre e cloro) constituem apenas 3,78% da massa corporal, já que os elementos maiores (oxigénio, hidrogénio, carbono e azoto) representam 96%. A fracção remanescente (0,22%) é assegurada pelos elementos vestigiais (Lindh, 2005). Muitas das acções biológicas do sódio são comuns ao cloreto e ao potássio e referem-se essencialmente a equilíbrios osmóticos. Para além disso, o sódio está envolvido no transporte de algumas vitaminas, nomeadamente na absorção da biotina, um membro do complexo B (Stanley *et al.*, 2002) e no transporte de vitamina C. Além disso, a absorção do cobre parece estar também dependente do sódio (Handy *et al.*, 2002).

Não obstante ser um elemento essencial à vida, são maiores os problemas relacionados com a ingestão excessiva de sódio do que os imputados à sua deficiência, sobretudo devido às quantidades desmesuradas existentes em muitos alimentos que fazem parte das dietas modernas. Com efeito, é hoje globalmente reconhecido que o consumo excessivo de sódio está relacionado com a incidência de doenças cardiovasculares. Uma ingestão média diária de 10 g de sódio ou superior é frequente (Birch, 1988b), não obstante as recomendações do NHBPEP (2004), segundo as quais a dose diária de sódio não deve ultrapassar 100 mmol, ou seja, cerca de 2,3 g Na/dia. O excesso de sódio é particularmente prejudicial às crianças, uma vez que pode provocar uma desregulação do equilíbrio entre a água e os electrólitos.

O sódio é facilmente absorvido através do intestino delgado e atinge rapidamente as várias células do corpo. A sua concentração intracelular é mantida em níveis baixos por acção da bomba de sódio, processo que requer o consumo de energia. De acordo com algumas estimativas, o organismo humano despende cerca de metade da sua energia metabólica no transporte de metais através das membranas, sendo o sódio um dos principais (Birch, 1988b).

As concentrações séricas normais de sódio variam entre 136 mmol/L e 146 mmol/L, sendo apenas de 11 mmol/L nos eritrócitos (Lindh, 2005). Apenas para efeitos comparativos, relembra-se que a água do mar possui uma concentração de 471 mmol/L e que o teor na água mineral de Caldas da Saúde é de cerca de 7,5 mmol/L. Por isso, apesar do sódio ser o elemento mais abundante nesta água mineral, os riscos relacionados com o consumo excessivo de sódio não são de considerar. Acresce que o teor mencionado é inferior ao valor paramétrico (200 mg/L, 8,7 mmol/L) estabelecido para as águas destinadas ao consumo humano (Decreto-Lei n.º 306/2007 de 27 de Agosto).

6.2.3. *Potássio*

O potássio é o sétimo elemento mais abundante na crosta terrestre, com uma concentração de 25 900 ppm (2,59%), ligeiramente inferior à do sódio (28 300 ppm). No entanto, nas rochas graníticas atinge concentrações médias muito mais elevadas, da ordem de 45 100 ppm (4,51%), substancialmente superiores às do sódio (24 600 ppm).

Em termos de comportamento geoquímico, o sódio e o potássio apresentam diferenças significativas. Assim, enquanto o sódio tende a permanecer em solução após a sua libertação da estrutura dos minerais, o potássio é libertado mais dificilmente e apresenta uma forte tendência para ser reincorporado nos produtos de neoformação, nomeadamente em alguns minerais argilosos (Hem, 1985). Por isso, na maioria das águas naturais, a concentração de potássio é muito inferior à de sódio (Figura 34).

Entre os minerais ricos em potássio salientam-se a silvite (KCl), a carnalite ($KMgCl_3.6H_2O$) e, naturalmente, os feldspatos potássicos (KSi_3AlO_8). Estes últimos são minerais característicos dos granitos e, juntamente com as micas, concentram a quase totalidade do potássio existente nestas rochas.

O potássio é um elemento essencial ao desenvolvimento vegetal, o que condiciona o seu comportamento hidroquímico. Assim, o potássio assimilado pelas plantas a partir das soluções do solo poderá vir a ser remobilizado quando as plantas atingem a sua maturidade e entram no processo de decomposição. Desta forma, a concentração de potássio nas águas poderá estar também dependente da fase de desenvolvimento vegetal e, consequentemente, apresentar um efeito sazonal.

Como se depreende da observação da Figura 34, as concentrações de potássio nas águas naturais estão maioritariamente compreendidas entre 0,5 mg/L e 10 mg/L. No caso das águas subterrâneas não minerais da região do Minho, a concentração mediana de potássio é de 1,27 mg/L (Lima, 2001). A água mineral natural de Caldas da Saúde apresenta teores mais elevados, com valores medianos de 7,90 mg/L, em AC1A, e

5,10 mg/L, em AC2A (Figura 49). A diferença de concentração entre as águas das duas captações deverá estar relacionada com a temperatura, já que as concentrações relativas de sódio e potássio são controladas pela temperatura. Aliás, este facto constitui a base da utilização da razão Na/K como geotermómetro químico, sendo que, quanto mais baixa for a razão, maior será a temperatura. Valores baixos da razão Na/K (~<15) tendem a ocorrer em águas que atingem rapidamente a superfície e que, por isso, estão associadas a estruturas ou zonas mais permeáveis. Valores mais elevados indicam fluxo lateral, reacções subsuperficiais e arrefecimento condutivo (Nicholson, 1993). Utilizando as concentrações medianas de sódio e potássio das águas das captações AC1A e AC2A obtêm-se razões Na/K de 21,8, em AC1A, e 34,3, em AC2A. Estes dados estão de acordo com as características hidrogeológicas das duas captações, nomeadamente com a temperatura da água e com a produtividade das captações (mais elevadas em AC1A). Com efeito, admite-se que a captação AC2A não terá intersectado a estrutura mais permeável (ao contrário de AC1A), mas apenas estruturas transversais de menor permeabilidade, ocorrendo fluxo lateral entre a estrutura principal e as secundárias.

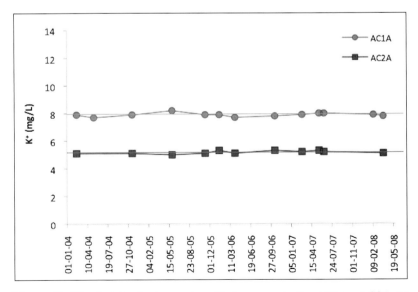

Figura 49: Distribuição dos teores de potássio nas captações AC1A e AC2A, no período de 17 de Fevereiro de 2004 a 1 de Abril de 2008. As linhas horizontais assinalam os valores medianos.

COMPOSIÇÃO E ORIGEM DAS ÁGUAS MINERAIS NATURAIS

Comparando a concentração de potássio da água mineral natural com a da precipitação e a das águas subterrâneas não minerais, verifica-se um enriquecimento da primeira em relação às restantes. Este enriquecimento decorrerá de processos de interacção água-rocha a temperaturas relativamente elevadas. Em relação à água do mar e às rochas graníticas, a água mineral natural está francamente empobrecida em potássio (Quadro 13).

Quadro 13: Concentração de potássio em diversos tipos de água e em granitos. Os teores medianos na precipitação e nas águas subterrâneas foram obtidos em Oliveira e Lima (2007) e em Lima (2001), respectivamente; os teores na água do mar e nos granitos foram obtidos em Reimann e Caritat (1998).

AC1A	mg/L	7,90
Precipitação (P)	mg/L	0,55
Águas subterrâneas (AS)	mg/L	1,27
Água do mar (AM)	mg/L	390
Granito (G)	mg/Kg	33 000
AC1A/P	-	14,36
AC1A/AS	-	6,22
AC1A/AM	-	0,020
AC1A/G	-	0,00024

Do ponto de vista biológico, o potássio é o ião intracelular mais comum nas células animais e é abundante em muitos alimentos. É absorvido no tracto gastrointestinal e passa facilmente através das membranas, acumulando-se no interior das células pela acção da bomba de sódio, pela qual é trocado por sódio, o qual é largamente removido do interior das células (Birch e Karim, 1988). Desta forma, enquanto a concentração intracelular de potássio é de cerca de 92 mmol/L, a sua concentração sérica varia entre 3,5 mmol/L e 5,1 mmol/L (Lindh, 2005). Relembre-se que o sódio apresenta um comportamento inverso, estando muito mais concentrado no meio extracelular.

Em termos de abundância no organismo humano, o potássio ocupa o oitavo lugar, representando cerca de 0,34% da massa corporal (Lindh, 2005).

A sua principal função está relacionada com o transporte de cargas eléctricas e a manutenção do potencial osmótico. Por isso, é utilizado para regular o potencial de membrana, funcionando como um dispositivo de balanço osmótico e, enquanto transportador móvel de carga, intervém no ciclo de despolarização/repolarização das células nervosas e musculares. O excesso de potássio tem efeitos principalmente a nível muscular, sendo particularmente crítico para o músculo cardíaco, devido à possível falha do ciclo de despolarização/repolarização. Para concentrações séricas de 7 mmol/L, as consequências podem ser fatais. A deficiência de potássio pode conduzir a situações semelhantes às do seu excesso (Birch e Karim, 1988).

Devido à exiguidade de estudos, não se encontra ainda estabelecida a dose diária recomendada de potássio. No entanto, o IOM (2004) considera que a ingestão diária de 120 mmol (4,7 g) de potássio por um indivíduo adulto mantém a tensão arterial normal, reduz os efeitos adversos do cloreto de sódio e reduz o risco de formação de cálculos renais.

6.2.4. *Magnésio*

Juntamente com o cálcio, o magnésio contribui para a dureza da água, embora o comportamento geoquímico dos dois elementos seja substancialmente distinto. Os iões Mg^{2+} são mais pequenos que os iões Ca^{2+} e, por isso, podem ser acomodados no espaço central criado pela coordenação octaédrica de seis moléculas de água. Esta aptidão para a hidratação parece estar relacionada com a tendência do magnésio em precipitar compostos cristalinos contendo água ou hidróxido (Hem, 1985).

O magnésio ocupa o oitavo lugar em termos de abundância nas rochas que constituem a crosta terrestre, com uma concentração média de 20 900 ppm (2,1%). Nos granitos ocupa a mesma posição hierárquica mas a sua concentração é significativamente mais baixa, da ordem de 2 400 ppm (Krauskopf e Bird, 1995). Esta diferença resulta do facto do magnésio entrar na composição dos chamados minerais ferromagnesianos, os quais não são minerais essenciais dos granitos. Entre esses minerais contam-se silicatos como a forsterite (Mg_2SiO_4), o piropo ($Mg_2Al_2(SiO_4)_3$), a enstatite ($Mg_3Si_2O_6$) e a tremolite ($Ca_2Mg_5(Si_8O_{22})(OH)_2$), para citar apenas alguns exemplos. Além dos silicatos, o magnésio faz parte de minerais carbonatados como a magnesite ($MgCO_3$) e a dolomite (($Ca,Mg)CO_3$) e, ainda, de minerais pertencentes a outras classes químicas, como sulfatos, fosfatos e arseniatos (Reiman e Caritat, 1998). Nos granitos, os minerais ferromagnesianos mais frequentes são as biotites e, por isso, é nestes que se concentra preferencialmente o magnésio.

Nas águas naturais, o magnésio surge com uma concentração mediana de 10 mg/L (Figura 34). Para este valor concorrem águas provenientes de diferentes ambientes hidrogeológicos, nomeadamente meios carbonatados, ricos em dolomite. Nas águas subterrâneas da região do Minho, a concentração mediana de magnésio é de 1,18 mg/L (Lima, 2001) e na água mineral de Caldas da Saúde não vai além de 0,20 mg/L, na captação AC1A, e em AC2A o teor é mesmo inferior a 0,03 mg/L. Estes teores muito baixos são típicos de fluidos geotérmicos de elevada temperatura, uma vez que o magnésio é incorporado em minerais secundários, como a ilite, a montmorilonite e, especialmente, a clorite. Teores elevados podem indicar reacções subsuperficiais ou diluição com águas pouco profundas mais ricas em magnésio (Nicholson, 1993). Desta forma, os baixos teores detectados na água mineral em estudo sugerem tratar-se de um fluido bastante profundo, relativamente quente e com um baixo grau de mistura com águas mais superficiais. Na Figura 50 apresenta-se a

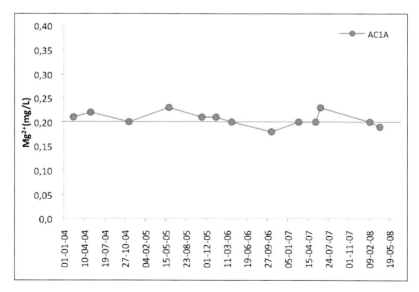

Figura 50: Distribuição dos teores de magnésio na captação AC1A, no período de 17 de Fevereiro de 2004 a 1 de Abril de 2008. A linha horizontal assinala o valor mediano.

distribuição dos teores de magnésio na água da captação AC1A. Não está incluída a captação AC2A uma vez que as concentrações foram invariavelmente inferiores ao limite de quantificação (0,03 mg/L).

Ao contrário do lítio, do sódio e do potássio, o magnésio presente na água mineral natural surge em concentrações inferiores às da precipitação e da água subterrânea não mineral. Do mesmo modo, também em relação à água do mar e aos granitos, a água mineral natural encontra-se empobrecida naquele elemento (Quadro 14).

Quadro 14: Concentração de magnésio em diversos tipos de água e em granitos. Os teores medianos na precipitação e nas águas subterrâneas foram obtidos em Oliveira e Lima (2007) e em Lima (2001), respectivamente; os teores na água do mar e nos granitos foram obtidos em Reimann e Caritat (1998).

AC1A	mg/L	0,20
Precipitação (P)	mg/L	0,35
Águas subterrâneas (AS)	mg/L	1,18
Água do mar (AM)	mg/L	1 290
Granito (G)	mg/Kg	5 000
AC1A/P	-	0,571
AC1A/AS	-	0,170
AC1A/AM	-	0,000155
AC1A/G	-	0,00004

O magnésio é o sétimo elemento mais abundante no organismo humano, com uma concentração ponderal de 0,50%. Contrastando com muitos iões metálicos e não metálicos, o magnésio apresenta uma distribuição bastante homogénea entre os meios intra e extracelulares. Com efeito, enquanto a sua concentração sérica normal varia entre 0,76 mmol/L e 1,10 mmol/L, no interior dos glóbulos vermelhos situa--se à volta de 2,5 mmol/L. Apesar de ser reconhecido de longa data como um elemento essencial, o papel do magnésio na fisiologia celular não é ainda totalmente conhecido (Lindh, 2005). No entanto, sabe-se hoje que o magnésio participa em diversas reacções enzimáticas. Por exemplo, todas as reacções que envolvem ATP requerem a presença de magnésio. Do mesmo modo, também a síntese de proteínas, de ácidos nucleicos e de gorduras, a utilização da glicose, a transmissão neuromuscular, a contracção muscular e o transporte através das membranas celulares são exemplos de processos mediados pelo magnésio (Rubenowitz-Lundin e Hiscock, 2005).

A nível cardiovascular, o magnésio intervém por duas vias fundamentais: estabilizando o sistema eléctrico cardíaco (prevenindo arritmias cardíacas) e regulando o tónus vascular. A este nível, o magnésio é um activador da síntese de adenosina monofosfato cíclica, que é um vasodilatador. Além disso, actua como um antagonista natural do cálcio nas paredes vasculares, reduzindo o seu efeito constritivo. Também a nível hormonal, as acções constritivas da angiotensina, da serotonina e da acetilcolina são aumentadas em casos de deficiência de magnésio (Rubenowitz-Lundin e Hiscock, 2005). Por estas razões, o magnésio desempenha um papel fundamental a nível cardiovascular, sendo determinante na manutenção da tensão arterial.

O magnésio está presente em muitos alimentos, de um modo especial em produtos de origem vegetal e seus derivados, uma vez que é um constituinte fundamental da clorofila, um pigmento utilizado pelas plantas na fotossíntese. No entanto, devido aos processos industriais subjacentes, os teores de magnésio decresceram significativamente, pelo que, na actualidade, a maioria das pessoas não consome uma quantidade de magnésio suficiente. A dose diária recomendada é de 6 mg/kg de peso corporal, ou seja, cerca de 300 a 400 mg (Birch, 1988c). Para além do referido anteriormente, a obtenção desta dose pode ser dificultada pelo facto de que apenas cerca de 40% do magnésio ingerido é realmente absorvido e a proporção absorvida é inversamente proporcional à quantidade ingerida (Rubenowitz-Lundin e Hiscock, 2005).

A ingestão de água mineral rica em magnésio tem sido sugerida como uma forma de obter a quantidade de magnésio diária recomendada (Verhas *et al.*, 2002), até porque, surgindo sob espécies hidratadas, os iões magnésio presentes na água parecem apresentar maior biodisponibilidade que o magnésio existente nos alimentos sólidos (Rubenowitz-Lundin e Hiscock, 2005). No entanto, a água mineral de Caldas da Saúde, possuindo teores de magnésio muito baixos (0,20 mg/L), não apresenta vocação para se constituir como uma fonte complementar para o aporte diário de magnésio.

6.2.5. *Cálcio*

O cálcio é o quinto elemento mais abundante nas rochas da crosta terrestre, ocorrendo com uma concentração média de 36 300 ppm. É um constituinte essencial de muitos minerais que formam as rochas ígneas, nomeadamente as piroxenas, as anfíbolas e as plagioclases. Nos granitos, a concentração média de cálcio é da ordem de 9 900 ppm (Krauskopf e Bird, 1995), ocupando assim o sétimo lugar entre os elementos mais abundantes nestas rochas. O cálcio entra também na composição de outros silicatos produzidos durante o metamorfismo. No entanto, é nas rochas sedimentares que o cálcio se concentra, essencialmente sob a forma de carbonatos, como a calcite ($CaCO_3$) e a dolomite ($CaMg(CO_3)_2$). Sulfatos de cálcio como o gesso ($CaSO_4.2H_2O$) e a anidrite ($CaSO_4$) são também minerais comuns em rochas sedimentares. Embora mais raro, a fluorite (CaF_2) é também um mineral rico em cálcio que está presente, tanto em rochas sedimentares como em rochas ígneas, como o granito.

Dada a sua ampla distribuição em diversos tipos de rochas, o cálcio está normalmente presente em todas as águas subterrâneas, embora em concentrações muito variáveis. Por exemplo, nas águas provenientes de terrenos carbonatados (como os calcários), podem atingir-se concentrações de cálcio superiores a 100 mg/L. No pólo oposto encontram-se águas extremamente empobrecidas em cálcio, como as provenientes de aquíferos graníticos pouco profundos, onde as concentrações podem ser inferiores a 0,7 mg/L (Macedo e Lima, 2007). O valor mediano nas águas naturais é de cerca de 50 mg/L (Figura 34).

As concentrações de cálcio nas águas são essencialmente controladas pelos minerais de solubilidade retrógrada, como a calcite e a anidrite e, embora de forma menos pronunciada, pelos aluminossilicatos cálcicos, como as plagioclases. Desta forma, os factores que afectam a solubilidade destes minerais condicionam também a concentração de cálcio nas águas subterrâneas. Entre esses factores destaca-se a pressão parcial de CO_2, uma vez que a perda deste gás (facilitada em águas termais) conduz frequentemente à precipitação de calcite (Nicholson, 1993), com a consequente remoção do cálcio em solução. Como se ilustra na Figura 51, a solubilidade da calcite é directamente proporcional à pressão parcial de CO_2. A pressão normal de CO_2 na atmosfera é de 0,03%, ou seja, 0,0003 atmosferas. Para esta pressão, a solubilidade da calcite é de, aproximadamente, 20 mg/L (Hem, 1985). Concentrações superiores não seriam expectáveis, já que ocorreria precipitação de calcite. No entanto, verifica-se que muitas águas subterrâneas possuem concentrações de cálcio superiores ao valor referido, o que implica pressões parciais de CO_2 mais elevadas. Tais pressões são comummente atingidas no solo, onde o CO_2 pode alcançar níveis da ordem de 0,01 a 0,05 atmosferas (Drever, 1988), normalmente como resultado da respiração das plantas e dos processos de decomposição que ocorrem no solo. Considerando a pressão parcial de 0,05 atmosferas, a concentração de cálcio na água poderia ser superior a 100 mg/L, sem ocorrer precipitação de calcite (Figura 51).

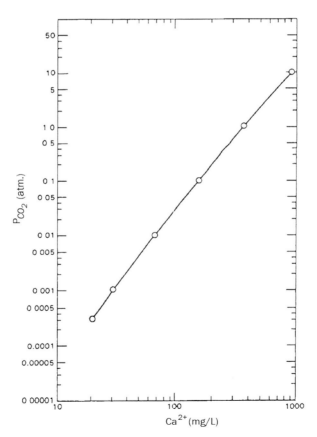

Figura 51: Solubilidade da calcite (expressa em mg/L de Ca^{2+}) em água a 25 °C, em função da pressão parcial de CO_2 (adaptado de Hem, 1985).

Os processos de troca catiónica condicionam também a concentração de cálcio nas águas subterrâneas, por alteração das proporções relativas do cálcio em relação a outros catiões em solução. Um dos catiões mais frequentemente envolvidos neste processo é o sódio, verificando-se a troca do cálcio em solução pelo sódio, já que o cálcio é mais fortemente adsorvido que o sódio, por possuir maior valência e um menor raio hidratado (Hounslow, 1995). Este processo conduz à diminuição da concentração de cálcio nas águas, contribuindo para a diminuição da sua dureza e sendo, por isso, designado por abrandamento natural.

Nas águas subterrâneas da região do Minho, a concentração mediana de cálcio é de 3,85 mg/L (Lima, 2001) e na água mineral natural de Caldas da Saúde varia entre 4,90 mg/L, em AC2A, e 6,20 mg/L, em AC1A (Figura 52). A diferença composicional ao nível do cálcio entre as águas das duas captações poderá ser o reflexo do processo de troca catiónica com o sódio, já que os teores de sódio em AC2A (175 mg/L) são superiores aos de AC1A (172 mg/L).

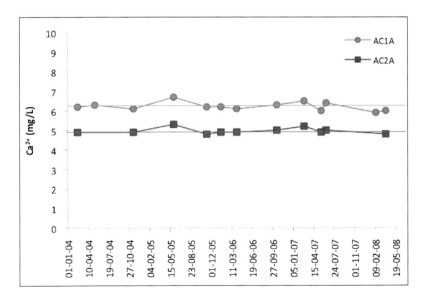

Figura 52: Distribuição dos teores de cálcio nas captações AC1A e AC2A, no período de 17 de Fevereiro de 2004 a 1 de Abril de 2008. As linhas horizontais assinalam os valores medianos.

120 | COMPOSIÇÃO E ORIGEM DAS ÁGUAS MINERAIS NATURAIS

Importa também salientar a grande estabilidade composicional da água mineral ao nível do cálcio, já que a dispersão dos dados se traduz por coeficientes de variação muito baixos, da ordem de 3%.

No Quadro 15 apresentam-se as concentrações de cálcio na água mineral natural em estudo, na precipitação e nas águas subterrâneas regionais e, ainda, nas rochas graníticas. Como se observa no Quadro 15, a água mineral natural mostra um certo enriquecimento em relação à precipitação e às águas subterrâneas não minerais, embora nestas últimas seja muito discreto. Pelo contrário, em relação à água do mar e aos granitos, a água mineral encontra-se muito empobrecida em cálcio. Em fluidos geotérmicos de alta temperatura as concentrações de cálcio são baixas, usualmente inferiores a 50 mg/L (Nicholson, 1993). Por isso, os baixos teores que caracterizam a água mineral de Caldas da Saúde sugerem tratar-se de um fluido de temperatura relativamente elevada. Recorde-se que a dissolução da calcite é directamente proporcional à pressão parcial de CO_2 (Figura 51) e inversamente proporcional à temperatura. Por isso, as características físico-químicas desta água não são favoráveis à solubilização daquela espécie mineral. Pelo contrário, como se verá mais adiante, a água apresenta tendência para precipitar calcite, já que se encontra sobressaturada em relação a esta espécie mineral.

Quadro 15: Concentração de cálcio em diversos tipos de água e em granitos. Os teores medianos na precipitação e nas águas subterrâneas foram obtidos em Lima (2007) e em Lima (2001), respectivamente; os teores na água do mar e nos granitos foram obtidos em Reimann e Caritat (1998).

AC1A	mg/L	6,20
Precipitação (P)	mg/L	1,34
Águas subterrâneas (AS)	mg/L	3,85
Água do mar (AM)	mg/L	412
Granito (G)	mg/Kg	9 000
AC1A/P	-	4,63
AC1A/AS	-	1,61
AC1A/AM	-	0,015
AC1A/G	-	0,00069

No organismo humano adulto existem cerca de 2,14 kg de cálcio, sendo que o esqueleto contém aproximadamente metade daquela quantidade, ou seja, 1,1 kg (Lindh, 2005). A nível biológico, o cálcio tem um vasto leque de funções, sendo a estrutural a melhor conhecida. Com efeito, o cálcio é um componente fundamental dos ossos e dos dentes, fazendo parte da hidroxiapatite ($Ca_{10}(PO_4)_6(OH)_2$), um dos seus constituintes principais. Devido à presença de quantidades significativas de outros iões, esta "apatite óssea" apresenta uma fraca cristalinidade (Sari *et al.*, 2007).

Para além da função estrutural, o cálcio intervém em diversos processos metabólicos. Por exemplo, no meio intracelular, os iões cálcio (Ca^{2+}) regulam a actividade de várias enzimas.

A concentração sérica normal de cálcio varia entre 2,20 mmol/L e 2,55 mmol/L, sendo apenas de 10^{-4} mmol/L no meio intracelular (Lindh, 2005). Para assegurar estes níveis, a dose diária recomendada é de 1000-1500 mg nos indivíduos adultos, já que a absorção do cálcio a partir dos alimentos varia entre 15% e 75%. Após a menopausa, a percentagem de absorção de cálcio nas mulheres é ainda inferior (20-30%), pelo que os sintomas relacionados com a sua deficiência são mais frequentes neste grupo. Além disso, verifica-se também que o consumo de cálcio decresce ao longo da idade, o que contribui para agravar a situação.

Para além das consequências a nível osteoarticular, a deficiência de cálcio está também associada a problemas cardiovasculares, já que existe uma relação inversa entre o consumo de cálcio e a pressão arterial.

O consumo de água rica em cálcio é fundamental para a prevenção de complicações em indivíduos com deficiência neste elemento (Rubenowitz-Lundin e Hiscock, 2005). No entanto, os baixos teores de cálcio na água mineral em estudo (6,20 mg/L) não lhe conferem uma acção fundamental a este nível, não obstante a sua superioridade em relação à maioria das águas subterrâneas regionais, cuja concentração mediana é de 3,85 mg/L (Quadro 15). Com efeito, a este nível, as águas provenientes de ambientes geológicos mais ricos em cálcio, como os calcários, constituem fontes mais apropriadas para o aporte de cálcio a indivíduos com deficiências neste elemento.

6.2.6. Amónio

Tal como se discutiu oportunamente a propósito dos aniões nitrato e nitrito, na água mineral natural de Caldas da Saúde o azoto está presente essencialmente sob a espécie iónica NH_4^+ (amónio). De facto, enquanto os teores de nitrato em AC1A e AC2A são de 0,34 mg/L e 0,31 mg/L, respectivamente, o amónio atinge, por aquela ordem, concentrações medianas de 1,65 mg/L e 1,34 mg/L (Figura 53). Teores desta ordem de grandeza não são muito frequentes em águas subterrâneas, já que, segundo Custodio e LLamas (1983), este ião surge normalmente nas águas em concentrações compreendidas entre 0,0001 mg/L e 0,1 mg/L. Para este facto concorre a forte tendência do NH_4^+ em ficar adsorvido à superfície das partículas minerais e as condições oxidantes da maioria das águas subterrâneas, as quais determinam a prevalência da espécie mais oxidada (nitrato). No entanto, como tivemos já oportunidade de salientar, a água mineral de Caldas da Saúde apresenta um potencial redox negativo, compatível com a existência de espécies reduzidas de azoto. Além disso,

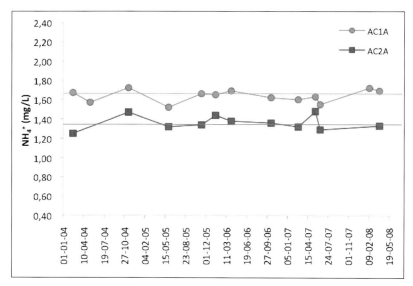

Figura 53: Distribuição dos teores de amónio nas captações AC1A e AC2A, no período de 17 de Fevereiro de 2004 a 1 de Abril de 2008. As linhas horizontais assinalam os valores medianos.

o valor de pH (8,74) favorece a presença da espécie iónica (NH_4^+), em detrimento da espécie neutra (NH_3), uma vez que o equilíbrio ocorre para um valor de pH de 9,24 (Figura 43).

A presença de amónio (e nitratos) nas águas subterrâneas constitui usualmente um indicador de poluição (Hem, 1985). Contudo, os teores relativamente elevados na água mineral em estudo não estão relacionados com fenómenos de contaminação, até por que o amónio é um soluto comum em fluidos geotérmicos (Nicholson, 1993), onde pode atingir concentrações de várias centenas de mg/L (Hem, 1985). A sua proveniência deverá estar associada ao processo de interacção água-rocha, uma vez que o amónio pode substituir o potássio em minerais típicos dos granitos, como os feldspatos potássicos, e participa em processos de troca iónica nos minerais argilosos (Reimann e Caritat, 1998). Apesar de ser um elemento muito pouco abundante na crosta terrestre, onde surge com uma concentração média de 20 ppm, o azoto atinge concentrações em granitos da ordem de 59 ppm (Krauskopf e Bird, 1995), o que poderia justificar a sua presença na água mineral natural.

O azoto é um importante e ubíquo componente dos sistemas biológicos. Os organismos vivos contêm em média cerca de 16% de azoto, em peso seco (Kettrup e Hüppe, 1988). É um dos quatro elementos maiores (juntamente com o oxigénio, o carbono e o hidrogénio) e é o quarto elemento mais abundante no organismo humano, constituindo 3,0% da sua massa (Lindh, 2005).

O azoto é um elemento vital para a vida e por isso encontra-se em vários compostos, incluindo proteínas, ácidos nucleicos, coenzimas, vitaminas e hormonas. Os animais superiores e a maioria das plantas não conseguem assimilar o azoto a partir da atmosfera, que constitui a fonte mais abundante deste elemento (78% em volume). A transferência de azoto entre os organismos vivos e o ambiente ocorre segundo processos e mecanismos que fazem parte do chamado ciclo do azoto (Figura 42). Resultando do metabolismo dos compostos azotados no organismo humano, os iões amónio ocorrem em todos os fluidos biológicos e são excretados através da urina (Kettrup e Hüppe, 1988).

De acordo com o Decreto-Lei nº 306/2007 de 27 de Agosto, o valor paramétrico de amónio em águas destinadas ao consumo humano é de 0,50 mg/L, o que faz com que a água mineral de Caldas da Saúde não seja própria para este fim. De facto, trata-se de uma água mineral natural, qualificada para utilização terapêutica em estabelecimentos termais e, como tal, não deve ser ingerida em quantidades como se de uma água de consumo se tratasse e a sua utilização deverá estar condicionada a prévia prescrição médica.

6.3. Fácies hidroquímica

A tipologia hidroquímica pode ser visualizada projectando a componente maioritária das águas no diagrama de Piper (1944). Este diagrama é composto por dois gráficos triangulares, um para catiões e outro para aniões, e por um diagrama rômbico (Figura 54). No diagrama catiónico é usual projectar os teores de sódio, cálcio e magnésio, sendo também frequente associar o potássio ao sódio. Os vértices do triângulo aniónico são normalmente ocupados pelo bicarbonato, pelo cloreto e pelo sódio. Quando o pH possibilita a existência de carbonato, este é adicionado ao bicarbonato. As concentrações dos diferentes iões devem estar expressas em meq/L.

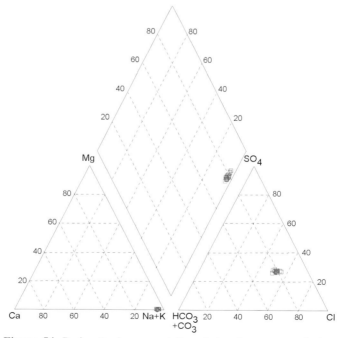

Figura 54: Projecção da composição química das amostras de água das captações AC1A (quadrados) e AC2A (círculos) no diagrama de Piper (1944).

No diagrama de Piper apresentado na Figura 54 estão projectados os pontos representativos da composição maioritária das amostras de água das captações AC1A e AC2A, mas, por razões óbvias, não foi possível incluir todos os parâmetros considerados na componente maioritária. Como se observa, no caso do triângulo catiónico, as amostras são invariavelmente projectadas junto do pólo sódico-potássico e praticamente sobre a linha de base, devido aos teores muito baixos de magnésio. No conjunto dos catiões considerados, a soma de sódio e potássio representa mais de 95,9% em AC1A e 96,8% em AC2A. Segue-se o cálcio com 3,9% e 3,1%, respectivamente. Como se disse, o magnésio não tem praticamente expressão. No triângulo aniónico verifica-se a dominância do cloreto, seguindo-se o sulfato e, por último, o conjunto bicarbonato + carbonato. De salientar que o teor de sulfato considerado para a projecção no diagrama de Piper inclui, para além do próprio ião sulfato, o enxofre presente sob a espécie HS^-, que representa cerca de 25% do enxofre total.

Em função da localização das amostras no diagrama de Piper, a água mineral natural de Caldas da Saúde pode ser classificada como "cloretada sódica". Esta classificação não invalida, nem se opõe à designação habitual de "sulfúrea" atribuída às águas minerais naturais com odor fétido, devido à presença de ácido sulfídrico (H_2S). De facto, enquanto a designação "cloretada sódica" decorre de um critério de dominância iónica, a denominação "sulfúrea" é menos rigorosa e é ainda algo controversa, como explica Calado (2001). Portanto, a água mineral natural de Caldas da Saúde é uma água cloretada sódica mas é, simultaneamente, uma água sulfúrea.

Na Figura 55 apresenta-se um diagrama que sintetiza a composição química da água mineral em estudo, relativamente à sua componente maioritária. A vantagem deste diagrama, em relação ao anterior, reside no facto de incluir todos os parâmetros desejados e exprimir as concentrações absolutas, fornecendo, por isso, uma perspectiva mais rigorosa sobre o quimismo principal da água. Este diagrama põe em relevo o elevado grau de similitude entre as águas das duas captações, ocorrendo a diferença mais significativa a nível do magnésio. Repare-se que os teores deste elemento na água são muito baixos e, no caso de AC2A, são quase sempre inferiores a 0,03 mg/L. No entanto, neste caso, optou-se por colocar este valor, de modo a ser possível projectar a composição total da água da captação AC2A. As mínimas diferenças composicionais entre as duas captações oportunamente discutidas podem também ser indetectáveis neste diagrama, devido à utilização da escala logarítmica, sendo este efeito mais significativo para concentrações mais elevadas.

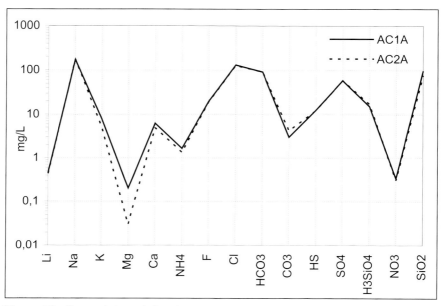

Figura 55: Composição química (componente maioritária) da água mineral natural de Caldas da Saúde.

Em termos ponderais, o sódio é o principal mineralizador desta água, representando, em AC1A, cerca de 28% da mineralização total. Segue-se o cloro, com uma comparticipação ligeiramente superior a 21%. Isto significa que estes dois elementos, no conjunto, constituem aproximadamente metade da mineralização total da água. O silício, presente na água e expresso sob duas espécies químicas (SiO_2 e $H_3SiO_4^-$), é responsável por 18,4% da mineralização global da água, seguindo-se o carbono inorgânico total (HCO_3^- + CO_3^{2-}) com 15,3% e o enxofre (SO_4^{2-} + HS^-) com 11,5%. As participações relativas do flúor, do potássio e do cálcio são de 3,2%, 1,3% e 1,0%, respectivamente.

Se as concentrações forem expressas em mmol/L, a dominância do sódio é ainda mais pronunciada, representando quase 44% da mineralização total. O cloro mantém o segundo lugar, com uma percentagem de, aproximadamente, 22%. O silício continua a ser o terceiro mineralizador mais importante, sendo responsável por quase 11% da mineralização global da água. As espécies de carbono inorgânico detêm 9% da mineralização e o flúor, devido à sua baixa massa molar, representa agora 6,1% dos sólidos presentes na água. Inversamente, o enxofre detém apenas 4,8% da mineralização total.

7. COMPONENTE VESTIGIÁRIA

Como se referiu oportunamente, é vasto o leque de elementos vestigiais pesquisados na água mineral natural de Caldas da Saúde. No entanto, as concentrações da maioria desses elementos revelaram-se inferiores aos respectivos limites de detecção que, em alguns casos, são da ordem de 0,001 µg/L. Desta forma, foram seleccionados os 21 elementos que constam do Quadro 16, estando ordenados de acordo com o seu número atómico.

O número de amostras tomadas como base para o cálculo do valor mediano da concentração de cada um dos elementos não é uniforme, sendo que em alguns casos dispôs-se apenas de uma amostra, nomeadamente em relação ao escândio, ao titânio, ao níquel, ao bromo e ao iodo. Este aspecto é de salientar já que, ao contrário da componente maioritária, na componente vestigiária a dispersão dos valores analíticos é elevada, normalmente com coeficientes de variação superiores a 10%. Como é natural, as menores dispersões ocorrem em relação aos elementos onde as concentrações são mais elevadas. Este facto mostra que, não obstante o desenvolvimento das metodologias analíticas, as imprecisões são ainda significativas, particularmente para baixas concentrações. Por exemplo, no caso do vanádio, para um total de 13 amostras na captação AC1A, o coeficiente de variação é de 88,6% e o valor mediano da concentração é de 1,10 µg/L; pelo contrário, para o mesmo número de amostras, o boro surge com uma concentração mediana de 831 µg/L e um coeficiente de variação de apenas 8,2%.

Além das imprecisões analíticas, há ainda a considerar os aspectos relacionados com a colheita, a conservação e o manuseamento das amostras. Por exemplo, fenómenos de adsorção de alguns elementos às próprias paredes dos recipientes de colheita poderão, pelo menos em parte, explicar a grande dispersão de dados. Por isso, considera-se que a aparente instabilidade composicional da água a nível da componente

128 | COMPOSIÇÃO E ORIGEM DAS ÁGUAS MINERAIS NATURAIS

Quadro 16: Concentrações (ppb) de alguns elementos vestigiais nas águas das captações AC1A, AC2A, na crosta terrestre, nos granitos, na água do mar e no corpo humano. N – nº de amostras (AC2A). Os valores relativos à crosta terrestre, aos granitos e à agua do mar foram obtidos em Krauskopf e Bird (1995); os valores respeitantes à composição média do corpo humano foram obtidos em Emsley (1998) e Lindh (2005).

Elemento	N	AC1A	AC2A	Crosta terrestre	Granito	Mar	Corpo humano
Be	12(1)	0,09	0,02	2 800	3 000	0,0002	0,514
B	13(11)	831	852	10 000	1 700	4 500	257
Al	10(9)	4,0	5,0	81 300 000	74 300 000	3	857
Sc	1	22	-	22 000	2 900	0,0009	2,86
Ti	1	11,8	-	4 400 000	1 500 000	0,1	286
V	13(11)	1,10	0,90	135 000	17 000	2,2	1,57
Cr	8(7)	2,65	3,00	100 000	20 000	0,3	200
Mn	13(3)	5,30	0,20	950 000	195 000	0,2	171
Ni	1	5,8	-	75 000	1 000	0,5	214
Cu	8(1)	0,25	0,10	55 000	13 000	0,2	1029
Zn	10(9)	0,45	0,40	70 000	45 000	0,3	32 857
As	12(10)	1,05	1,00	1 800	500	1,7	100
Se	10(9)	1,80	1,60	50	7	0,2	214
Br	1	1 120	-	2 500	400	67 000	3 714
Rb	10(9)	98,5	59,0	90 000	220 000	120	9 714
Sr	13(11)	209	86	375 000	250 000	7 800	4 570
Mo	13(11)	0,60	0,50	1 500	6 500	10	71
I	1	17	-	500	170	58	190
Cs	10(9)	124	89	3 000	1 500	0,3	86
Ba	13(11)	1,80	0,80	425 000	1 220 000	15	314
W	13(11)	122	117	1 500	400	0,1	0,286

vestigiária se deve às razões antes invocadas, não estando relacionada com fenómenos de evolução geoquímica decorrentes, por exemplo, de alterações hidrodinâmicas, eventualmente de carácter sazonal. Neste sentido, uma caracterização mais rigorosa da componente vestigiária da água mineral deveria basear-se num maior número de amostras. Particularmente sensíveis são as situações relativas aos elementos apresentados com base numa única amostra, cujos teores devem ser encarados com as devidas limitações.

Um outro aspecto a destacar é a dissemelhança composicional entre as águas das captações AC1A e AC2A no que respeita à componente vestigiária. Embora em relação a alguns elementos possam existir efectivamente diferenças entre as duas águas, noutros casos essas diferenças serão o resultado da interferência dos factores antes mencionados. Atendendo a que a água de AC1A é uma água mais genuína, por se encontrar mais directamente ligada ao reservatório em profundidade, a abordagem posterior terá como base apenas os dados analíticos relativos à água desta captação. Na Figura 56 apresenta-se a distribuição dos elementos considerados na componente vestigiária da água de AC1A, segundo uma ordem decrescente de concentração. Atendendo à grande amplitude dos valores, adoptou-se uma escala logarítmica, de modo a dar expressão gráfica aos elementos que ocorrem em menores concentrações.

O bromo é o único elemento com concentração acima de 1 000 ppb (1 ppm), ou seja, superior aos teores de alguns elementos incluídos na componente maioritária, como o lítio e o magnésio.

Entre 100 ppb e 1 000 ppb surgem o boro, o estrôncio, o césio e o tungsténio, embora o primeiro apresente uma concentração muito superior às dos restantes. O césio e o tungsténio exibem concentrações muito semelhantes entre si. O rubídio, embora não possa ser incluído nesta classe, surge com uma concentração muito próxima de 100 ppb, mais concretamente 98,5 ppb.

O escândio, o iodo e o titânio estão incluídos na classe de 10 ppb a 100 ppb.

Com concentrações inferiores a 10 ppb mas superiores a 1 ppb surge a maioria dos elementos da componente vestigiária. Desta classe fazem parte o níquel, o manganês, o alumínio, o crómio, o selénio, o bário, o vanádio e o arsénio. Os dois primeiros apresentam concentrações semelhantes entre si e próximas de 5 ppb.

130 | COMPOSIÇÃO E ORIGEM DAS ÁGUAS MINERAIS NATURAIS

Os restantes quatro elementos incluídos na componente vestigiária (molibdénio, zinco, cobre e berílio) surgem em concentrações inferiores a 1 ppb, sendo que o berílio apresenta mesmo teores inferiores a 0,1 ppb.

Dos 21 elementos vestigiais constantes do Quadro 16, o vanádio, o crómio, o manganês, o níquel, o cobre, o zinco, o arsénio, o selénio, o bromo, o molibdénio, o iodo e o tungsténio são considerados elementos essenciais ou possivelmente essenciais em termos biológicos. Além destes, são ainda elementos essenciais o cobalto, o ferro e o estanho (Lindh, 2005) mas as suas concentrações na água mineral natural em estudo são inferiores aos respectivos limites de detecção. O flúor, o lítio e o silício fazem também parte do grupo dos elementos vestigiais essenciais, mas foram já discutidos na componente maioritária.

De seguida apresentam-se os aspectos geoquímicos e bioquímicos de cada um dos elementos que constituem a componente vestigiária da água mineral de Caldas da Saúde, seguindo a ordem adoptada no Quadro 16, ou seja, partindo do elemento de menor número atómico (Be) até ao de maior número atómico (W).

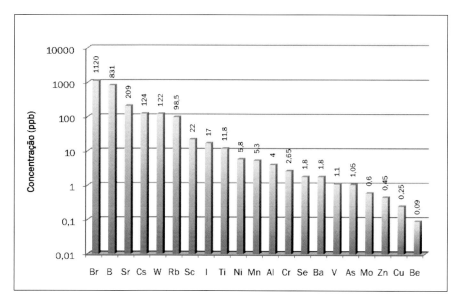

Figura 56: Concentrações medianas de alguns elementos vestigiários na água da captação AC1A.

7.1. Berílio

O berílio é o quarto elemento do quadro periódico, apresentando uma massa molar de 9,0122 g/mol. Pertence ao grupo dos metais alcalino-terrosos, juntamente com o magnésio, o cálcio, o estrôncio, o bário e o rádio. Todos os elementos deste grupo são divalentes e não existem em outros estados de oxidação nas águas naturais ou nos minerais das rochas crustais (Hem, 1985).

Embora esteja incluído no grupo dos metais alcalino-terrosos, o berílio tem, do ponto de vista químico, pouco em comum com os restantes elementos do grupo. O seu pequeno raio iónico (34 pm), sendo semelhante ao do silício (26 pm), permite-lhe substituir este elemento em vários silicatos (Hem, 1985), como as plagioclases, as micas, as piroxenas e alguns minerais argilosos (Reimann e Caritat, 1998). Um dos principais minerais em que o berílio é constituinte essencial é o berilo ($Be_3Al_2Si_6O_{18}$), um silicato de alumínio e berílio muito frequente em pegmatitos.

A concentração de berílio nas águas naturais é usualmente muito baixa, uma vez que a sua mobilidade nas diferentes condições de pH e Eh é baixa, sendo mesmo muito baixa em condições redutoras. De facto, o berílio entra na água normalmente sob a forma de óxido de berílio, o qual lentamente hidrolisa, formando compostos insolúveis de hidróxido de berílio (IOM, 2007a). Além disso, o berílio tende a ficar adsorvido nos minerais argilosos, na matéria orgânica e em óxidos de ferro e manganês, o que contribui para a sua concentração muito reduzida nas águas subterrâneas. Os teores medianos neste tipo de águas são da ordem de 0,04 µg/L (Reimann e Caritat, 1998), mas em águas muito ácidas (onde a mobilidade deste elemento é maior), a concentração de berílio pode exceder 1,0 mg/L (Hem, 1985). Pelas razões expostas, os teores de berílio na água mineral natural de Caldas da Saúde são muito baixos (0,09 ppb em AC1A e 0,02 ppb em AC2A), não obstante o elevado tempo de permanência da água no meio subterrâneo. Comparada com os granitos e com a composição global da crosta terrestre, a água mineral encontra-se francamente empobrecida em berílio. Pelo contrário, mostra-se enriquecida em relação à água do mar. O corpo humano é mais concentrado em berílio que a água em estudo (Quadro 16).

Tal como se referiu previamente, o berílio não faz parte da lista dos elementos vestigiais essenciais em termos biológicos. De facto, não é actualmente conhecido nenhum papel biológico para este elemento, sendo mesmo considerado tóxico para o organismo humano, particularmente a nível do sistema respiratório, onde pode provocar danos graves e irreversíveis (Emsley, 1998). No entanto, a nível do tracto gastrointestinal, o berílio e os seus compostos são raramente absorvidos, uma vez que formam precipitados insolúveis para valores de pH próximos da neutralidade. Uma exposição prolongada ao berílio e aos seus compostos pode provocar, em indivíduos predispostos, uma sensibilização cutânea ou mesmo dermatite de contacto (Zorn *et al.*, 1988b).

O Decreto-Lei nº 306/2007 de 27 de Agosto não estabelece o valor paramétrico em relação ao berílio, no que respeita à água destinada ao consumo humano, o que poderá estar relacionado com os teores muito baixos típicos das águas naturais. Por exemplo, qualquer água engarrafada comercializada nos Estados Unidos apresenta concentrações de berílio inferiores a 0,1 ppb (ATSDR, 2002).

Do que foi dito, poderá concluir-se que as concentrações reduzidas de berílio na água mineral natural em estudo não parecem condicionar a sua aplicação nos moldes em que é feita no estabelecimento termal.

7.2. Boro

O boro é um elemento não metálico, com o número atómico 5 e uma massa molar de 10,811 g/mol. Os minerais de boro mais comuns são o bórax ($Na_2B_4O_5(OH)_4.8H_2O$), a colemanite ($CaB_3O_4(OH)_3.H_2O$) e a turmalina ((Na,K,Ca)(Mg,Fe,Mn,Li,Al)$_3$(Al,Fe,Cr,V)$_6Si_6O_{18}(BO_3)_3$ (O,OH,F)$_4$), apresentando este último uma ampla distribuição nas rochas ígneas. O boro pode também ser um constituinte acessório de minerais como os feldspatos, a biotite e as anfíbolas (Hem, 1985).

Sendo um elemento muito leve, o boro constitui compostos iónicos e não iónicos voláteis e, por isso, pode ser libertado em gases vulcânicos sob as espécies de H_3BO_3 e BF_3. Consequentemente, as águas de áreas vulcânicas e as águas de algumas nascentes termais possuem elevadas concentrações de boro, podendo ser atingidos ou mesmo ultrapassados teores da ordem de 10 mg/L a 50 mg/L (Nicholson, 1993).

Embora o boro nas águas naturais seja normalmente expresso sob a forma elementar (tal como no presente trabalho), em solução aquosa surge essencialmente sob a espécie H_3BO_3 (ácido bórico), que é um ácido fraco e, por isso, não tende a dissociar-se. A primeira constante de dissociação tem o valor $10^{-9,24}$ (Langmuir, 1997), o que significa que a espécie neutra (H_3BO_3) predomina para valores de pH inferiores a 9,24, o que acontece na maioria das águas naturais. Todavia, dado o pH da água mineral de Caldas da Saúde (8,74 em AC1A), a espécie $H_2BO_3^-$ estará também presente. Juntamente com outros constituintes, o boro contribui para a alcalinidade da água, exercendo um efeito tampão. Aliás, este efeito é pronunciado na água do mar, já que o boro surge em concentrações relativamente elevadas (4,5 mg/L).

As espécies aquosas de boro, sendo neutras ou negativamente carregadas, não têm tendência para serem adsorvidas à superfície dos minerais, pelo que podem surgir nas águas subterrâneas em concentrações relativamente elevadas, não obstante tratar-se de um constituinte vestigiário, sendo expectáveis teores máximos ligeiramente superiores a 1 mg/L em águas não minerais (Figura 34). No caso da água mineral de Caldas da Saúde, a concentração de boro (831 ppb em AC1A) não é muito inferior a este valor máximo, não obstante as suas características redutoras, desfavoráveis à mobilidade deste elemento. Para efeitos de comparação, refere-se que a concentração mediana de boro em águas subterrâneas não minerais é de 20,6 ppb (Reimann e Caritat, 1998).

Os teores de boro na água mineral em estudo mostram que a mesma é menos concentrada do que as rochas que constituem a crosta terrestre e a água do mar, mas mais concentrada que o corpo humano (Quadro 16).

O boro é um elemento essencial para o desenvolvimento vegetal, mas não está ainda estabelecida com clareza uma função biológica para este elemento no organismo humano, embora tenha sido sugerido que, nos animais superiores, o boro possa ter um papel a nível da reprodução e do desenvolvimento. Desta forma, não está também estabelecida a dose diária recomendada (IOM, 2001). De acordo com Larsen (1988), o ácido bórico e os boratos em excesso revelam-se prejudiciais para o organismo humano, afectando principalmente órgãos como o tracto gastrointestinal, o sistema nervoso central, a pele, o fígado e os rins. Os boratos são facilmente absorvidos a partir da pele, das mucosas e do tracto intestinal, pelo que a sua introdução no organismo não se faz exclusivamente por ingestão.

O valor paramétrico de boro nas águas destinadas ao consumo humano é de 1,0 mg/L (Decreto-Lei nº 306/2007 de 27 de Agosto), o que mostra que os teores na água mineral natural são compatíveis com esta utilização. Contudo, salienta-se, uma vez mais, que este tipo de água não é adequado ao consumo humano, como aliás se comprova pelos teores de outros constituintes, alguns deles discutidos previamente.

7.3. Alumínio

O alumínio representa cerca de 8% da crosta terrestre, sendo o terceiro elemento mais abundante, a seguir ao oxigénio e ao silício. Na natureza, o alumínio não surge na sua forma pura, mas ocorre primariamente em silicatos (como feldspatos e micas), em hidróxidos (como a gibsite) e em diversos minerais pertencentes a outras classes químicas. O ião alumínio é suficientemente pequeno para estabelecer coordenação tetraédrica com o oxigénio e, por isso, pode substituir o silício na estrutura de vários minerais. Além disso, o alumínio surge também em coordenação octaédrica, podendo substituir o magnésio e o ferro. Dado que o alumínio é um ião trivalente, as substituições antes referidas obrigam à adição ou à remoção de catiões ou protões, de forma a manter o balanço de cargas da estrutura cristalina (Hem, 1985).

Não obstante a sua abundância e ampla distribuição, o alumínio surge normalmente nas águas em concentrações muito baixas, já que, na sequência da alteração dos minerais primários, tende a ficar retido nas espécies de neoformação, como a caulinite ($Al_2Si_2O_5(OH)_4$) e a gibsite ($Al(OH)_3$). A solubilidade da gibsite é complicada pelo facto de que o alumínio dissolvido pode estar presente sob várias espécies químicas. Na ausência de sílica, fluoreto e outros constituintes susceptíveis de formar complexos, o alumínio surge na água essencialmente sob a forma de Al^{3+}, $Al(OH)^{2+}$, $Al(OH)_2^+$, $Al(OH)_3^0$ e $Al(OH)_4^-$ (Drever, 1988), cuja dominância está dependente do pH da solução (Figura 57). Assim, para valores baixos de pH, Al^{3+} é a espécie dominante, verificando-se que a solubilidade da gibsite diminui à medida que o pH aumenta, atingindo um mínimo próximo da neutralidade (entre 6 e 7). A partir deste ponto, o aumento do pH traduz-se num incremento da solubilidade da gibsite e na dominância das espécies hidratadas de alumínio, em detrimento da espécie não hidratada (Al^{3+}). Verifica-se, portanto, que a solubilidade da gibsite aumenta tanto para valores baixos como para valores altos de pH, ou seja, exibe um comportamento anfotérico. A formação das espécies hidratadas pode descrever-se pelas seguintes equações:

$$Al^{3+} + H_2O = Al(OH)^{2+} + H^+ \tag{34}$$

$$Al^{3+} + 2H_2O = Al(OH)_2^+ + 2H^+ \tag{35}$$

$$Al^{3+} + 3H_2O = Al(OH)_3^0 + 3H^+ \qquad (36)$$

$$Al^{3+} + 4H_2O = Al(OH)_4^- + 4H^+ \qquad (37)$$

O alumínio dissolvido total corresponde ao somatório das concentrações das diferentes espécies individuais.

Como se depreende da análise da Figura 57, a concentração de alumínio nas águas é muito reduzida, excepto para valores de pH muito baixos ou muito elevados. Na maioria das águas naturais, com valores de pH neutros ou ligeiramente ácidos, a solubilidade da gibsite é muito baixa e, como tal, os teores de alumínio são também muito reduzidos. Com efeito, como se verifica na Figura 34, a concentração mediana de alumínio nas águas naturais é cerca de 0,01 mg/L. Quando as concentrações são elevadas (1 mg/L ou superior) em águas neutras, o alumínio

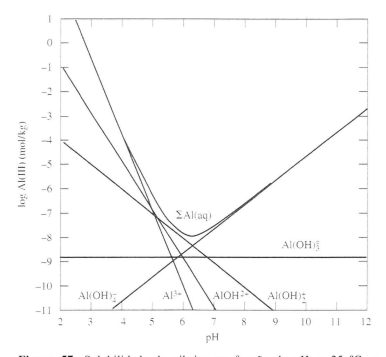

Figura 57: Solubilidade da gibsite em função do pH, a 25 °C, e abundância das diferentes espécies químicas de alumínio (adaptado de Langmuir, 1997).

deverá corresponder a material particulado, até porque foram já identificados cristais de gibsite com 0,10 μm de diâmetro que facilmente passam na maioria dos filtros utilizados em laboratórios (Hem, 1985). Por isso, nestas situações, as concentrações de alumínio referidas não correspondem apenas a alumínio em solução, mas também a partículas sólidas de hidróxidos ou, mesmo, silicatos de alumínio.

A presença de sílica em elevadas concentrações favorece a precipitação rápida do alumínio, formando minerais argilosos de baixa cristalinidade, contribuindo para os baixos teores de alumínio nas águas. Na presença de fluoreto, formam-se complexos, como AlF^{2+} e AlF_2^+, sendo os iões mais prováveis em águas ricas em fluoreto (Hem, 1985).

Atendendo às características físico-químicas da água mineral natural de Caldas da Saúde, nomeadamente o seu pH e o teor de sílica, facilmente se compreende a baixa concentração de alumínio na água (4 ppb em AC1A). Por outro lado, os teores de fluoreto sugerem que o alumínio se encontra sob espécies iónicas como o AlF^{2+} e o AlF_2^+, para além da espécie $Al(OH)_4^-$. A concentração referida mostra que a água mineral se encontra fortemente empobrecida em alumínio, relativamente às rochas da crosta terrestre, o que se justifica pela quase imobilidade ambiental deste elemento. Este teor é apenas ligeiramente superior ao da água do mar (3 ppb), mas substancialmente inferior à concentração no corpo humano (Quadro 16).

Actualmente, o alumínio é considerado um elemento não essencial para o organismo humano e os indivíduos saudáveis possuem barreiras eficientes à absorção deste elemento. Por isso, as situações de toxicidade por alumínio estão praticamente circunscritas a indivíduos com doenças renais. Nestes indivíduos, os efeitos tóxicos dos excessos de alumínio manifestaram-se essencialmente a nível ósseo e no sistema nervoso. No primeiro caso, foi sugerida uma associação com a síndrome de fracturação óssea, em que o alumínio seria o agente causal. A neuropatologia associada a pacientes hemodialisados caracteriza-se por um quadro clínico incluindo perturbações da fala, descoordenação muscular, perturbação da motricidade (apraxia), apoplexia e demência. Os doentes com este síndrome apresentavam concentrações séricas de alumínio muito superiores às dos indivíduos sãos. Considerada inicialmente irreversível e fatal, trabalhos mais recentes demonstraram que o síndrome é reversível, após redução dos níveis de alumínio (Bertholf *et al.*, 1988).

No entanto, um dos aspectos de maior relevância no que respeita à toxicidade do alumínio é a evidência da sua implicação na doença de Alzheimer, uma doença neurodegenerativa, de etiologia desconhecida, para a qual não existe ainda tratamento ou cura (Bertholf *et al.*, 1988). Com efeito, estudos recentes (Walton, 2007) concluem que o alumínio é o componente ambiental com maior efeito causal a nível da doença de Alzheimer.

Dada a sua abundância e ampla distribuição, são diversas as fontes de alumínio a que diariamente estamos expostos, incluindo os alimentos e a água. Como se viu anteriormente, a concentração natural de alumínio na água é muito baixa, já que se trata de um elemento muito pouco móvel, sobretudo em condições de pH próximas da neutralidade. No entanto, quando estas condições são alteradas, a solubilidade do alumínio aumenta significativamente, podendo atingir-se concentrações elevadas. O Decreto-Lei nº 306/2007 de 27 de Agosto estabelece em 200 µg/L o valor paramétrico para o alumínio nas águas destinadas ao consumo humano, valor que é muito superior ao teor mediano na água mineral natural de Caldas da Saúde (4 µg/L). Por isso, a exposição a este elemento a partir desta água não se revela preocupante.

7.4. Escândio

O escândio é o elemento mais leve dos metais de transição, com o número atómico 21 e uma massa molar de 44,956 g/mol, cujo nome deriva do facto de ter sido identificado em minérios da Escandinávia. Ocorre principalmente na thorveitite ($(Sc,Y)_2Si_2O_7$), uma espécie mineral rara, identificada apenas em poucos locais do mundo. Tem um comportamento químico semelhante ao alumínio e, em menor escala, ao cálcio, ao bário, ao estrôncio e ao rádio. Por isso, o escândio pode ocorrer em minerais como as piroxenas, as anfíbolas e as biotites, entre outros (Reimann e Caritat, 1998).

Como ião trivalente (Sc^{3+}), o escândio forma sais catiónicos e complexos halogenados como ScF_4^- e ScF_5^{2-} ou hidróxidos como $Sc(OH)^{2+}$, $Sc(OH)_2^+$, $Sc(OH)_3^0$ e $Sc(OH)_4^-$ (Wood e Samson, 2006). A dominância destes complexos depende do pH e da concentração de fluoreto, tal como se ilustra na Figura 58. Assim, os complexos de fluoreto são dominantes em condições ácidas, com baixas concentrações de fluoreto, sendo que, no limite, prevalece a espécie livre Sc^{3+}. Considerando o pH (8,74) e a concentração de fluoreto (1 mmol/L) da água mineral natural em estudo, verifica-se que o escândio surge essencialmente sob a espécie neutra $Sc(OH)_3^0$. O teor, expresso sob a forma de Sc, é muito inferior à concentração do elemento nas rochas da crosta terrestre, incluindo os granitos, mas é superior à concentração na água do mar e no corpo humano (Quadro 16).

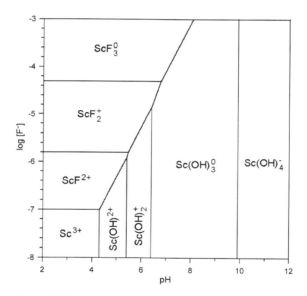

Figura 58: Diagrama de estabilidade de espécies químicas de escândio, em função da concentração de fluoreto e do pH, a 25 °C, 1 bar (extraído de Wood e Samson, 2006).

As concentrações máximas de escândio nas águas estão condicionadas pela solubilidade dos minerais que o incorporam. No entanto, os produtos de solubilidade das principais espécies minerais, como a thorveitite, não estão disponíveis. Por isso, a solubilidade do oxihidróxido de escândio (ScOOH) poderá servir para prever concentrações máximas de escândio em soluções aquosas (Wood e Samson, 2006). Assim, como se observa na Figura 59, a solubilidade desta espécie atinge o seu valor mínimo para valores de pH compreendidos entre 7 e 9, aumentando significativamente em condições de maior acidez. Por isso, as condições de pH da água

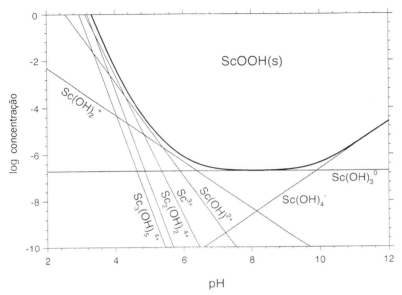

Figura 59: Solubilidade de ScOOH$_{(s)}$ em função do pH, a 25 °C (extraído de Wood e Samson, 2006).

mineral em estudo são fortemente limitativas da concentração deste elemento na água, sendo que o teor determinado (22 ppb) parece estar limitado pela solubilidade de ScOOH. No entanto, salienta-se que este teor resulta de uma única amostra e, por isso, pode não ser representativo da verdadeira concentração de escândio na água mineral natural.

O escândio não é um elemento essencial à vida. A absorção de sais deste elemento pelo tracto gastrointestinal é menor que 0,05%, sendo também muito baixa por via intramuscular, subcutânea, intraperitoneal ou por inalação. Desta forma, a maior parte do escândio ingerido não chega a ser absorvido, mas uma pequena parte pode ser retida a nível ósseo. Por esta razão, o escândio é considerado um elemento não tóxico (Lambotte-Vandepaer e Bogaert, 1988).

7.5. Titânio

Embora o titânio seja o nono elemento mais abundante na crosta terrestre, onde representa cerca de 0,44%, surge nas águas em concentrações muito baixas. Devido à estabilidade do seu estado tetravalente (Ti^{4+}) e à sua afinidade para com o oxigénio, o titânio não surge na natureza no estado elementar, mas tende a formar óxidos altamente resistentes à alteração, como a ilmenite ($FeTiO_3$) e o rútilo (TiO_2). Além destes, o titânio incorpora ainda a estrutura de alguns silicatos, nomeadamente a esfena ($CaTiSiO_5$), as piroxenas, as anfíbolas e as biotites.

Em solução aquosa, o titânio não surge normalmente como catião tetravalente (Ti^{4+}), mas tende a formar hidróxidos como $Ti(OH)_4$ e, para baixos valores de pH, o ião $Ti(OH)_2^{2+}$ pode ser a espécie dominante (Wennig e Kirsch, 1988a). A solubilidade da espécie $Ti(OH)_4$, entre pH 3 e pH 8, é de aproximadamente 150 μg/L, mas a mesma pode ser influenciada por complexos de fluoreto ou de matéria orgânica, não sendo possível prever o comportamento do elemento acima de pH 8 (Hem, 1985).

A concentração de titânio nas águas subterrâneas é usualmente muito baixa, com um valor mediano de 0,635 ppb (Reimann e Caritat, 1998), embora águas muito ácidas possam atingir concentrações superiores a 1 000 ppb (Hem, 1985). A concentração de titânio na água mineral em estudo é de 11,8 ppb, mas, à semelhança do escândio, resulta de uma única amostra colhida na captação AC1A. Este teor é inferior à concentração média de titânio nas rochas da crosta terrestre, mas é superior à concentração do elemento na água do mar (Quadro 16). Tratando-se de um elemento essencialmente litófilo, o titânio presente nesta água resultará do processo de interacção água-rocha, até por que está naturalmente associado a minerais típicos dos granitos, como as biotites.

Do ponto de vista biológico, o titânio não é um elemento essencial para o organismo humano. O aporte normal diário é de 0,3 mg a 1 mg, estando essencialmente acumulado nos pulmões. Embora o óxido de titânio (TiO_2) seja um composto biologicamente inerte, as suas partículas de reduzidas dimensões podem penetrar no tracto respiratório e provocar fibrose pulmonar (Wennig e Kirsch, 1988a).

7.6. Vanádio

O vanádio é um elemento com uma ampla distribuição na natureza, representando cerca de 0,014% da crosta terrestre. A carnotite ($K_2(UO_2)_2 (VO_4)_2.3H_2O$), a descloizite ($Pb(Zn,Cu)(VO_4)(OH)$) e a vanadinite ($Pb_5(VO_4)3Cl$) são alguns minerais típicos de vanádio. Este elemento tem um comportamento geoquímico semelhante ao titânio, podendo substituir o ferro na estrutura de alguns minerais (Krauskopf e Bird, 1995). Assim, as piroxenas, as anfíbolas, as biotites, a magnetite, a esfena e o rútilo são minerais potencialmente portadores de vanádio (Reimann e Caritat, 1998).

Em solução aquosa, o vanádio pode existir em três estados de oxidação distintos (V^{3+}, V^{4+} e V^{5+}), sendo V^{5+} dominante em condições oxidantes (Figura 60). Nestas condições, em soluções diluídas, o V^{5+} surge essencialmente sob duas espécies ($VO_2(OH)_2^-$ e $VO_3(OH)^{2-}$), cuja abundância relativa depende do pH do meio (Figura 61). No entanto, em condições redutoras predominam as espécies químicas em que o vanádio surge nos estados de oxidação V^{3+} e V^{4+}, sendo $(VO)_2(OH)_5^-$ a espécie dominante para valores de pH superiores a, aproximadamente, 4.

Atendendo ao pH da maioria das águas naturais, as espécies aniónicas de vanádio dominam sobre as espécies catiónicas, já que estas prevalecem apenas em soluções com pH inferior a 3 (Figura 60).

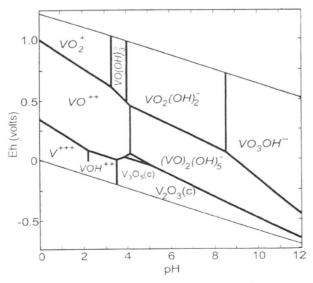

Figura 60: Diagrama de estabilidade das espécies aquosas de vanádio no sistema V-O-H. $\{V\}_{total}=5\times10^{-5}$ M (~2,5 ppm). Adaptado de Peacock e Sherman (2004).

Considerando as condições pH-Eh da água mineral natural de Caldas da Saúde, verifica-se que a espécie dominante é o anião $(VO)_2(OH)_5^-$, em que o vanádio se encontra no estado de oxidação V^{4+}. No entanto, como salientam Bhatnagar *et al.* (2008), a especiação do vanádio em solução é complexa e altamente dependente da sua concentração. Neste aspecto, salienta-se que a concentração de vanádio na água mineral natural em estudo (~1 ppb) é muito inferior à considerada no modelo proposto por Peacock e Sherman (2004), o que pode conduzir a resultados de especiação diferentes.

Para além do pH e do Eh, a geoquímica do vanádio em solução aquosa é controlada por fenómenos de adsorção, envolvendo óxidos de ferro e minerais argilosos. A adsorção a óxidos de ferro limita a concentração de vanádio na água do mar, enquanto nas águas subterrâneas os minerais argilosos contribuem também para a regulação da concentração deste elemento (Peacock e Sherman, 2004).

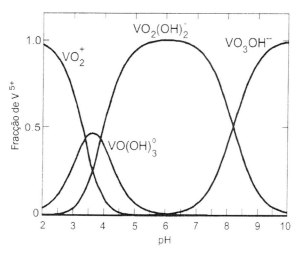

Figura 61: Especiação do V^{5+} em função do pH. $\{V\}_{total}=5\times10^{-5}$ M (~2,5 ppm) em 0,1 mol/L $NaNO_3$ Adaptado de Peacock e Sherman (2004).

Devido à tendência do vanádio em formar aniões, a sua solubilidade é muito elevada em condições alcalinas oxidantes. Pelo contrário, as formas menos oxidadas apresentam muito baixa solubilidade, excepto para valores de pH inferiores a 4 (Hem, 1985). Desta forma, as concentrações de vanádio nas águas são muito variáveis, podendo atingir-se teores superiores a 70 µg/L em águas termais ácidas (Hem, 1985), mas o valor mediano referido por Reimann e Caritat (1998) situa-se em 0,5 µg/L. A baixa concentração na água mineral natural em estudo (1,10 µg/L em AC1A) atesta a fraca solubilidade das formas reduzidas de vanádio. Comparada com as concentrações na crosta, nos granitos e na água do mar, a água mineral natural mostra-se empobrecida em vanádio.

Nos tecidos vivos predominam as espécies reduzidas de vanádio, dadas as suas condições redutoras. Contudo, no plasma sanguíneo formam-se espécies oxidadas, devido aos elevados teores de oxigénio no sangue. Espécies oxidadas e reduzidas de vanádio podem formar complexos com moléculas de significado fisiológico, embora os papéis biológicos do vanádio não estejam ainda bem compreendidos (IOM, 2001). Segundo Lindh (2005), o vanádio está associado a vários sistemas de defesa do organismo e pode ser utilizado no tratamento e prevenção da diabetes. Aliás, como reporta o autor, o vanadato de sódio ($NaVO_3$) foi utilizado no tratamento desta doença, ainda antes da descoberta da insulina.

A percentagem de vanádio absorvido a partir dos alimentos ingeridos é muito baixa, normalmente inferior a 5%, e tende a concentra-se no fígado, nos rins e no ossos. Contudo, muito pouco fica retido no organismo. O aporte diário em indivíduos adultos varia entre 6 µg e 18 µg e as principais fontes são os alimentos e as bebidas. Entre os alimentos ricos em vanádio citam-se os cogumelos, os mariscos, a pimenta preta, a salsa e alguns alimentos processados. As bebidas, em particular o vinho e a cerveja, podem contribuir com quantidades importantes de vanádio, embora actualmente os suplementos alimentares possam constituir a principal fonte (IOM, 2001). Uma vez que ainda não está reconhecido o papel biológico do vanádio no organismo humano, não está estabelecida a dose diária recomendada. Não obstante, não são conhecidas evidências de efeitos adversos associados com o vanádio ingerido a partir dos alimentos, mas existem dados em relação ao aporte de vanádio a partir de suplementos e de água e aos seus efeitos prejudiciais sobre a saúde, nomeadamente a nível do aparelho digestivo (IOM, 2001).

7.7. Crómio

A abundância crustal do crómio é semelhante à do vanádio, apresentando uma concentração média de 0,01%. As rochas ultramáficas apresentam teores superiores a quaisquer outras rochas, incluindo os granitos, onde a concentração de crómio é de cerca de 0,002%. A cromite ($FeCr_2O_4$) é um dos principais minerais de crómio, altamente resistente à alteração. O crómio é um elemento litófilo com raio iónico semelhante ao do magnésio e maior valência, pelo que pode substituir este elemento nos minerais ferromagnesianos, como as olivinas e as piroxenas.

O crómio pode existir em diversos estados de oxidação, desde Cr^{2-} até Cr^{6+}, sendo que os estados de oxidação mais baixos (Cr^{2-} e Cr^0) existem apenas em compostos organometálicos. Os estados de oxidação mais estáveis são o Cr^{2+}, Cr^{3+} e Cr^{6+}, mas o Cr^{2+} é um agente fortemente redutor e não é estável em sistemas aeróbicos, uma vez que é rapidamente oxidado a Cr^{3+}. Por isso, apenas o Cr^{3+} e o Cr^{6+} são suficientemente estáveis para ocorrerem no ambiente (Hamilton e Wetterhahn, 1988). O Cr^{3+} é a espécie mais estável e a sua conversão em espécies mais reduzidas ou mais oxidadas requer muita energia (Kotaś e Stasicka, 2000). Nas águas naturais podem estar presentes os dois estados de oxidação em diversas proporções, dependendo de vários processos, incluindo a transformação redox química e fotoquímica, a precipitação e dissolução e reacções de adsorção. Em condições redutoras, o crómio trivalente é a única forma presente, mas em ambientes oxigenados pode também surgir o crómio hexavalente, para valores de pH superiores a 7 (Figura 62).

O crómio hexavalente é mais solúvel que o crómio trivalente, sendo este último praticamente imóvel. Por isso, a sua concentração nas águas subterrâneas é normalmente muito baixa, com um valor mediano de 0,54 ppb (Reimann e Caritat, 1998). Em ambientes de elevada capacidade oxidante, a concentração de crómio pode ser muito superior ao valor referido, devido à maior solubilidade das espécies oxidadas, atingindo-se teores entre 100 ppb e 200 ppb em algumas situações particulares (Hem, 1985).

As condições de Eh-pH da água mineral natural de Caldas da Saúde são compatíveis com a ocorrência do crómio sob a espécie neutra $Cr(OH)_3^0$. A sua concentração mediana é muito inferior às concentrações médias das rochas da crosta terrestre, mas é cerca de 10 vezes superior à da água do mar (Quadro 16).

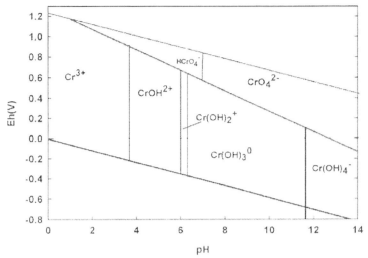

Figura 62: Diagrama de estabilidade das espécies aquosas de crómio. Adaptado de Mohan e Pitman Jr. (2006).

Os dois estados de oxidação mais comuns do crómio (Cr^{3+} e Cr^{6+}) diferem significativamente, não só na carga e nas propriedades físico-químicas, mas também na reactividade química e bioquímica (Kotaś e Stasicka, 2000). Assim, o crómio trivalente é considerado essencial à vida, desempenhando um papel no metabolismo dos glícidos pelo controlo dos níveis de glicose (Nordberg e Cherian, 2005), potenciando o efeito da insulina e restabelecendo a tolerância à glicose em crianças subnutridas (Combs Jr., 2005). Pelo contrário, o crómio hexavalente exerce efeitos tóxicos nos sistemas biológicos, tendo sido registados diversos problemas clínicos em indivíduos expostos a compostos de crómio hexavalente. Por exemplo, a inalação de alguns desses compostos pode causar perfuração do septo nasal, asma, bronquite, pneumonia, inflamação da laringe e do fígado e aumenta a incidência do carcinoma broncogénico. Por sua vez, em contacto com a pele, os compostos referidos podem induzir alergias, dermatite e necrose dérmica (Kotaś e Stasicka, 2000).

Os efeitos toxicológicos do crómio hexavalente estão relacionados com o facto do mesmo ser um poderoso agente oxidante e ainda devido à formação de radicais livres durante a redução de Cr^{6+} a Cr^{3+} no interior das células. Além da toxicidade, também a mobilidade e a biodisponibilidade do crómio dependem do tipo de espécie química. De facto, os compostos de crómio hexavalente apresentam normalmente maior solubilidade, mobilidade e biodisponibilidade que os compostos de crómio trivalente (Kotaś e Stasicka, 2000).

Atendendo às baixas concentrações de crómio na água mineral natural em estudo (2,65 ppb em AC1A) e ao estado de oxidação da espécie química dominante, não são de prever efeitos toxicológicos decorrentes da utilização da água nos diversos tratamentos termais. Pelo contrário, dado tratar-se de crómio trivalente, poderá a água mineral contribuir para o aporte de crómio ao organismo, já que o mesmo é considerado um elemento essencial. O teor de crómio na água mineral natural (2,65 µg/L) é muito inferior ao valor paramétrico nas águas de consumo humano (50 µg/L) previsto no Decreto-Lei nº 306/2007 de 27 de Agosto.

7.8. Manganês

O manganês é o 12º elemento mais abundante na crosta terrestre, ocorrendo com uma concentração média de 0,095%, mas a sua concentração nos granitos é significativamente mais baixa (0,0195%). O manganês não é um constituinte principal dos silicatos, mas pode substituir o ferro e o magnésio na estrutura de minerais como as granadas, as olivinas, as piroxenas, as anfíbolas e as micas (Hem, 1985). Além destes, o manganês pode também substituir o cálcio em carbonatos, como a calcite e a dolomite (Reimann e Caritat, 1998). Entre os minerais típicos de manganês citam-se a pirolusite (MnO_2), a manganite ($MnO(OH)$) e a rodocrosite ($MnCO_3$).

O manganês pode existir em onze estados de oxidação distintos, desde Mn^{2-} até Mn^{7+}, sendo o Mn^{2+}, o Mn^{4+} e o Mn^{7+} os mais comuns. O Mn^{2+} ocorre essencialmente em sistemas biológicos, enquanto o Mn^{4+} está presente na forma natural mais comum (MnO_2). O Mn^{7+} ocorre no ião permanganato (MnO_4^-), que é um agente fortemente oxidante utilizado no tratamento de águas, para remoção de ferro, manganês e matéria orgânica (Keen e Leach, 1988). O Mn^{3+} é extremamente instável, pelo que dois iões Mn^{3+} convertem-se espontaneamente em Mn^{2+} e Mn^{4+} (Hem, 1985).

Quando o manganês bivalente é libertado da estrutura dos minerais e entra em contacto com soluções oxidantes, precipita sob a forma de óxidos, nos quais o manganês está no estado de oxidação Mn^{4+}. Estas crostas geralmente contêm comprecipitados de ferro e quantidades variáveis de outros metais, especialmente cobalto, chumbo, zinco, cobre, níquel e bário.

Nas condições prevalecentes na maioria das águas naturais, o manganês que permanece em solução ocorre essencialmente sob a forma de Mn^{2+}, tal como se ilustra na Figura 63. A concentração mediana de manganês nas águas subterrâneas é de 7,5 µg/L (Reimann e Caritat, 1998), mas os teores podem ser superiores a 1 000 µg/L, em determinadas circunstâncias (Hem, 1985). As águas termais raramente excedem 10 µg/L (Nicholson, 1993). A diferença de concentrações de manganês entre as águas das captações AC1A (5,30 ppb) e AC2A (0,20 ppb) pode estar relacionada com fenómenos de precipitação durante o percurso ascendente da água mineral, mais acentuados na captação AC2A.

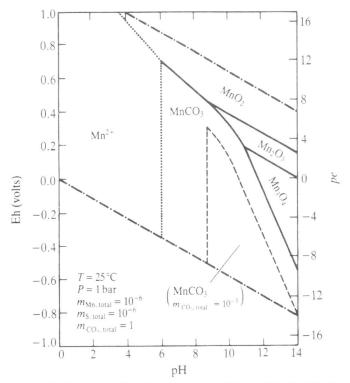

Figura 63: Diagrama Eh-pH para o sistema MnO_2-CO_2-H_2O-S_2-O_2. Adaptado de Krauskopf e Bird (1995).

Grande parte da bioquímica do manganês pode ser explicada essencialmente por duas propriedades: a actividade redox e a semelhança com o magnésio (Lindh, 2005). O manganês funciona como um cofactor enzimático em processos antioxidantes, na gluconeogénese, na biossíntese de glicoproteínas, no metabolismo do azoto e na biossíntese de colesterol. A semelhança com o magnésio permite que o manganês possa substituir aquele elemento em muitos ambientes estruturais (Combs Jr., 2005). Um dos principais papeis do manganês é a sua participação na formação dos ossos (IOM, 2001).

Em condições normais, a alimentação constitui a principal fonte de manganês, já que o contributo do ar e da água é pouco importante (Keen e Leach, 1988). As necessidades diárias de manganês não se encontram ainda determinadas. No entanto, a dose diária adequada está estabelecida em 2,3 mg para homens e 1,8 mg para mulheres, sendo de 11 mg o limite máximo diário (IOM, 2001). Dado que a alimentação fornece facilmente estas doses, são raras as situações de deficiência conhecidas.

A toxicidade do manganês ocorre principalmente como resultado da inalação crónica de poeiras em ambientes mineiros ou em determinadas indústrias. A expressão inicial desta toxicidade é caracterizada por problemas de natureza psíquica, como redução da memória, desorientação e ansiedade, podendo atingir, em situações mais avançadas, sintomas semelhantes aos da doença de Parkinson.

Ao contrário das evidências toxicológicas relacionadas com a inalação de poeiras contendo manganês, são raras as situações de toxicidade resultante da ingestão de manganês, embora estejam documentadas ocorrências resultantes da ingestão de suplementos de manganês e de água com concentrações elevadas deste elemento (Keen e Leach, 1988).

Do anteriormente exposto poderá concluir-se que o ambiente natural não apresenta potencial toxicológico no que respeita ao manganês. Esta ilação é extensível à utilização da água mineral em estudo, até porque o valor paramétrico deste elemento nas águas destinadas ao consumo humano (50 µg/L) é cerca de dez vezes superior à concentração nesta água mineral natural (5,30 µg/L).

7.9. Níquel

O níquel ocupa o 28º lugar do quadro periódico dos elementos, a seguir ao cobalto (27º) e ao ferro (26º). Estes dois elementos não são discutidos no âmbito deste trabalho pelo facto de ocorrerem na água mineral em concentrações inferiores aos limites de detecção do método analítico utilizado. No caso do ferro, os teores serão inferiores a 10 µg/L e, no que respeita ao cobalto, a concentração não atingirá 0,005 µg/L. O níquel surge na crosta terrestre com uma concentração média de 75 ppm ocupando, por isso, o 24º lugar em termos de abundância. Surge nos granitos com uma concentração bastante inferior (1 ppm), remetendo-se para o 53º lugar. O níquel pode substituir o ferro nos minerais ferromagnesianos e tende a precipitar juntamente com o ferro e com o manganês (Hem, 1985). Assim, as olivinas, as piroxenas, as anfíbolas, as biotites, as granadas, a pirite e a calcopirite são exemplos de minerais que podem incluir níquel na sua composição. Desta forma se compreende que os granitos sejam rochas pobres em níquel, já que os minerais ferromagnesianos não são minerais essenciais destas rochas, embora estejam normalmente presentes. Como minerais típicos de níquel podem citar-se a niquelite (NiAs), a gersdorfite (NiAsS) e a pentlandite ((Fe,Ni)$_9$S$_8$), entre outros (Reimann e Caritat, 1998).

Os estados de oxidação do níquel variam entre -1 e +4, sendo Ni^{2+} o dominante (Sunderman, 1988). Nas condições de Eh e pH da maioria das águas naturais, o níquel ocorre sob a forma de catião bivalente, mas na água mineral em estudo, já que se trata de um ambiente alcalino e redutor, o níquel é muito pouco móvel, podendo precipitar sob a forma de óxidos ou mesmo níquel elementar (Calzado *et al.*, 2005). A concentração mediana de níquel nas águas subterrâneas é de 0,74 µg/L (Reimann e Caritat, 1998), mas teores muito superiores podem ocorrer em águas de ambientes geológicos específicos (Hem, 1985), até porque, sob condições ácidas, o níquel apresenta elevada mobilidade (Reimann e Caritat, 1998). O teor detectado na água mineral em estudo (5,8 µg/L) resulta de uma única amostragem (Quadro 16) e, por isso, pode não ser representativo da verdadeira concentração de níquel na água. Apesar de ser relativamente elevado quando comparado com a concentração média nas águas subterrâneas, o teor referido é inferior ao limite legal nas águas de consumo humano (20 µg/L) imposto pelo Decreto-Lei nº 306/2007 de 27 de Agosto.

Não está ainda claramente demonstrada a função biológica do níquel no organismo humano (IOM, 2001). Contudo, o níquel está associado a diversas enzimas envolvidas em vários processos metabólicos, incluindo a produção de hidrogénio molecular, a hidrólise da ureia, a oxidação de monóxido de carbono em condições de anoxia e a metanogénese (Lindh, 2005).

Por via oral, a maior parte dos sais de níquel ingerida não é absorvida, permanecendo no intestino e posteriormente excretada. Uma pequena fracção (1-5%) é absorvida a partir do intestino, entra no plasma sanguíneo e é excretada essencialmente pelo aparelho urinário e, em menor proporção, através da bílis (Sunderman, 1988). A absorção do níquel é afectada pela presença de alguns alimentos, nomeadamente o café, o chá, o sumo de laranja e o ácido ascórbico. Embora muitos tecidos e órgãos não acumulem níquel, a tiróide e as glândulas supra--renais apresentam elevadas concentrações deste elemento, variando entre 132 µg/kg e 141 µg/kg em peso seco, por oposição à maioria dos órgãos, onde as concentrações são usualmente inferiores a 50 µg/kg (IOM, 2001). A concentração de níquel nos alimentos é muito variada, sendo maioritariamente inferior a 40 µg/100 g. Entre os alimentos mais ricos destacam-se os legumes e os produtos com chocolate. O uso de utensílios em aço inox pode aumentar a concentração de níquel em alimentos ácidos (IOM, 2005).

Não há evidências sobre os efeitos adversos relacionados com a exposição ao níquel ingerido numa dieta normal, sendo que os casos conhecidos referem-se a exposições acidentais a elevadas doses.

7.10. Cobre

O cobre é o 29º elemento do quadro periódico, apresentando uma massa molar de 63,546 g. Pode ocorrer na crosta terrestre como metal nativo, Cu^0, ou no estado iónico, Cu^+ e Cu^{2+}. Apresenta uma ampla distribuição na natureza, quer no estado elementar, quer integrando a estrutura de sulfuretos, arsenetos, cloretos e carbonatos (Sarkar, 1988). Entre os sulfuretos ricos em cobre citam-se a calcopirite ($CuFeS_2$), a bornite (Cu_5FeS_4), a calcocite (Cu_2S), a covelite (CuS), a digenite (Cu_9S_5) e a tetraedrite ($Cu_{12}Sb_4S_{13}$). A malaquite ($Cu_2CO_3(OH)_2$) é também um importante minério de cobre, sendo um mineral secundário resultante da oxidação de outros minerais de cobre. Silicatos ferromagnesianos como as biotites, as piroxenas e as anfíbolas podem conter teores assinaláveis de cobre (Reimann e Caritat, 1998). Como tal, não surpreende que este elemento ocorra nos granitos com concentrações relativamente baixas (13 ppm) em relação à média crustal (55 ppm). Pelo contrário, rochas básicas como os basaltos encontram-se enriquecidas em cobre, apresentando concentrações médias de 110 ppm (Krauskopf e Bird, 1995).

Além da prata e do ouro, o cobre é o metal há mais tempo utilizado pelo Homem. Entra na composição de diversas ligas, tais como o bronze (cobre e estanho) e o latão (cobre e zinco) e é misturado com diferentes metais em diversas outras ligas, tornando-as mais nobres.

Em solução, o cobre ocorre em dois estados de oxidação, Cu^+ e Cu^{2+}, sendo dominante a espécie bivalente em águas oxigenadas, não só devido às condições redox, mas também como resultado da tendência para a espécie monovalente se converter em Cu^0 e Cu^{2+}. Em soluções alcalinas pode dominar a espécie $Cu(OH)_3^-$ (Hem, 1985). A concentração média de cobre nas águas subterrâneas é muito baixa, da ordem de 0,4 $\mu g/L$, mas em águas muito ácidas as concentrações podem atingir centenas de mg/L. Pelo contrário, em águas alcalinas a mobilidade do cobre é muito reduzida (Reimann e Caritat, 1998), pelo que as concentrações são muito baixas, como acontece na água mineral em estudo (0,25 $\mu g/L$ em AC1A). Contudo, mesmo nestas condições, as águas mostram-se corrosivas em relação aos materiais contendo cobre. No caso da água mineral de Caldas da Saúde a sua agressividade para com os materiais cupríferos resulta da grande afinidade do cobre para com o enxofre, formando sulfuretos estáveis. Com efeito, foram identificados precipitados de covelite (CuS) que poderão ter sido originados a partir da mobilização do cobre existente nos materiais e da sua interacção com o hidrogenossulfureto presente na água, de acordo com a reacção (Rickard, 1972):

$$Cu^{2+} + HS^- \rightarrow CuS + H^+ \qquad (38)$$

Este facto mostra que os materiais que entram em contacto com esta água mineral, designadamente tubagens e equipamentos, não devem possuir cobre na sua composição, quer sob a forma de cobre metálico, quer sob a forma de ligas cupríferas.

Numa perspectiva biológica, o cobre é considerado um elemento essencial para todos os seres vivos, desde as bactérias até aos seres humanos. Decorrente da sua capacidade redox, os iões de cobre funcionam como cofactores catalíticos em diversas reacções associadas a funções biológicas fundamentais. Entre essas reacções destacam-se as relacionadas com a produção de energia oxidativa, com a estabilização do tecido conjuntivo, com a síntese de neurotransmissores, com a pigmentação do cabelo e da pele, com o suporte do sistema imunitário e com a protecção do organismo contra espécies reactivas de oxigénio

(Combs Jr., 2005). No entanto, as propriedades que conferem ao cobre um papel indispensável aos sistemas vivos tornam-no tóxico quando presente em excesso. Por exemplo, as propriedades redox antes referidas podem, em determinadas circunstâncias, conduzir à formação de certos radicais, susceptíveis de provocar lesões em determinados componentes celulares (Lindh, 2005). Por isso, os mecanismos homeostáticos que controlam a concentração celular de cobre desempenham um papel fundamental no organismo.

A absorção do cobre ocorre essencialmente no intestino delgado, embora uma parte possa ser absorvida no estômago, devido ao ambiente ácido, que promove a solubilidade do cobre existente nos alimentos. As taxas de absorção dependem das quantidades ingeridas e variam desde 50%, quando a ingestão é inferior a 1 mg/dia, até menos de 20%, se a ingestão ultrapassar 5 mg/dia (IOM, 2001). Uma vez absorvido, o cobre é transportado até ao fígado, podendo ser excretado através da bílis, de modo a manter o balanço. O cobre é então libertado por via plasmática de modo a chegar às células. A entrada de Cu^{2+} no meio intracelular conduz à sua redução a Cu^+, pelo facto do ambiente ser redutor. O cobre reduzido pode então intervir em reacções redox, funcionando como dador de electrões. A excreção urinária de cobre é reduzida, normalmente inferior a 0,1 mg/dia (IOM, 2001).

São raras as situações de deficiência de cobre, embora tenham sido identificadas em condições especiais. Por exemplo, foi observada osteoporose em crianças com concentrações séricas de cobre muito baixas. A concentração sérica normal de cobre varia entre 10 μmol/L e 25 μmol/L. De forma a manter o balanço de cobre no organismo estima-se que as necessidades diárias num indivíduo adulto sejam da ordem de 510 μg, mas a ingestão diária média é superior, variando entre 1,0 mg e 1,6 mg. O limite máximo tolerável é de 10 mg/dia (IOM, 2001). Porém, nestas estimativas não é considerado o aporte a partir da ingestão de água. Em condições normais, a concentração de cobre na água é muito baixa mas, particularmente em águas com baixo pH, as concentrações podem atingir níveis muito elevados. Além disso, grande parte das canalizações é constituída por cobre, o que poderá incrementar os teores de cobre na água. Concentrações de cobre superiores a 2 mg/L podem provocar manchas nas louças sanitárias, podendo também colorir de azul-esverdeado o cabelo de pessoas expostas, por exemplo, em piscinas. Acresce que, de forma a impedir o desenvolvimento de algas, são frequentemente adicionados sais de cobre, quer à água de abastecimento, quer à água das piscinas, o que conduz a um aumento da concentração de cobre na água utilizada (Nordberg e Cherian, 2005).

De forma a prevenir estas situações, a concentração de cobre nas águas de consumo está limitada a 2,0 mg/L (Decreto-Lei nº 306/2007 de 27 de Agosto).

O cobre está presente numa grande diversidade de alimentos, sendo particularmente abundante nas carnes de vísceras, no marisco e nos frutos secos. Por outro lado, as batatas, o leite e o frango apresentam baixas concentrações de cobre (IOM, 2001).

7.11. Zinco

O zinco apresenta uma abundância média nas rochas da crosta terrestre semelhante à do níquel e à do cobre, ocupando a 24ª posição. Não obstante, surge maioritariamente sob a forma de catião bivalente, ocorrendo muito raramente no estado de oxidação +1, sob a forma de Zn_2^{2+} (Emsley, 1998). Além disso, difere dos outros dois metais por ser substancialmente mais solúvel nas águas naturais (Hem, 1985).

Os principais minerais de zinco são sulfuretos como a blenda (ZnS) e a wurtzite (ZnS). Para além destes, a smithsonite ($ZnCO_3$) e a hemimorfite ($Zn_4Si_2O_7(OH)_2.2H_2O$) constituem também importantes minérios de zinco. Como constituinte menor, o zinco entra na composição de diversos minerais, nomeadamente, na magnetite, nas piroxenas, nas anfíbolas e nas biotites (Reimann e Caritat, 1998).

O zinco combina-se facilmente com outros metais, formando diversas ligas, como o aço galvanizado. Outros compostos inorgânicos de zinco incluem o sulfato de zinco, utilizado na produção de plásticos, o cloreto de zinco, usado nas baterias, entre outros. São também diversos os compostos orgânicos de zinco utilizados como fungicidas, antibióticos tópicos e lubrificantes (Bertholf, 1988).

Atendendo à diversidade das suas aplicações industriais, o zinco encontra-se amplamente disperso no ambiente, podendo dissolver-se facilmente nas águas. Contudo, a sua mobilidade é mais elevada em condições ácidas e oxidantes, sendo muito baixa em meios redutores alcalinos (Reimann e Caritat, 1998). A concentração média de zinco na precipitação da região noroeste da Península Ibérica é de 46,7 µg/L, embora seja elevada a dispersão regional, até porque o teor mediano é de 29,2 µg/L (Oliveira e Lima, 2007c). Estes autores relacionam os elevados teores de zinco com a actividade antrópica, nomeadamente o tráfego automóvel, sem excluir, no entanto, o contributo da componente crustal, em função de especificidades litológicas locais. O teor mediano nas águas subterrâneas é de 23,4 µg/L (Reimann e Caritat, 1998), ou seja, inferior à concentração mediana na precipitação. Para esta redução contribuem factores como as condições redox e de pH, juntamente com a elevada capacidade de adsorção a argilas, óxidos de ferro e manganês e à co-precipitação com estes elementos. Dado o pH e Eh da água mineral natural de Caldas da Saúde, não surpreende que o seu teor de zinco seja muito baixo (0,45 µg/L em AC1A).

Do ponto de vista biológico, o zinco é considerado um elemento essencial para microrganismos, animais e plantas mas, ao contrário do cobre, não participa, por razões já expostas, em processos redox. Todavia, é conhecido como um ácido de Lewis natural, podendo facilmente estabelecer ligações covalentes com uma base de Lewis e participar em diversas reacções bioquímicas.

As funções biológicas do zinco podem ser divididas em três categorias: catalíticas, estruturais e reguladoras (IOM, 2001).

A nível catalítico, são conhecidas actualmente cerca de 100 enzimas dependentes do zinco, algumas delas envolvidas na expressão e estabilidade genética, incluindo a replicação do ADN (ácido desoxirribonucleico) e a transcrição do ARN (ácido ribonucleico).

O papel estrutural do zinco envolve proteínas que formam domínios em coordenação com o zinco, produzindo moléculas biologicamente activas. Algumas destas proteínas desempenham funções na regulação genética. No entanto, o papel do zinco na regulação da expressão genética não está ainda suficientemente estudado (IOM, 2001).

A nível molecular, as funções biológicas do zinco estão relacionadas com a sua presença num vasto número de metaloenzimas. Desta forma, muitas das consequências metabólicas da deficiência de zinco estão associadas à diminuição da actividade destas metaloenzimas (Bertholf, 1988).

O zinco apresenta uma larga distribuição numa grande variedade de alimentos. A sua absorção dá-se principalmente no intestino delgado, em particular na sua parte intermédia (jejuno). Mais de 85% do zinco existente no organismo humano está concentrado no esqueleto e nos músculos, sendo um dos elementos vestigiais mais abundantes no organismo (Quadro 16).

A dose diária recomendada de zinco é de 11 mg, para os homens, e 8 mg para as mulheres (IOM, 2001). Estas quantidades são facilmente obtidas em qualquer dieta alimentar, embora algumas dietas exclusivamente vegetarianas possam ser pobres em zinco. Entre os alimentos ricos em zinco destacam-se as carnes vermelhas e certos mariscos. A utilização de suplementos pode constituir um importante aporte de zinco ao organismo. Por exemplo, o "Centrum", apresentando uma concentração de 15 mg de óxido de zinco (ZnO) por comprimido, fornece cerca de 12 mg de zinco, ou seja, um pouco mais que a dose diária recomendada para homens adultos.

Os teores de zinco presentes naturalmente nos alimentos não conduzem a situações de ingestão excessiva. Contudo, a ingestão crónica de elevadas concentrações de zinco a partir de suplementos alimentares pode provocar efeitos adversos na saúde, tais como, supressão da resposta imunitária, diminuição do chamado "bom colesterol" (HDL) e redução da concentração de cobre. Além disso, excessos de zinco foram associados a efeitos agudos como dor epigástrica, náuseas e vómitos, perda de apetite, diarreia e cefaleias (IOM, 2001).

Por razões já expostas, os teores de zinco na água mineral natural em estudo são particularmente baixos (0,45 µg/L em AC1A), pelo que, no que respeita a este elemento, esta água não constitui uma importante fonte de zinco para o organismo, mas também não é susceptível de conduzir a situações de sobredosagem. Repare-se que a sua concentração nesta água é próxima da concentração na água do mar.

7.12. Arsénio

O arsénio é o 33º elemento da tabela periódica, precedido pelo germânio. Possui uma massa molar de 74,992 g e apresenta propriedades metálicas e não metálicas. É um elemento ubíquo no ambiente, surgindo na crosta terrestre com uma concentração de 1,8 ppm, o que lhe confere a 52ª posição em termos de abundância (Krauskopf e Bird, 1995). Embora o arsénio elementar (arsénio nativo) possa existir na natureza, os principais minerais de arsénio são sulfuretos e arsenatos, tais como, arsenopirite (FeSAs), realgar (AsS) e ouro-pigmento (As_2S_3). Os feldspatos, a magnetite, a ilmenite, a pirite, a galena, a blenda e a apatite são exemplos de minerais que podem também conter arsénio na sua composição (Reimann e Caritat, 1998).

O arsénio pode surgir em diferentes estados de oxidação, incluindo As^{3-}, As^0, As^{3+} e As^{5+}, embora em solução aquosa sejam estáveis apenas as formas mais oxidadas (As^{3+} e As^{5+}). A prevalência das diferentes espécies químicas está naturalmente dependente do Eh, mas também do pH da solução (Figura 64). Assim, em soluções ácidas e oxidantes é dominante a espécie monovalente $H_2AsO_4^-$, enquanto em soluções alcalinas passa a dominar a espécie bivalente $HAsO_4^{2-}$. Em ambas as espécies, o arsénio está no estado de oxidação +5. Condições redutoras favorecem a existência da espécie neutra H_3AsO_3, em que o arsénio surge no estado de oxidação +3. Ainda em ambientes redutores, para valores de pH superiores a 9,2 passa a dominar a espécie $H_2AsO_3^-$ (Figura 64). Dadas as condições Eh-pH da água mineral natural de Caldas da Saúde, o arsénio aí presente deverá estar sobretudo sob a espécie neutra H_3AsO_3. Nestas condições, o arsénio é muito pouco móvel (Reimann e Caritat, 1998), o que explica a baixa concentração detectada (~1 µg/L). Este teor é superior à média encontrada na precipitação regional (0,265 µg/L) mas é inferior ao valor máximo (1,21 µg/L) referido por Oliveira e Lima (2007c). A concentração de arsénio nas águas subterrâneas é normalmente baixa, mas pode atingir teores da ordem das dezenas de mg/L em ambientes específicos, nomeadamente em águas termais associadas a meios vulcânicos. Aliás, um dos factores que favorece a mobilidade ambiental do arsénio é a sua volatilidade, podendo estar presente nos próprios gases vulcânicos (Hem, 1985). Nas águas termais, o arsénio ocorre essencialmente no seu estado reduzido (+3), mas em situações em que o sulfureto destas águas está já totalmente convertido em sulfato, o arsénio pode também surgir no estado mais oxidado (+5), embora em baixas concentrações (Nicholson, 1993).

As baixas concentrações de arsénio, típicas da maioria das águas subterrâneas, são parcialmente explicadas por fenómenos de adsorção a óxidos de ferro hidratados e co-precipitação, e ainda pela sua afinidade aos sulfuretos em ambientes redutores (Hem, 1985).

Embora não esteja ainda determinado o papel nutritivo do arsénio no organismo humano, alguns estudos em animais sugerem que o mesmo pode ter uma função metabólica, nomeadamente na regulação da expressão genética (IOM, 2001). No entanto, alguns compostos de arsénio são desde longa data considerados altamente tóxicos. Entre eles destaca--se o trióxido de arsénio (As_2O_3), o qual tem sido utilizado na produção de pesticidas e mesmo na fabricação de alguns fármacos. De um modo

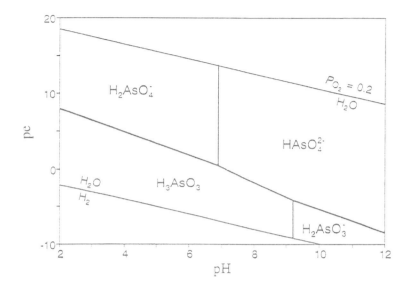

Figura 64: Diagrama de estabilidade das espécies de arsénio. Adaptado de Appelo e Postma (1994).

geral, todos os compostos solúveis de arsénio são tóxicos para o ser humano (Arnold, 1988). Porém, a sua toxicidade depende das espécies químicas em causa, sendo o As^{3+} mais tóxico que o As^{5+}. Por outro lado, as espécies orgânicas de arsénio são menos tóxicas que as espécies inorgânicas (IOM, 2001). Alguns microrganismos convertem os compostos inorgânicos de arsénio em compostos orgânicos através da sua metilação, o que contribui para a redução da toxicidade do arsénio no ambiente (Arnold, 1988).

A absorção do arsénio inorgânico depende da solubilidade das espécies ingeridas. Por isso, mais de 90% do arsénio presente na água é absorvido, sendo menor a percentagem (60-70%) quando considerada a totalidade do arsénio ingerido na alimentação (IOM, 2001). Uma vez absorvido, o arsénio inorgânico é transportado até ao fígado, onde é metilado, tornando-se menos tóxico. A maioria do arsénio ingerido é rapidamente eliminada através da urina.

Os produtos lácteos contribuem com cerca de 31% do arsénio total na dieta, enquanto a carne, o peixe e os cereais fornecem cerca de 56% (IOM, 2001).

O consumo exagerado de mariscos pode conduzir a uma ingestão excessiva de arsénio, mas não provoca normalmente toxicidade, pelo facto do marisco conter apenas arsénio metilado (Arnold, 1988).

Os efeitos adversos do arsénio no organismo humano devem-se à exposição a arsénio inorgânico, já que os compostos orgânicos são normalmente menos tóxicos que os inorgânicos. A ingestão de elevadas doses de arsénio inorgânico está associada a diversas situações de toxicidade, incluindo o aumento do risco de desenvolvimento de diversos tipos de cancro, devido à exposição crónica a elevadas doses na água de consumo. Não há nenhuma evidência de efeitos adversos do arsénio orgânico presente nos alimentos (IOM, 2001). No que respeita à água de consumo, a legislação portuguesa (Decreto-Lei nº 306/2007 de 27 de Agosto) estabelece o valor paramétrico de 10 µg/L. Neste contexto, verifica-se que os teores identificados na água mineral natural em estudo (~1 µg/L) são muito inferiores ao valor paramétrico, pelo que a sua eventual ingestão não colocaria riscos para a saúde humana.

7.13. Selénio

O selénio ocupa o 34º lugar na tabela periódica, a seguir ao arsénio. A química do selénio é muito semelhante à do enxofre, embora seja um elemento muito menos comum. Tal como o enxofre, o selénio possui quatro estados de oxidação distintos: Se^{2-}, Se^0, Se^{4+} e Se^{6+}. Surge nas rochas da crosta terrestre com uma concentração média de 50 ppb, ocupando por isso a 69ª posição na hierarquia da abundância dos elementos. Pode ocorrer como elemento nativo ou incorporar a estrutura de outros minerais como a crookesite $((Cu,Tl,Ag)_2Se)$, a claustalite (PbSe), a berzelianite (Cu_2Se) e a tiemannite (HgSe). Como elemento acessório e dada a semelhança a nível do comportamento químico com o enxofre, o selénio pode ainda estar presente em sulfuretos como a pirite, a calcopirite, a pirrotite e a blenda (Reimann e Caritat, 1998).

O selénio ocorre em soluções oxidadas sob as espécies selenito (SeO_3^{2-}) e selenato (SeO_4^{2-}). Para valores de pH mais baixos, surgem as espécies $HSeO_3^-$, H_2SeO_3 e $HSeO_4^-$ (Figura 65). Em ambientes redutores, estas espécies são reduzidas a selénio elementar (Se^0) numa vasta gama de pH, tornando-se insolúveis. Em condições fortemente redutoras o selénio reduzido (Se^{2-}) é termodinamicamente estável, formando as espécies HSe⁻ e H$_2$Se, cuja dominância está dependente do pH das soluções (Figura 65). Atendendo às condições Eh-pH da água mineral natural de Caldas da Saúde, praticamente todo o selénio nela existente estará sob a forma de HSe⁻, como se ilustra no diagrama da Figura 65.

Se compararmos os diagramas de estabilidade das espécies de enxofre (Figura 27) e das espécies de selénio (Figura 65), é notória a semelhança da distribuição das espécies nos dois casos. No entanto, as constantes de equilíbrio envolvidas nas duas situações determinam algumas diferenças entre os dois elementos, as quais têm repercussões a nível das espécies presentes na água mineral em estudo. Assim, enquanto o enxofre dissolvido está presente na água sob as espécies SO$_4^{2-}$, HS⁻ e H$_2$S (Figura 27), o selénio ocorre quase exclusivamente sob a espécie HSe⁻ (Figura 65). De notar que, em condições normais de pressão e temperatura, e à semelhança do H$_2$S, o H$_2$Se é também um gás mas, visto que o equilíbrio

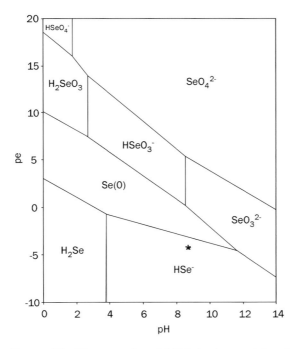

Figura 65: Diagrama de estabilidade das espécies de selénio a 25 °C e 1 atmosfera para uma concentração total de selénio de 10⁻¹⁰ mol/L. O símbolo projectado representa a posição da água da captação AC1A. Adaptado de Séby *et al.* (2001).

entre esta espécie e o HSe⁻ ocorre para valores de pH inferiores a 4, não é expectável a sua presença na água mineral natural. Pelo contrário, como se referiu oportunamente, embora em quantidades reduzidas, o H_2S está presente nesta água, o que aliás lhe confere o odor típico das águas sulfúreas. Tal decorre do facto de que a constante do equilíbrio ácido--base entre o H_2S e o HS⁻ ocorre para valores de pH à volta de 7, portanto mais próximo do pH da água em estudo (8,74 em AC1A).

Dado que o selénio é um elemento relativamente raro na natureza e que o controlo geoquímico tende a limitar a sua mobilidade em sistemas aquosos (Hem, 1985), não são expectáveis concentrações elevadas de selénio nas águas naturais, sendo raros teores superiores a 1 µg/L (Hem, 1985). A concentração mediana nas águas subterrâneas referida por Reimann e Caritat (1998) é de 0,295 µg/L. A concentração média na água mineral natural da captação AC1A é de 1,8 µg/L (Quadro 16), o que pode ser justificado pela abundância de enxofre na mesma água e pela afinidade geoquímica entre os dois elementos.

A importância do selénio nos sistemas biológicos sofreu ao longo dos tempos uma espécie de metamorfose. Assim, nos anos 30 do século XX foram descobertos os primeiros efeitos tóxicos do selénio e, em 1943, o selénio foi mesmo considerado um elemento cancerígeno. Já mais tarde, nos anos 50, o selénio foi reconhecido como um elemento essencial e, nos anos 60, foram-lhe atribuídos efeitos anticancerígenos (Lindh, 2005).

O selénio actua fundamentalmente através da sua associação a proteínas designadas de selenoproteínas, tendo sido identificados nos animais 14 tipos distintos (IOM, 2000). Algumas destas selenoproteínas protegem o organismo dos efeitos nocivos de processos oxidativos (Alexander *et al.*, 1988). Além desta função, o selénio intervém na regulação da tiróide e do estado redox da vitamina C e de outras moléculas (IOM, 2000).

A absorção do selénio é bastante eficiente e ocorre essencialmente a partir da ingestão da selenometionina presente nos alimentos. O selénio pode também ser absorvido sob a forma de selenato (SeO_4^{2-}), mas uma parte importante é excretada na urina antes de ser incorporada nos tecidos. A absorção sob a forma de selenito (SeO_3^{2-}) é mais reduzida, mas é normalmente superior a 50% da quantidade ingerida. As formas inorgânicas de selénio não constituem importantes fontes de selénio para o organismo mas são utilizadas na produção de suplementos alimentares (IOM, 2000).

A dose diária recomendada de selénio em indivíduos adultos é de 55 µg. O teor de selénio nos alimentos depende em primeiro lugar da sua disponibilidade no solo onde as plantas se desenvolvem, embora não seja um elemento essencial para elas. Virtualmente, todas as proteínas animais contêm selenometionina, a qual é obtida quando os animais consomem as plantas. Desta forma, o teor de selénio presente na carne depende largamente da selenometionina ingerida pelos animais. A ingestão de selénio a partir da água não tem significado já que, como se disse, os teores existentes nas águas de consumo são usualmente muito baixos. Não obstante, o Decreto-Lei nº 306/2007 de 27 de Agosto estabelece em 10 µg/L o valor paramétrico de selénio na água destinada ao consumo humano.

Apesar de ser um elemento essencial para o organismo humano, onde intervém num vasto leque de funções, o excesso de selénio pode tornar--se tóxico. A toxicidade crónica está frequentemente associada à queda de cabelo e ao enfraquecimento das unhas, bem como a distúrbios gastrointestinais, fadiga, irritabilidade e outras alterações do sistema nervoso (IOM, 2000). Os efeitos adversos do excesso de selénio são sobretudo observados em áreas onde os solos contêm elevadas concentrações do elemento. A sua incorporação ao longo da cadeia alimentar pode conduzir a concentrações excessivas nas populações humanas (Alexander *et al.*, 1988).

7.14. Bromo

O bromo ocupa o 35º lugar na tabela periódica a seguir ao selénio, pertencendo ao grupo dos halogéneos. Apresenta um comportamento químico muito semelhante ao cloro e é o único elemento não metálico líquido à temperatura e pressão normais. Devido à sua elevada reactividade, o bromo não ocorre na natureza na forma pura (Sticht e Käferstein, 1988). A sua concentração na crosta terrestre é de cerca de 2,5 ppm, ocorrendo nas rochas graníticas em concentrações muito mais baixas, da ordem de 0,4 ppm (Quadro 16). As concentrações relativamente elevadas (67 mg/L) em que o bromo surge na água do mar fazem com que os oceanos sejam considerados os principais reservatórios de bromo na crosta superior (Hem, 1985). Os principais minerais de bromo são a bromargirite (AgBr) e a carnalite ($KMg(Cl,Br)_3.6H_2O$), mas minerais

162 | COMPOSIÇÃO E ORIGEM DAS ÁGUAS MINERAIS NATURAIS

como as anfíbolas, as biotites, a apatite, a eudalite e a sodalite podem também conter bromo (Reimann e Caritat, 1998).

Nas águas, o bromo ocorre invariavelmente sob a forma de brometo (Br^-). A sua concentração mediana na precipitação do sector noroeste da Península Ibérica é de 9 μg/L, sendo o quarto elemento vestigial mais abundante na precipitação, antecedido pelo zinco, pelo bário e pelo alumínio (Oliveira e Lima, 2007c). Segundo estes autores, o enriquecimento deste elemento na atmosfera deverá resultar sobretudo da influência dos aerossóis marinhos, já que os teores mais elevados são observados nas regiões litorais, onde se atingem concentrações de 157 μg/L. Nas águas subterrâneas, o bromo distribui-se por uma vasta gama de concentrações, podendo atingir teores extremamente elevados em algumas salmouras (Hem, 1985). As águas termais possuem normalmente teores muito baixos de bromo, excepto em ambientes em que a água do mar é um componente do fluido geotérmico (Nicholson, 1993). A água mineral natural em estudo possui uma concentração de bromo de 1,12 mg/L, valor superior ao normalmente encontrado nas restantes águas subterrâneas regionais, cujo valor mediano é de 0,25 mg/L (Lima *et al*, 2006). Ressalva-se, no entanto, que aquele teor resulta de uma única amostragem e, como tal, poderá não ser representativo da composição real da água mineral.

Em termos biológicos, o bromo é considerado um elemento vestigial essencial, ocorrendo no organismo humano em concentrações médias de 3,7 ppm (Quadro 16). Os seus efeitos nos sistemas biológicos são devidos à posição intermédia que ocupa entre outros dois halogéneos, o cloro e o iodo. Após absorção a partir do tracto gastrointestinal, o brometo é distribuído no organismo da mesma forma que o cloreto, concentrando--se nos fluidos extracelulares. A excreção do brometo ocorre principalmente através dos rins, embora pequenas quantidades possam ser excretadas na transpiração, nas lágrimas e noutras secreções orgânicas.

O bromo puro tem um efeito fortemente irritante sobre a pele e as mucosas, em particular ao nível dos olhos e das vias respiratórias. A inalação dos seus vapores pode provocar lesões na orofaringe e no tracto respiratório.

O excesso de brometo pode conduzir a alterações do sistema nervoso central, provocando sintomas como letargia, desequilíbrio, dificuldade de concentração, desorientação, alucinações, etc. Contudo, em indivíduos idosos baixas concentrações séricas de brometo podem também produzir disfunções do sistema nervoso central (Sticht e Käferstein, 1988).

À semelhança de outros halogéneos (como o cloro), o bromo é um poderoso oxidante, podendo ser utilizado em sistemas de tratamento de águas. Quando o ozono é usado como agente desinfectante, a presença de brometo na água conduz à formação de bromato (BrO_3^-), como subproduto do processo. O ião bromato pode também ser formado mesmo quando o agente desinfectante é o cloro, se a água estiver exposta ao sol (De Zuane, 1997). A presença de bromato na água é indesejável, já que se suspeita que o mesmo pode ser carcinogéneo (Kurokawa *et al.*, 1990). Por isso, o Decreto-Lei nº 306/2007 de 27 de Agosto estabelece o limite de 10 µg/L de bromato na água destinada ao consumo humano, realçando que o teor deve ser tão baixo quanto possível, sem comprometer o processo de desinfecção.

No que respeita à agua mineral natural em estudo, não é expectável a formação de bromatos, já que a mesma não é submetida a qualquer tratamento, à excepção da água utilizada na piscina e, neste caso, a água não é ingerida.

7.15. Rubídio

O rubídio pertence ao grupo dos metais alcalinos mas, comparado com o sódio e com o potássio, surge na natureza em concentrações muito inferiores, ocupando o 22º lugar em termos de abundância nas rochas da crosta terrestre, onde ocorre com uma concentração média de 90 ppm (Quadro 16). É um metal que reage vigorosamente com o oxigénio e os halogéneos e apresenta uma ampla distribuição, estando essencialmente presente em minerais de potássio (Davie e Coleman, 1988a), como os feldspatos potássicos, a biotite e a lepidolite. A substituição de potássio por rubídio na estrutura de alguns minerais advém da semelhança entre os dois elementos, nomeadamente a nível do raio iónico, da valência e da electronegatividade. Sendo um elemento litófilo, o rubídio encontra--se essencialmente concentrado na porção mais superficial da crosta, particularmente em rochas de estádios finais de evolução magmática, atingindo concentrações médias de 220 ppm em granitos e teores superiores a 1 000 ppm em pegmatitos (Simmons, 1999).

À semelhança do potássio, o rubídio tende a ser retido pelos minerais argilosos (ilites e montmorilonites), sendo a sua capacidade de adsorção superior à do potássio. Como tal, a concentração de rubídio nas águas subterrâneas é normalmente muito baixa, apresentando um valor mediano de 2,3 µg/L (Reimann e Caritat, 1998). Na precipitação da região noroeste da Península Ibérica, a concentração mediana de rubídio é de 0,71 µg/L (Oliveira e Lima, 2007c).

O rubídio, o lítio e o césio constituem o grupo dos chamados "metais alcalinos raros", os quais são usados, juntamente com o cloro e o boro, para caracterizar águas com a mesma origem. No entanto, como se referiu anteriormente, a fácil incorporação daqueles elementos em minerais secundários conduz a uma diminuição da sua concentração nas águas, à medida que estas migram em direcção à superfície ou incrementam o seu fluxo lateral (Nicholson, 1993). Este aspecto deverá explicar, pelo menos parcialmente, as diferenças de concentração de rubídio entre as captações AC1A (98,5 µg/L) e AC2A (59,0 µg/L), como aliás havia já sido referido em relação ao potássio. Estes teores, embora muito superiores aos valores medianos das águas subterrâneas não minerais, estão muito aquém dos teores encontrados em algumas águas termais (Hem, 1985) e são inferiores aos teores médios na água do mar (120 µg/L).

O rubídio é provavelmente um elemento essencial para a vida (Edmunds e Smedley, 1996), estando concentrado no meio intracelular (Davie e Coleman, 1988a). Ao nível do sistema nervoso central ocorre substituição de potássio por rubídio, embora de forma desigual em diferentes regiões. Em altas concentrações, o rubídio é tóxico mas a sua toxicidade está principalmente relacionada com a razão Rb/K, tornando--se aparente para razões superiores a 0,40 (Davie e Coleman, 1988a).

7.16. Estrôncio

O estrôncio ocupa o 38º lugar na tabela periódica dos elementos, depois do rubídio. As suas propriedades químicas são semelhantes às do cálcio e às do bário, podendo substituir parcialmente este elemento e o potássio em diversos minerais constituintes das rochas ígneas, como os feldspatos e as micas (Hem, 1985). Pode ainda substituir o cálcio no gesso ($CaSO_4.2H_2O$), na aragonite ($CaCO_3$) e na dolomite ($CaMg(CO_3)_2$), mas os minerais típicos são a estroncianite ($SrCO_3$) e a celestite ($SrSO_4$). Em termos de abundância na crosta terrestre, o estrôncio situa-se na 15ª posição, com uma concentração média de 375 ppm (Quadro 16).

O estrôncio é facilmente oxidado, ocorrendo sob a forma de catião bivalente (Sr^{2+}) e formando diversos sais solúveis em água (Wennig e Kirsch, 1988b).

A concentração de estrôncio nas águas naturais (Figura 34) ultrapassa 100 µg/L em mais de 40% dos casos. Na precipitação, o estrôncio surge com uma concentração mediana de 4,05 µg/L (Oliveira e Lima, 2007c). Reimann e Caritat (1998) referem um teor mediano de 179 µg/L nas águas subterrâneas. Na maioria das águas naturais, as concentrações de estrôncio são muito inferiores aos limites de solubilidade da estroncianite e da celestite (Hem, 1985). Não obstante, determinadas águas podem atingir teores de estrôncio muito elevados, como acontece em algumas salmouras, onde se registam concentrações superiores a 10 000 mg/L (Hounslow, 1995). As concentrações de estrôncio na água mineral natural em estudo são de 209 µg/L em AC1A e 86 µg/L em AC2A (Quadro 16). A diferença entre as duas captações poderá estar relacionada com fenómenos de absorção/adsorção, tal como se referiu em relação ao rubídio e ao potássio.

Há algumas evidências de que o estrôncio é essencial para o desenvolvimento dos animais, especialmente para a calcificação dos ossos e dos dentes. Contudo, o seu papel enquanto elemento vestigial não está ainda demonstrado. O metabolismo do estrôncio está relacionado com o do cálcio, particularmente no que respeita aos ossos. No entanto, em muitos processos biológicos, é distinta a preferência entre a assimilação e utilização do cálcio e do estrôncio (IOM, 1982).

Mais de 99% do estrôncio existente no organismo humano está presente nos ossos. A fracção remanescente está distribuída pelos restantes tecidos, concentrando-se preferencialmente na aorta, na laringe, na traqueia e no tracto gastrointestinal inferior (IOM, 1982).

O estrôncio é considerado um elemento de baixa toxicidade, sendo escassas as evidências da sua influência em situações crónicas. Além disso, o estrôncio é utilizado em medicina como sedativo e na terapia da urticária e outras irritações cutâneas. Não obstante, um dos isótopos radioactivos de estrôncio (^{90}Sr) tem sido implicado na génese do cancro ósseo e na leucemia (IOM, 1982).

7.17. Molibdénio

O molibdénio é o 42º elemento da tabela periódica e as suas características químicas estão relacionadas com as diferentes valências que pode assumir, as quais variam entre -2 e +6 (Wennig e Kirsch, 1988c). As espécies aquosas contêm essencialmente Mo^{4+} ou Mo^{6+}, sendo esta última predominante em ambientes oxidados, formando aniões molibdato. Em soluções muito ácidas (pH<2) prevalece a espécie não dissociada H_2MoO_4, enquanto a espécie $HMoO_4^-$ predomina para valores de pH entre 2 e 5. Para valores de pH superiores a 5 domina o ião molibdato MoO_4^{2-} (Hem, 1985).

A abundância de molibdénio na crosta terrestre é muito baixa, apresentando uma concentração média de 1,5 ppm. Os principais minerais de molibdénio são a molibdenite (MoS_2), a wulfenite ($PbMoO_4$) e a powellite ($Ca(Mo,W)O_4$), podendo também estar presente na scheelite e na volframite (Reimann e Caritat, 1998).

A sua elevada mobilidade em condições oxidantes faz com que o molibdénio esteja presente em muitas águas naturais, por vezes em concentrações relativamente elevadas, da ordem de 10 mg/L (Hem, 1985). Não obstante, o teor mediano nas águas subterrâneas é de apenas 1,6 µg/L (Reimann e Caritat, 1998), podendo ascender a 20 µg/L nas águas de nascentes termais (Wennig e Kirsch, 1988c). Na água mineral natural de Caldas da Saúde, a concentração de molibdénio (0,60 µg/L em AC1A) é significativamente inferior ao teor mediano referido anteriormente, o que pode ser explicado pela mobilidade muito reduzida do molibdénio em condições redutoras e pela presença de enxofre reduzido na água (Reimann e Caritat, 1998).

Do ponto de vista biológico, o molibdénio é o único elemento do segundo grupo dos metais de transição essencial para a maioria dos seres vivos, fazendo parte de algumas metaloenzimas. No organismo humano estas enzimas estão envolvidas no catabolismo de aminoácidos de enxofre e de compostos heterocíclicos, incluindo purinas e pirimidinas (IOM, 2001).

A absorção de molibdénio é provavelmente um processo passivo, embora também possa estar envolvido um transportador. A concentração de molibdénio no sangue é muito variável, apresentando um valor médio de 5 nmol/L. O seu transporte é efectuado através das proteínas nos eritrócitos e distribuído por diferentes órgãos, mas ocorrendo em maiores concentrações no fígado, nos rins, nas glândulas supra-renais e nos ossos. A sua regulação homeostática deverá ocorrer a nível renal, sendo eventualmente excretado por esta via. A dose diária recomendada de molibdénio em indivíduos adultos é de 45 µg, sendo tolerado um máximo de 2 mg/dia (IOM, 2001). São muito raras as situações conhecidas associadas à deficiência de molibdénio, tanto em seres humanos, como em animais (Combs Jr., 2005; Jones, 2005).

7.18. Iodo

O iodo é um halogéneo com o número atómico 53, sendo o mais pesado do grupo, para além do ástato que possui apenas isótopos radioactivos. É um elemento relativamente raro na crosta terrestre, surgindo com uma concentração média de 0,5 pmm (Quadro 16) e ocupando, por isso, o 62º lugar na hierarquia da abundância relativa dos elementos. O iodo forma um número muito limitado de minerais, cuja génese está associada a condições muito especiais. Entre eles citam-se a lautarite ($Ca(IO_3)_2$), a marshite (CuI), a iodirite (AgI) e a iodobromite ($Ag(Cl,Br,I)$). O iodo pode ainda entrar na composição de minerais como a apatite, a eudialite, a sodalite e a hiperstena (Reimann e Caritat, 1998).

Tal como o flúor, o cloro e o bromo, o iodo tende a aceitar um electrão, convertendo-se em ião iodeto (I^-). Todavia, este ião apresenta um raio iónico superior (215 pm), é mais polarizável, menos electronegativo e tem uma menor afinidade electrónica que os restantes halogéneos. Esta última propriedade faz com que o iodeto seja mais facilmente oxidado e possa reintegrar o ciclo das reacções redox. Para além do iodeto, o iodo pode também ocorrer sob a espécie iodato (IO_3^-) e diversos compostos orgânicos (Butler, 1999). A presença e dominância das espécies iodeto (I^-) e iodato (IO_3^-) nas águas está dependente das condições redox. Assim, em condições fortemente oxidantes domina a espécie iodato, passando a dominar o iodeto em condições mais redutoras. Apesar dos iodetos serem menos solúveis que os iodatos, a sua solubilidade é suficientemente elevada, não limitando normalmente a concentração de iodo nas águas subterrâneas (Langmuir, 1997).

O iodo é um dos elementos vestigiais mais abundantes na precipitação, surgindo com uma concentração mediana de 9,0 µg/L (Lima e Oliveira, 2007c). Nas águas subterrâneas, o teor mediano de iodo é de 2,0 µg/L (Reimann e Caritat, 1998), mas em algumas salmouras pode atingir concentrações de 48 mg/L (Hem, 1985). Na água mineral em estudo, a concentração de iodo referida (17 µg/L) resulta apenas de uma amostragem e diz respeito unicamente à água da captação AC1A. Como tal, poderá não ser representativa da composição real da água.

O papel biológico do iodo está essencialmente relacionado com a actividade da tiróide, cuja secreção diária contém cerca de 100 µg de iodo (Bulman, 1988). O iodo é um componente essencial das hormonas tiroxina (T4) e triiodotironina (T3), que regulam diversas reacções bioquímicas, especialmente a síntese de proteínas e a actividade enzimática (IOM, 2001).

A maior parte do iodo ingerido é reduzida no intestino e absorvida quase completamente. Uma vez em circulação, o iodo é essencialmente concentrado na tiróide em quantidades adequadas para a síntese das hormonas. O restante é excretado por via renal (IOM, 2001).

A deficiência de iodo provoca uma produção inadequada de hormonas por parte da tiróide, conduzindo a diversas perturbações, nomeadamente, atraso mental, hipotiroidismo, bócio, cretinismo e vários graus de anomalias no crescimento e no desenvolvimento. O bócio é normalmente a primeira manifestação de deficiência de iodo (IOM, 2001).

A dose diária recomendada de iodo em indivíduos adultos é de 150 µg. O teor de iodo de muitos alimentos é baixo e pode ser afectado pelo teor deste elemento no solo, na água de rega e nos fertilizantes. Os alimentos de origem marinha contêm concentrações mais elevadas de iodo, pelo facto de o concentrarem a partir da água do mar, que é relativamente rica neste elemento vestigial (Quadro 16). Os alimentos processados podem também conter teores elevados de iodo, devido à adição de sais iodados como o iodato de cálcio, o iodato de potássio, o iodeto de potássio e o iodeto de cobre. A maioria das pessoas é amplamente tolerante ao excesso de iodo, mas podem ocorrer efeitos adversos na saúde relacionados com a ingestão excessiva de iodo, nomeadamente tiroidite, bócio, hipotiroidismo, hipertiroidismo e cancro da tiróide. Por esta razão, a ingestão diária de iodo deverá estar limitada a 1,1 mg (IOM, 2001).

7.19. Césio

O césio é o 55º elemento da tabela periódica e pertence ao grupo dos metais alcalinos. É o elemento menos electronegativo e o mais alcalino. Ocorre na crosta terrestre com uma concentração média de 3 ppm (Quadro 16), sendo o 44º elemento mais abundante, juntamente com o háfnio (Krauskopf e Bird, 1995). O césio é um elemento litófilo volátil e é monovalente em condições naturais típicas. Está preferencialmente concentrado na crosta superior, onde atinge concentrações de uma ordem de grandeza superiores às da crosta inferior (Mittlefehldt, 1999).

O principal mineral de césio é a polucite $((Cs,Na)_2Al_2Si_4O_{12}.H_2O)$, mas este elemento pode também fazer parte da composição das micas e dos feldspatos potássicos, substituindo o potássio (Reimann e Caritat, 1998).

Durante a alteração das rochas, o césio entra facilmente nas soluções e, tal como os restantes elementos alcalinos, é altamente solúvel. No entanto, à semelhança do lítio e do rubídio, o césio é facilmente incorporado nos minerais secundários, podendo surgir nas águas subterrâneas em concentrações baixas. Em águas de ambientes hidrotermais, são referidas concentrações de césio que variam entre 300 µg/L e 700 µg/L. Na água mineral natural de Caldas da Saúde, os teores de césio são de 124 µg/L e 89 µg/L nas captações AC1A e AC2A, respectivamente. A diminuição da concentração na captação AC2A em relação à AC1A poderá dever-se ao maior fluxo lateral da água nas imediações daquela captação (Nicholson, 1993). De notar que o césio é o 4º elemento vestigial mais abundante na água mineral natural em estudo (Figura 56). Pelo contrário, é dos elementos menos abundantes na precipitação regional, onde surge com uma concentração mediana de 0,010 µg/L. A presença deste elemento na precipitação tem uma origem exclusivamente geogénica (Oliveira e Lima, 2007c).

As propriedades fisiológicas do césio assemelham-se às do potássio, não obstante as diferenças quantitativas entre os dois elementos. Assim, o césio pode substituir o potássio nos músculos e nos eritrócitos e é efectivo na activação das enzimas envolvidas no transporte de potássio, competindo com este (Davie e Coleman, 1988b). Não obstante, o césio não é considerado um elemento essencial (Edmunds e Smedley, 1996).

7.20. Bário

O bário pertence ao segundo grupo da tabela periódica, juntamente com o berílio, o magnésio, o cálcio e o estrôncio. É um dos elementos menores mais abundantes na crosta terrestre, apresentando uma concentração média de 425 ppm. Comparativamente, as rochas graníticas encontram-se enriquecidas em bário, já que os teores médios são da ordem de 1 220 ppm (Quadro 16). Desta forma, o bário ocupa o 14º lugar em termos de abundância na crosta terrestre mas ascende à 10ª posição nos granitos. O bário ocorre essencialmente sob a forma de barite $(BaSO_4)$

ou witherite ($BaCO_3$), embora possa substituir o potássio nos feldspatos e nas micas e o cálcio em minerais como a apatite e a calcite (Reimann e Caritat, 1998).

O bário é facilmente libertado durante a alteração das rochas mas a sua concentração nas águas naturais parece estar essencialmente controlada pela solubilidade da barite e, também, pela adsorção a óxidos e hidróxidos metálicos (Hem, 1985). O produto de solubilidade da barite é de, aproximadamente, 10^{-10} (Krauskopf e Bird, 1995) o que, para uma concentração de sulfato de 100 mg/L, daria, no equilíbrio, uma concentração de bário de cerca 13 µg/L. Desta forma, a concentração de bário nas águas é inversamente proporcional à do sulfato. Nas águas subterrâneas, o teor mediano referido por Reimann e Caritat (1998) é de 16,65 µg/L, o que está de acordo com concentrações de sulfatos um pouco inferiores a 100 mg/L.

A concentração de bário na água mineral natural de Caldas da Saúde é de 1,80 µg/L em AC1A e 0,80 µg/L em AC2A (Quadro 16). Estes teores são muito inferiores aos anteriormente referidos, o que pode ser explicado pela muito baixa mobilidade do bário em ambientes redutores (Reimann e Caritat, 1998). A diferença entre as águas das duas captações poderá estar relacionada com fenómenos de adsorção durante o fluxo lateral da água. Algumas salmouras podem atingir concentrações de bário muito elevadas, eventualmente da ordem dos 50 mg/L. Nestas salmouras, os teores de sulfatos são muito reduzidos (Houslow, 1995).

O bário não é um elemento essencial no organismo humano (Machata, 1988), embora ocorra com uma concentração média de 314 ppb (Quadro 16). Não obstante, à semelhança de outros metais alcalino-terrosos, o bário está concentrado nos ossos, ainda que não seja conhecida a sua verdadeira função. Além disso, pode substituir o cálcio em determinados processos, como a libertação de algumas hormonas. No entanto, o bário está mais frequentemente associado a situações de toxicidade, provocando vasoconstrição, hipertensão e efeitos nocivos a nível muscular. Contudo, o sulfato de bário ($BaSO_4$) tem sido extensivamente utilizado em radiologia sem quaisquer consequências nocivas conhecidas (IOM, 2007b).

A baixa solubilidade da maioria dos compostos de bário faz com que este elemento seja considerado de baixa nocividade.

7.21. Tungsténio

O tungsténio é o 74º elemento da tabela periódica e pertence ao grupo VIB, juntamente com o molibdénio e o crómio, possuindo, por isso, propriedades semelhantes a estes dois elementos. Existe em diversos estados de oxidação (0, 2+, 3+, 4+, 5+ e 6+), sendo o estado 6+ mais estável em soluções aquosas. Assim, o ião tungstato (WO_4^{2-}) é a espécie aquosa dominante e ocorre na forma monomérica para valores de pH compreendidos entre 6,9 e 9,3 e para concentrações de W variando entre 0,27 μg/L e 742 μg/L (Baes e Mesmer, 1976).

Na natureza, o tungsténio não surge sob a forma de metal nativo, mas ocorre de forma combinada com outros elementos, formando várias espécies minerais, como a scheelite ($CaWO_4$) e a volframite ((Fe,Mn) WO_4). O grupo da scheelite é uma solução sólida entre a própria scheelite e a powellite ($CaMoO_4$). Estes membros finais ocorrem frequentemente como minerais primários, embora diversos graus de mistura possam surgir em minerais secundários. A scheelite ocorre em pegmatitos graníticos, em depósitos de metamorfismo de contacto e em filões e veios hidrotermais em granitos. O grupo de volframite é uma solução sólida entre a ferberite ($FeWO^4$) e a heubnerite ($MnWO_4$). A volframite é comparativamente mais rara e ocorre principalmente em pegmatitos e filões de quartzo nos granitos.

A concentração média de tungsténio na crosta terrestre é muito baixa (1,5 ppm) e é ainda mais baixa nas rochas graníticas (0,4 ppm), o que faz com este elemento ocupe apenas o 55º lugar em termos de abundância crustal.

A concentração de tungsténio nas águas subterrâneas é muito variável. Seiler *et al.* (2005) referem concentrações que variam entre 0,27 μg/L e 742 μg/L, com um teor médio de 13,4 μg/L. Por sua vez, Reimann e Caritat (1998) indicam uma concentração mediana de apenas 0,0465 μg/L. Tal discrepância resulta do facto das amostras nos dois estudos serem provenientes de ambientes geológicos distintos. Com efeito, o teor médio referido por Seiler *et al.* (2005) corresponde a uma área onde ocorrem várias nascentes termais, as quais exibem teores sempre superiores a 50 μg/L. Estas águas são bicarbonatadas sódicas ou cloretadas sódicas e possuem pH superior a 8 (Seiler et al., 2005). Segundo estes autores, o pH controla a adsorção do tungsténio e, para valores superiores a 8, a taxa de adsorção é inferior a 10%, o que explica as concentrações elevadas de tungsténio nestas águas. De acordo com Arnórson e

Óskarsson (2007), as concentrações de tungsténio nas águas naturais exibem uma correlação positiva com as concentrações de cloro e boro, elementos com elevada mobilidade. Como tal, o tungsténio é também um elemento relativamente móvel, podendo surgir em determinadas águas em concentrações elevadas. Na água mineral natural de Caldas da Saúde estes três elementos, (Cl, B e W) ocorrem em concentrações relativas elevadas. O cloreto é o anião dominante (131 mg/L em AC1A) da componente maioritária da água e o boro é o segundo elemento mais abundante da componente vestigiária, com uma concentração média de 831 µg/L na água da captação AC1A. Por sua vez, o tungsténio ocupa o 5.º lugar, com uma concentração de 122 µg/L (Quadro 16).

O tungsténio é o metal mais pesado com função biológica reconhecida, fazendo parte de três classes de enzimas envolvidas em processos redox (Lindh, 2005). Ocorre no organismo humano em concentrações muito baixas, sendo mesmo o elemento menos abundante no contexto da componente vestigiária da água mineral natural (Quadro 16).

São vários os compostos de tungsténio com potencial toxicológico. A sua toxicidade depende da estrutura química, da solubilidade e da forma de introdução no organismo. Por exemplo, são conhecidos casos de doenças respiratórias relacionadas com a exposição a carboneto de tungsténio, embora o agente causal mais provável seja o cobalto presente neste composto (Wennig e Kirsch, 1988d).

8. ESPECIAÇÃO QUÍMICA

Ao longo dos capítulos anteriores apresentou-se a composição química da água mineral em estudo, incluindo as componentes maioritária e vestigial. Para cada elemento, e sempre que houve informação disponível, discutiu-se a sua especiação, ou seja, a proporção das diferentes espécies químicas na água. Por exemplo, como se viu, o carbono inorgânico está presente na água essencialmente sob duas espécies químicas: o hidrogenocarbonato e o carbonato. Noutros casos, como acontece com o cloro, o elemento está em solução aquosa quase exclusivamente sob a forma iónica elementar, não complexa.

Neste capítulo apresenta-se uma síntese da especiação química da água mineral natural de Caldas da Saúde. Para o efeito recorreu-se ao modelo hidrogeoquímico "PHREEQC" de Parkhurst (1995), baseado no programa "PHREEQE" de Parkhurst et al. (1980). Dadas as limitações intrínsecas do modelo utilizado, não foi possível efectuar a especiação em relação a alguns elementos, sobretudo os incluídos na componente vestigial. Nestes, a especiação recaiu apenas sobre o boro, o alumínio, o manganês, o zinco, o bromo, o estrôncio e o bário.

Na modelação efectuada utilizaram-se os dados composicionais da água da captação AC1A, por se considerar mais genuína. Para além das concentrações dos diferentes elementos, o pH, o Eh e a temperatura da água são os principais factores condicionantes da especiação, tendo-se utilizado os valores de 8,74, -355 mV e 35,5 ºC, respectivamente. O valor de potencial redox utilizado (-355 mV) é inferior ao medido (-255 mV), mas, com este último valor, o modelo apresenta concentrações das espécies reduzidas de enxofre extremamente baixas, o que não é compatível com os dados experimentais. O modelo funciona por um processo iterativo, tendo convergido após oito iterações.

No Quadro 17 apresenta-se a especiação química dos elementos da componente maioritária da água mineral natural. Para cada elemento são apresentadas apenas as espécies que ocorrem com concentrações minimamente significativas.

Como se referiu anteriormente, o carbono inorgânico surge na água essencialmente sob as espécies hidrogenocarbonato e carbonato, ou seja, sempre sob a forma de complexos. A primeira representa cerca de 94% do carbono total e a segunda não vai além dos 3,88%, perfazendo, no conjunto, aproximadamente 98%. A representatividade das restantes espécies químicas de carbono inorgânico é, em cada caso, inferior a 1%.

O cálcio está maioritariamente presente sob a forma de catião bivalente (Ca^{2+}), ocorrendo também em concentrações ainda significativas sob a forma de complexos, como $CaCO_3$ (5,31%) e $CaSO_4$ (4,33%), os quais, juntamente com o ião cálcio, representam 98% do cálcio total presente na água.

Um dos elementos mais abundantes na água em estudo é o cloro. Em solução aquosa, este elemento ocorre quase exclusivamente sob a forma de anião cloreto (Cl^-). Aliás, os complexos de cloro surgem em concentrações residuais, podendo considerar-se que todo o cloro está sob a forma de cloreto.

Um outro halogéneo também abundante nesta água é o flúor. O ião fluoreto (F^-) é a espécie química de flúor mais abundante na água, representando 99,52% do total. No entanto, como se referiu oportunamente, outras espécies podem estar também presentes, embora em concentrações muito reduzidas. Os complexos mais representativos são NaF (0,35%) e CaF^+ (0,10%).

Quadro 17: Especiação química dos elementos que constituem a componente maioritária da água mineral natural da captação AC1A. Resultados obtidos com o modelo PHREEQC.

Elemento	Espécie química	Concentração (mmol/L)	Proporção (%)
C		**1,546**	**100**
	HCO_3^-	1,456	94,18
	CO_3^{2-}	$5,995 \times 10^{-2}$	3,88
	$NaCO_3^-$	$9,506 \times 10^{-3}$	0,61
	$CaCO_3$	$8,216 \times 10^{-3}$	0,53
	$NaHCO_3$	$5,027 \times 10^{-3}$	0,33
	CO_2	$4,896 \times 10^{-3}$	0,32
	$CaHCO_3^+$	$1,975 \times 10^{-3}$	0,13
Ca		**$1,548 \times 10^{-1}$**	**100**
	Ca^{2+}	$1,368 \times 10^{-1}$	88,37
	$CaCO_3$	$8,216 \times 10^{-3}$	5,31
	$CaSO_4$	$6,705 \times 10^{-3}$	4,33
	$CaHCO_3^+$	$1,975 \times 10^{-3}$	1,28
	CaF^+	$1,069 \times 10^{-3}$	0,69
Cl		**3,697**	**100**
	Cl^-	3,697	100
F		**1,043**	**100**
	F^-	1,038	99,52
	NaF	$3,649 \times 10^{-3}$	0,35
	CaF^+	$1,069 \times 10^{-3}$	0,10
K		**$2,022 \times 10^{-1}$**	**100**
	K^+	$2,016 \times 10^{-1}$	99,70
	KSO_4^-	$5,312 \times 10^{-4}$	0,26
Li		**$6,633 \times 10^{-2}$**	**100**
	Li^+	$6,624 \times 10^{-2}$	99,86
	$LiSO_4^-$	$9,514 \times 10^{-5}$	0,14

COMPOSIÇÃO DA ÁGUA MINERAL NATURAL | 175

Mg		**$8,232 \times 10^{-3}$**	**100**
	Mg^{2+}	$7,020 \times 10^{-3}$	85,28
	$MgSO_4$	$4,802 \times 10^{-4}$	6,84
	MgF^+	$3,969 \times 10^{-4}$	4,82
	$MgCO_3$	$2,215 \times 10^{-4}$	2,69
N (-3)		**$9,162 \times 10^{-2}$**	**100**
	NH_4^+	$5,831 \times 10^{-2}$	63,64
	NH_3	$3,307 \times 10^{-2}$	36,09
	$NH_4SO_4^-$	$2,449 \times 10^{-4}$	0,27
N (5)		**$5,486 \times 10^{-3}$**	**100**
	NO_3^-	$5,486 \times 10^{-3}$	100
Na		**7,486**	**100**
	Na^+	7,455	99,59
	$NaSO_4^-$	$1,306 \times 10^{-2}$	0,17
	$NaCO_3^-$	$9,506 \times 10^{-3}$	0,13
	$NaHCO_3$	$5,027 \times 10^{-3}$	0,07
	NaF	$3,649 \times 10^{-3}$	0,05
S (-2)		**$3,632 \times 10^{-1}$**	**100**
	HS^-	$3,589 \times 10^{-1}$	98,82
	H_2S	$4,284 \times 10^{-3}$	1,18
S (6)		**$6,546 \times 10^{-1}$**	**100**
	SO_4^{2-}	$6,271 \times 10^{-1}$	95,80
	$NaSO_4^-$	$1,694 \times 10^{-2}$	2,59
	$CaSO_4$	$8,629 \times 10^{-3}$	1,34
	KSO_4^-	$6,882 \times 10^{-4}$	0,11
	$MgSO_4$	$6,128 \times 10^{-4}$	0,09
	$NH_4SO_4^-$	$3,174 \times 10^{-4}$	0,05
	$SrSO_4$	$1,373 \times 10^{-4}$	0,02
Si		**1,782**	**100**
	H_4SiO_4	1,582	88,78
	$H_3SiO_4^-$	$1,994 \times 10^{-1}$	11,19

O potássio ocorre quase exclusivamente (99,70%) sob a espécie de catião monovalente (K^+) e, residualmente (0,26%), complexado com o sulfato (KSO_4^-).

A especiação do lítio é muito semelhante à do potássio, estando presente na água essencialmente (99,86%) sob a forma de catião monovalente (Li^+). O restante (0,14%) forma um complexo com o sulfato ($LiSO_4^-$).

O magnésio surge na água principalmente sob a forma de catião bivalente (Mg^{2+}), o qual representa 85,28% do magnésio total. Complexos com o sulfato, com o fluoreto e com o carbonato constituem as restantes espécies químicas de magnésio.

Como oportunamente mencionado, o azoto surge na água mineral natural de Caldas da Saúde em concentrações muito baixas, podendo ocorrer em diferentes estados de oxidação. Assim, no que se refere ao estado reduzido (N^{3-}), o azoto está principalmente sob as espécies NH_4^+ (63,64%) e NH_3 (36,09%). Residualmente pode também ocorrer o complexo $NH_4SO_4^-$ (0,27%).

Por sua vez, o estado mais oxidado (N^{5+}) está totalmente materializado pela espécie NO_3^-.

Tal como outros elementos alcalinos, o sódio está quase exclusivamente representado pelo catião monovalente Na^+ (99,59%). De forma residual surge em complexos com o sulfato, o carbonato, o hidrogeno-carbonato e o fluoreto.

À semelhança do azoto, também o enxofre surge na água em diferentes estados de oxidação. Na sua forma reduzida (S^{2-}), está presente sob as espécies HS^- (98,82%) e H_2S (1,18%), esta última em concentrações muito baixas, o que determina um odor característico (fétido) pouco intenso.

No seu estado mais oxidado (S^{6+}), o enxofre está presente na água principalmente sob a espécie SO_4^{2-} (95,80%) e, em concentrações não negligenciáveis, sob as espécies $NaSO_4^-$ (2,59%) e $CaSO_4$ (1,34%). Outros complexos de enxofre marcam também presença, mas a sua concentração é muito reduzida (Quadro 17).

Por último, o silício ocorre maioritariamente sob a espécie neutra H_4SiO_4 (88,78%), mas a espécie resultante da primeira dissociação ($H_3SiO_4^-$) surge também com uma concentração assinalável, representando 11,19% do silício total.

Em relação aos elementos que constituem a componente vestigial da água mineral em estudo, a modelação efectuada proporcionou os resultados expressos no Quadro 18. Também neste caso não são referidas todas as espécies químicas de cada elemento, tendo-se seleccionado apenas as que surgem em concentrações minimamente significativas.

Como se enfatizou oportunamente, o alumínio ocorre na água quase exclusivamente sob a espécie iónica $Al(OH)_4^-$ (99,93%), devido ao pH alcalino. Este aspecto contrasta com a maioria das águas subterrâneas não minerais, onde o alumínio surge sob a espécie iónica elementar Al^{3+}.

O boro encontra-se fundamentalmente repartido pelas espécies H_3BO_3 e $H_2BO_3^-$, sendo a primeira dominante (Quadro 18).

O bário ocorre essencialmente sob a forma de ião elementar bivalente (Ba^{2+}), mas estão também presentes complexos como $BaSO_4$, $BaCO_3$ e $BaHCO_3^+$, sendo o primeiro mais representativo que os restantes.

Tal como outros halogéneos já referidos na componente maioritária da água (cloro e flúor), o bromo ocorre na água praticamente na totalidade sob a forma de anião monovalente (Br^-).

Apesar de poder apresentar-se sob diversos estados de oxidação, o manganês surge nas águas normalmente sob a forma de Mn^{2+}, isolado, ou formando complexos com aniões ou grupos aniónicos. No caso da água mineral em estudo, ocorre fundamentalmente sob duas espécies químicas: $MnCO_3$ (65,51%) e Mn^{2+} (29,28%). Estas espécies, no conjunto, representam quase 95% do manganês total. Os restantes 5% estão repartidos por espécies como $MnHCO_3^+$ e $MnSO_4$, entre outras (Quadro 18).

Como já foi referido, o estrôncio apresenta propriedades químicas semelhantes às do cálcio e às do bário. Como tal, a sua especiação é também idêntica. Assim, o catião bivalente (Sr^{2+}) constitui a espécie dominante (91,29%), seguindo-se as espécies $SrSO_4$, $SrCO_3$ e $SrHCO_3^+$, com abundâncias relativas de 4,49%, 2,23% e 1,99%, respectivamente.

O zinco combina-se facilmente com outras substâncias, formando diversos compostos orgânicos e inorgânicos. Em condições ácidas e oxidantes, dissolve-se facilmente em água mas em meios redutores alcalinos a sua mobilidade é muito baixa. Daí a sua diminuta concentração na água mineral em estudo. Nesta, encontra-se repartido por diversas espécies químicas, destacando-se os complexos com os carbonatos ($Zn(CO_3)_2^{2-}$ e $ZnCO_3$) e com o grupo hidroxilo ($Zn(OH)_2$ e $ZnOH^+$). O catião bivalente (Zn^{2+}) representa apenas 5,69% do zinco total.

Quadro 18: Especiação química de alguns elementos que constituem a componente vestigial da água mineral natural da captação AC1A. Resultados obtidos com o modelo PHREEQC.

Elemento	Espécie química	Concentração (μmol/L)	Proporção (%)
Al		$1,483 \times 10^{-1}$	100
	$Al(OH)_4^-$	$1,482 \times 10^{-1}$	99,93
	$Al(OH)_3$	$1,091 \times 10^{-4}$	0,07
B		$7,691 \times 10$	100
	H_3BO_3	$5,414 \times 10$	70,39
	$H_2BO_3^-$	$2,274 \times 10$	29,57
	$BF(OH)_3^-$	$2,488 \times 10^{-2}$	0,03
Ba		$1,311 \times 10^{-2}$	100
	Ba^{2+}	$1,148 \times 10^{-2}$	87,57
	$BaSO_4$	$1,281 \times 10^{-3}$	9,77
	$BaCO_3$	$2,042 \times 10^{-4}$	1,56
	$BaHCO_3^+$	$1,524 \times 10^{-4}$	1,16
Br		$1,403 \times 10$	100
	Br^-	$1,403 \times 10$	100
Mn		$9,653 \times 10^{-2}$	100
	$MnCO_3$	$6,324 \times 10^{-2}$	65,51
	Mn^{2+}	$2,826 \times 10^{-2}$	29,28
	$MnHCO_3^+$	$2,532 \times 10^{-3}$	2,62
	$MnSO_4$	$1,382 \times 10^{-3}$	1,43
	$MnOH^+$	$6,926 \times 10^{-4}$	0,72
	$MnCl^+$	$2,925 \times 10^{-4}$	0,30
	MnF^+	$1,394 \times 10^{-4}$	0,14

Sr	**2,387**	**100**
Sr^{2+}	2,179	91,29
$SrSO_4$	$1,072 \times 10^{-1}$	4,49
$SrCO_3$	$5,316 \times 10^{-2}$	2,23
$SrHCO_3^+$	$4,760 \times 10^{-2}$	1,99
Zn	**$6,888 \times 10^{-3}$**	**100**
$Zn(CO_3)_2^{2-}$	$2,839 \times 10^{-3}$	41,22
$ZnCO_3$	$2,183 \times 10^{-3}$	31,69
$Zn(OH)_2$	$1,014 \times 10^{-3}$	14,72
Zn^{2+}	$3,922 \times 10^{-4}$	5,69
$ZnOH^+$	$3,833 \times 10^{-4}$	5,56
$ZnHCO_3^+$	$4,914 \times 10^{-5}$	0,71
$ZnSO_4$	$2,214 \times 10^{-5}$	0,32
$ZnCl^+$	$4,154 \times 10^{-6}$	0,06
$Zn(OH)_3^-$	$1,946 \times 10^{-6}$	0,03

Parte III

ORIGEM DA ÁGUA MINERAL NATURAL

Os povos antigos desenvolveram elaboradas mitologias sobre a origem das águas subterrâneas, muitas delas ainda bem enraizadas nos dias de hoje. Sobretudo nos meios rurais, são frequentes as concepções que sustentam que as nascentes de águas subterrâneas nos continentes correspondem a "olhos marinhos" ligados directamente ao oceano através de "braços de mar" (Figura 66). Esta explicação, embora genericamente contrarie as leis do escoamento subterrâneo, não se afasta totalmente do conhecimento científico actual, ao admitir que a água subterrânea (doce) provém do oceano. De facto, é hoje universalmente aceite que a água na Terra se movimenta ciclicamente e que os oceanos constituem o principal reservatório. Por isso, pode dizer-se que, indirectamente, a água subterrânea provém dos oceanos e está integrada num fenómeno cíclico a que se chama, de forma justa, "ciclo hidrológico". No entanto, nem toda a água subterrânea está integrada no ciclo hidrológico recente (água meteórica), já que no interior da Terra existe água que nunca fez parte da componente superficial ou atmosférica do ciclo hidrológico – água juvenil. Para além desta, podem ainda considerar-se outros tipos de águas subterrâneas, nomeadamente, água magmática, água meteórica, água metamórfica e água de formação.

Os conceitos de água juvenil e água magmática têm sido frequentemente usados como sinónimos. Todavia, enquanto a água juvenil resulta da desgasificação do manto, o termo "água magmática" é usado para indicar uma água que está em equilíbrio com um magma (Hoefs, 1997).

As águas meteóricas são aquelas que derivam da precipitação e, como se referiu, integram um ciclo hidrológico recente.

A água metamórfica é definida como a água associada a rochas metamórficas durante o processo de metamorfismo. Trata-se de um termo descritivo que pode incluir águas com várias origens. Em sentido restrito, a água metamórfica refere-se aos fluidos provenientes da desidratação dos minerais durante o metamorfismo (Hoefs, 1997).

A água de formação ou água intersticial corresponde à água que ocorre naturalmente nos poros das rochas e que poderá não ser a água presente quando da sua formação. Neste caso, fala-se de água fóssil. A água de formação resulta da entrada de água do mar ou de água meteórica nos poros das rochas.

Figura 66: Representação pictórica da origem das águas subterrâneas à luz da imaginação humana (extraído de Chapelle, 1997).

9. PROVENIÊNCIA DAS MOLÉCULAS DE ÁGUA

Em relação às águas minerais, particularmente àquelas em que a temperatura de emergência excede de forma significativa a temperatura média anual da atmosfera e que ocorrem em aquíferos fissurados (como é o caso da água mineral de Caldas da Saúde), admitem-se, à partida, duas origens: meteórica e juvenil. No sentido de clarificar esta questão, têm sido aplicadas técnicas isotópicas, nomeadamente o estudo da composição em isótopos estáveis das próprias moléculas de água. Com efeito, há três isótopos de hidrogénio (^{1}H, ^{2}H e ^{3}H) e nove isótopos de oxigénio (^{12}O, ^{13}O, ^{14}O, ^{15}O, ^{16}O, ^{17}O, ^{18}O, ^{19}O, ^{20}O) que podem entrar na composição da molécula de água.

No caso do hidrogénio, o ^{1}H (prótio) e o ^{2}H (deutério) são estáveis, enquanto o ^{3}H (trítio) é radioactivo, libertando partículas ß$^-$ e convertendo-se num átomo estável de ^{3}He, seguindo uma taxa de decaimento com um tempo de semi-vida de 12,32 anos (Lucas e Unterweger, 2000). As abundâncias isotópicas na água do mar de ^{1}H, ^{2}H e ^{3}H são de 99,984%, 0,016% e 5x10^{-6}%, respectivamente (Mazor, 1991).

Dos nove isótopos de oxigénio, três são estáveis (^{16}O, ^{17}O e ^{18}O) e os restantes são radioactivos, com tempos de semi-vida que variam entre 13,5 segundos e 122 segundos. As abundâncias relativas na água do mar dos três isótopos estáveis são de 99,76%, 0,04% e 0,20%, respectivamente para ^{16}O, ^{17}O e ^{18}O (Clark e Fritz, 1997).

Do exposto, facilmente se conclui que os isótopos mais abundantes na água são o ^{1}H e o ^{16}O. No entanto, apesar das suas abundâncias relativas serem muito baixas, os restantes isótopos estáveis participam também na composição de moléculas de água, em proporções não necessariamente iguais à sua abundância isotópica. Com efeito, ao longo do ciclo hidrológico as massas de água sofrem alterações na sua composição isotópica global, através de um fenómeno designado de fraccionamento isotópico, pelo que a composição isotópica da precipitação é normalmente diferente da composição isotópica da água do mar, de onde se evaporou (Figura 67). Do mesmo modo, também as águas subterrâneas apresentam usualmente assinaturas isotópicas distintas da precipitação e da água do mar.

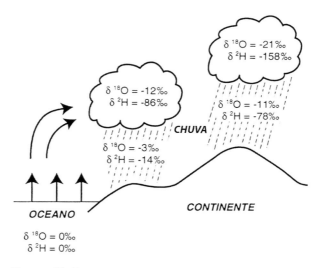

Figura 67: Representação esquemática do fraccionamento isotópico em diversas etapas do ciclo hidrológico (adaptado de Coplen *et al.*, 2001).

A composição em isótopos estáveis na água é determinada com base na razão entre os dois isótopos mais abundantes de cada elemento. Por exemplo, no caso do oxigénio, a razão entre o isótopo mais pesado (^{18}O) e o isótopo mais leve (^{16}O) é de 0,20/99,76, ou seja, 0,002005. No entanto, como se referiu anteriormente, o processo de fraccionamento modifica ligeiramente o valor desta razão, embora as variações ocorram apenas a nível da quinta ou da sexta casa decimal. A medição absoluta das razões isotópicas é um processo extremamente complexo e pouco preciso, pelo que se procede à medição relativa destas razões, obtendo-se valores cerca de uma ordem de grandeza mais precisos do que os que se obteriam em medições absolutas (Coplen *et al.*, 2001). Assim, a composição isotópica de uma dada amostra de água corresponde à razão isotópica relativa, tendo como termo de comparação um padrão internacional, exprimindo-se em permilagem de desvio (δ) em relação a esse padrão. A expressão geral pode escrever-se (39):

$$\delta_{amostra} = \delta_{amostra-padrão} = \left[\frac{R_{amostra}}{R_{padrão}} - 1\right] \times 1000 \qquad (39)$$

Onde $R_{amostra}$ e $R_{padrão}$ representam as razões isotópicas da amostra e do padrão, respectivamente. Exemplificando, para o caso do oxigénio, temos:

$$\delta^{18}O_{amostra} = \left[\frac{\left(^{18}O/^{16}O\right)_{amostra}}{\left(^{18}O/^{16}O\right)_{padrão}} - 1 \right] \times 1000 \qquad (40)$$

Assim, uma amostra com um teor de $\delta^{18}O$ =50,0‰ está enriquecida em 5% (ou 50‰) relativamente ao padrão e é considerada isotopicamente "pesada" em relação ao padrão. Um valor de δ negativo indica que a amostra está empobrecida em isótopo pesado relativamente ao padrão e, por isso, é considerada isotopicamente "leve" em relação ao padrão.

Actualmente, os valores isotópicos de oxigénio e hidrogénio na água são referidos em relação ao padrão VSMOW (Vienna Standard Mean Ocean Water), que veio substituir o definido por Craig (1961), a partir das indicações de Coplen (1994) e IUPAC (1994). Desta forma, os teores de $\delta^{18}O$ e δ^2H do VSMOW são ambos 0‰.

Craig (1961), baseado em cerca de 400 amostras de água de rios, lagos e da própria precipitação, verificou que, à escala global, os teores dos principais isótopos de hidrogénio e oxigénio nas águas naturais apresentavam entre si uma proporção mais ou menos constante que poderia ser traduzida pela equação:

$$\delta^2H = 8\ \delta^{18}O + 10‰\ SMOW \qquad (41)$$

Esta expressão, conhecida pela equação da recta meteórica global, corresponde ao melhor ajuste linear dos pontos relativos à composição isotópica das amostras acima referidas. O valor da ordenada na origem é chamado de "excesso de deutério" e resulta essencialmente da difusividade diferencial das moléculas de água, já que a maior difusividade da molécula $^2H^1H^{16}O$ em relação à molécula $^1H^1H^{18}O$ conduz a um incremento do deutério em relação ao oxigénio "pesado". A humidade relativa e a velocidade do vento parecem ser os principais factores que controlam o excesso de deutério na precipitação. Desta forma, este parâmetro pode ser utilizado na identificação das fontes de vapor de água.

Rozanski *et al.* (1993) procederam a uma revisão da equação proposta por Craig (1961), utilizando dados da rede global de isótopos na precipitação, tendo chegado à expressão:

$$\delta^2H = 8,13\ \delta^{18}O + 10,8‰\ VSMOW \qquad (42)$$

Ambas as equações apresentadas correspondem, de facto, a médias de várias rectas meteóricas locais ou regionais que diferem da recta meteórica global, devido a variações climáticas e a parâmetros geográficos (Clark e Fritz, 1997). Oliveira e Lima (2007b), em estudo sobre a composição isotópica da precipitação no sector noroeste da Península Ibérica, obtiveram uma recta meteórica regional cuja equação é praticamente igual à da recta meteórica global, tanto no declive, como no excesso de deutério (Figura 68).

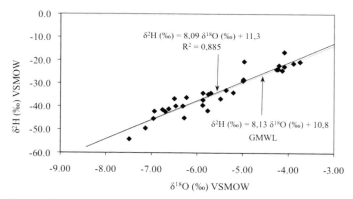

Figura 68: Composição isotópica de amostras de precipitação do sector noroeste da Península Ibérica (extraído de Oliveira e Lima, 2007b).

Com base no anteriormente exposto, depreende-se que a composição isotópica de uma água puramente meteórica deverá obedecer à equação antes referida, projectando-se sobre ou nas imediações da recta meteórica global (ou regional).

A composição isotópica média da água mineral de Caldas da Saúde é de -4,98‰ para $\delta^{18}O$ e -29,5‰ para δ^2H (Lima, 2001, Oliveira e Lima, 2007b). Projectando estes valores num diagrama δ^2H vs $\delta^{18}O$, obtém-se um ponto cuja posição, comparada com a recta meteórica global (ou regional), permitirá verificar a origem da água mineral. Como se observa na Figura 69, o ponto representativo da composição isotópica da água mineral em estudo projecta-se praticamente sobre a recta meteórica global, excluindo qualquer outra origem para além da meteórica. Com efeito, embora os teores de δ^2H sejam também compatíveis com outras origens, nomeadamente a metamórfica, o valor negativo do $\delta^{18}O$ não encontra paralelismo com qualquer outro tipo de água subterrânea, onde os teores de $\delta^{18}O$ são invariavelmente positivos (Figura 69). Além disso, o afastamento em relação ao padrão VSMOW sugere que esta água mineral não terá afinidade directa à água do mar, já que os seus teores isotópicos mostram um empobrecimento em isótopos pesados, compatível com fenómenos de fraccionamento isotópico associados à origem e progressão das massas de ar húmidas sobre o continente. Por isso, os argumentos apresentados indicam que a água mineral de Caldas da Saúde é de origem exclusivamente meteórica, até porque eventuais fenómenos de mistura com águas de origem distinta conduziriam a uma composição isotópica, cuja projecção estaria mais ou menos afastada da recta meteórica global.

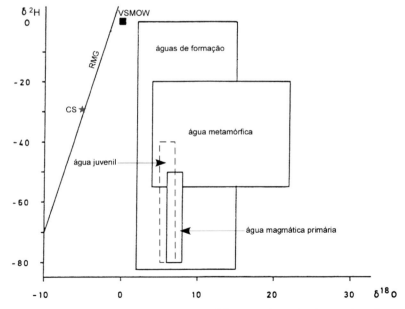

Figura 69: Composições isotópicas de diferentes tipos de água subterrânea, incluindo a água mineral de Caldas da Saúde (ponto CS). O domínio composicional relativo à água juvenil foi definido com base em dados de Ohmoto (1986). Diagrama adaptado de Hoefs (1997).

10. ÁREA DE RECARGA DO SISTEMA HIDROMINERAL

Como se viu anteriormente, a água mineral de Caldas da Saúde é de origem meteórica. Como tal, e tratando-se de uma água subterrânea, há a considerar um circuito, mais ou menos longo e extenso, da água no meio subterrâneo após infiltração das águas meteóricas, com origem na precipitação atmosférica. No ciclo hidrológico, os locais onde a água abandona o meio aéreo e passa para o meio subterrâneo, vindo a atingir os reservatórios de água subterrânea, usualmente designados de aquíferos, constituem a chamada área de recarga.

Os isótopos estáveis que constituem a molécula de água têm uma das suas principais aplicações no estudo destas áreas, particularmente na estimativa das respectivas altitudes médias. Os fundamentos desta metodologia relacionam-se com o fenómeno de fraccionamento isotópico, designadamente através do efeito de altitude. De um modo geral, o padrão de distribuição de $\delta^{18}O$ e δ^2H na precipitação reproduz a topografia. De facto, em regiões montanhosas, a diminuição da temperatura com a altitude promove a condensação do vapor de água, conduzindo à depleção de isótopos pesados na precipitação, de acordo com gradientes que variam entre -0,15‰ e -0,50‰/100 m, no caso do $\delta^{18}O$, e entre -1‰ e -4‰/100 m, para o δ^2H (Clark e Fritz, 1997). Considera-se que o efeito de altitude resulta de um processo contínuo de destilação de Rayleigh durante o esvaziamento do reservatório de vapor atmosférico (Figura 70), provocado pelo arrefecimento decorrente da expansão adiabática das massas de ar à medida que progridem em altitude, devido à diminuição da pressão. Durante este processo, tanto a água condensada (que dará origem à precipitação) como o vapor remanescente ficam progressivamente empobrecidos em isótopos pesados. Desta forma, à medida que as massas de ar húmidas se elevam na atmosfera ficam com menor quantidade de vapor de água, o qual, em processos de condensação subsequentes, dará origem a precipitações gradualmente mais "leves" (Figura 70).

Num estudo sobre a composição isotópica da precipitação no noroeste da Península Ibérica, Oliveira e Lima (2008) analisaram os principais factores que intervêm na variabilidade isotópica da precipitação regional, tendo determinado um gradiente isotópico altimétrico médio que se traduz por uma depleção de 0,17‰ de $\delta^{18}O$ por 100 m de incremento na elevação (Figura 71). Verifica-se, no entanto, que este valor médio é o

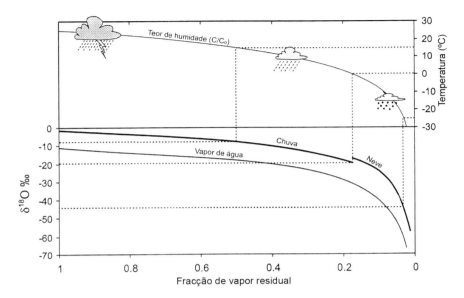

Figura 70: Variação do teor de $\delta^{18}O$ na precipitação de acordo com um modelo de destilação de Rayleigh, partindo de um teor inicial de $\delta^{18}O_{vapor}=-11‰$, à temperatura de 25 ºC. As linhas a tracejado estabelecem a ligação entre a composição isotópica da precipitação e as respectivas temperaturas de condensação. Adaptado de Clark e Fritz (1997).

resultado de duas situações distintas. Assim, para cotas inferiores a 1 000 m, o efeito de altitude expressa-se por um empobrecimento em isótopo pesado de 0,29‰ de $\delta^{18}O/100$ m. Pelo contrário, para altitudes superiores a 1 000 m, a composição isotópica da precipitação mostra-se praticamente independente da altitude (Figura 71), facto que poderá ser explicado pelas características peculiares do relevo das áreas mais elevadas, que poderão produzir trajectórias anómalas das massas de ar (Longinelli e Selmo, 2003).

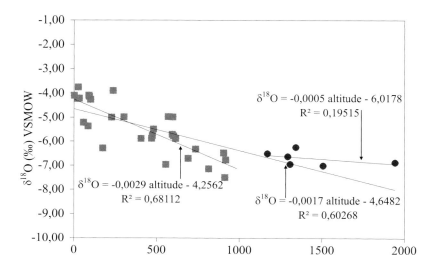

Figura 71: Variação da composição isotópica da precipitação do noroeste da Península Ibérica em função da altitude dos locais de amostragem. Dados obtidos em Oliveira e Lima (2007b).

Considerando a equação que traduz o gradiente altimétrico das áreas com cotas inferiores a 1 000 m ($\delta^{18}O$=-0,0029*altitude-4,26) é possível efectuar uma estimativa da altitude média de recarga da água mineral natural de Caldas da Saúde. Assim, com um teor isotópico de $\delta^{18}O$ = -4,98‰ VSMOW (captação AC1A) obtém-se uma altitude média de recarga de aproximadamente 250 m (Figura 72). Altitudes desta ordem de grandeza são facilmente atingidas nos relevos envolventes à ocorrência hidromineral, nomeadamente nas linhas de cumeada que delimitam a bacia hidrográfica do Rio Pele. Considera-se, por isso, que a área de recarga do sistema hidromineral deverá circunscrever-se a esta unidade hidrográfica, que se desenvolve para NE da emergência mineral. No entanto, outras áreas são também compatíveis com aquela altitude, designadamente as inseridas na bacia do Rio Ave. Como tal, afigura-se algo complexo delimitar com rigor a área de recarga do sistema hidromineral, embora a conjugação da informação de natureza geológico-estrutural com os dados isotópicos dê preferência à bacia hidrográfica do Rio Pele. Foi, aliás, com base no exposto que Lima *et al.* (2007) elaboraram a proposta de fixação do perímetro de protecção da ocorrência hidromineral de Caldas da Saúde, concretamente na delimitação da área alargada. Este perímetro encontra-se legalmente fixado através da Portaria n.º 80/2008 dos Ministérios do Ambiente, do Ordenamento do Território e do Desenvolvimento Regional e da Economia e da Inovação de 30 de Outubro de 2007 e publicada no Diário da República, 2.ª série, N.º 27, em 7 de Fevereiro de 2008.

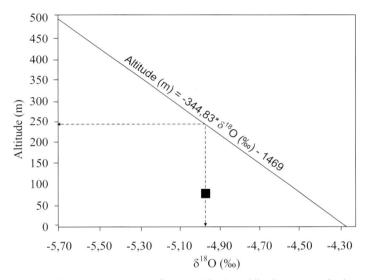

Figura 72: Determinação gráfica da altitude média de recarga da água mineral natural de Caldas da Saúde, estimada com base no teor de $\delta^{18}O$.

A altitude média de recarga do sistema hidromineral de Caldas da Saúde, estimada com base na equação expressa no gráfico da Figura 72 (altitude(m) = -344,83 * $\delta^{18}O$(‰)-1469), é superior à determinada por Oliveira e Lima (2007b), mas inferior à estimativa apresentada por Lima e Silva (2000). No primeiro caso, os autores propõem uma área de recarga com uma altitude média de 209 m, com base num gradiente isotópico altimétrico definido pela equação $\delta^{18}O$ = 0,0020 * altitude -4,54. Por sua vez, Lima e Silva (2000) sugerem uma altitude média de recarga de aproximadamente 500 m, suportada num processo de fraccionamento isotópico decorrente de um efeito de altitude que se expressa pela equação $\delta^{18}O$ = 0,0020*altitude-4,08. Neste último caso, o teor isotópico da água mineral natural é de $\delta^{18}O$ = -5,10‰, ou seja, ligeiramente inferior ao

194 | COMPOSIÇÃO E ORIGEM DAS ÁGUAS MINERAIS NATURAIS

valor agora considerado ($\delta^{18}O$ = -4,98‰). Esta diferença cai no intervalo da precisão analítica, que é da ordem de 0,1‰ (Lima e Silva, 2000). Além disso, o teor isotópico da precipitação ao nível do mar é naquele estudo ($\delta^{18}O$ = -4,08‰) mais elevado que o considerado no presente trabalho ($\delta^{18}O$ = -4,26‰). Em conjunto, estes aspectos condicionam de forma significativa a estimativa da altitude média de recarga, pelo que o valor agora sugerido (250 m) deve ser encarado com a necessária relatividade. Repare-se, por exemplo, que se considerarmos um teor isotópico da água mineral natural a variar entre -4,88‰ e -5,08‰, ou seja, o intervalo de confiança inerente à precisão analítica, obtêm-se altitudes médias de recarga entre 213 m e 282 m.

Em face do exposto, e independentemente do valor exacto da altitude média de recarga, poderá dizer-se que a recarga do sistema hidromineral deverá ocorrer em áreas relativamente próximas da emergência, provavelmente circunscritas à bacia hidrográfica do Rio Pele. A infiltração em profundidade será favorecida pela rede de fracturação, sobretudo as fracturas de maior expressão, como as que condicionam a própria rede hidrográfica.

11. TEMPERATURA DO RESERVATÓRIO

Como se referiu oportunamente, a temperatura da água mineral natural de Caldas da Saúde é, actualmente, de 35,5 °C em AC1A e de 27,4 °C em AC2A. Estas temperaturas são significativamente superiores à temperatura média anual do ar na região (14,5 °C) e à temperatura das restantes águas subterrâneas (15,0 °C).

O facto de muitas águas minerais naturais apresentarem temperaturas na emergência claramente anómalas nos contextos regionais em que ocorrem fez com que esses locais e as próprias povoações onde estão inseridos adoptassem denominações alusivas a este fenómeno, como acontece com Caldas da Saúde. O termo "Caldas" deriva da palavra "caldo" que, por sua vez, procede do latim "*calidu*", que significa "quente". Por isso, a denominação de "Caldas" é, sem dúvida, uma referência à existência de águas quentes, o que significa que, mesmo antes da construção das captações profundas (furos AC1A e AC2A), já a água em estudo emergia a temperaturas relativamente elevadas. DGGM (1992), citando um relatório de 1986, refere uma temperatura de 26,5 °C na nascente mineral, valor próximo do actualmente registado na captação AC2A (27,4 °C).

No entanto, em muitos casos, a temperatura de emergência não corresponde à temperatura da água em profundidade (temperatura de reservatório), devido a perdas de calor durante o percurso ascendente da água ou à mistura de águas com diferentes temperaturas. Através da aplicação de geotermómetros é possível estimar esta temperatura e, eventualmente, avaliar a profundidade máxima dos circuitos subterrâneos.

A aplicação de geotermómetros químicos baseia-se nos seguintes pressupostos (Nicholson, 1993):

- a concentração dos elementos ou espécies químicas usadas resulta da interacção água/rocha, sendo este fenómeno dependente apenas da temperatura;
- a abundância de minerais e/ou espécies dissolvidas no sistema rocha-fluido é suficiente para que as reacções ocorram rapidamente;
- o equilíbrio químico é atingido no reservatório;
- a ascensão do fluido é rápida, de tal forma que não há re-equilíbrio após o fluido deixar o reservatório, ou seja, não há reacções em ambiente subsuperficial;
- não existe mistura nem diluição do fluido profundo com fluidos mais superficiais.

Como facilmente se reconhece, é muito difícil satisfazer os pressupostos acima enunciados, o que pode, em certos casos, inviabilizar a aplicação de geotermómetros químicos. Nicholson (1993) propôs um diagrama (Figura 73) que, para além de permitir a identificação dos diferentes tipos hidroquímicos e fornecer alguma informação de carácter genético, possibilita a identificação das águas mais adequadas a aplicações geotermométricas, as quais deverão ficar posicionadas mais próximas do pólo cloretado. Como se observa na Figura 73, a água mineral natural em estudo projecta-se no domínio correspondente às águas cloretadas diluídas. Como o nome sugere, estas águas são formadas por diluição de fluidos cloretados profundos por águas subterrâneas mais superficiais ou por águas bicarbonatadas. De acordo com Nicholson (1993), se estas águas tiverem sido diluídas apenas por águas subterrâneas mais superficiais, a geotermometria pode ser aplicada. No entanto, como salienta o autor, é necessário alguma reserva, já que a diluição irá afectar o geotermómetro de sílica. Além disso, durante o fluxo lateral, pode haver

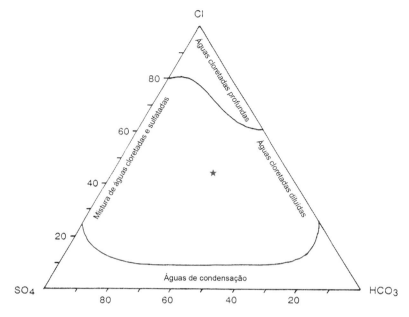

Figura 73: Projecção da composição mediana da água mineral natural da captação AC1A no diagrama de Nicholson (1993).

perda de lítio, por adsorção, e adição de magnésio, colocando em causa a aplicação de geotermómetros baseados nestes elementos.

Considerada, do ponto de vista genético, uma água diluída, a água mineral em estudo não se mostra muito adequada à aplicação de geotermómetros químicos. No entanto, no sentido de se obter uma estimativa, ainda que pouco sólida, sobre a ordem de grandeza da temperatura de reservatório, aplicaram-se alguns geotermómetros clássicos. Na Figura 74 apresenta-se graficamente a estimativa baseada nos geotermómetros K/Na e K/Mg (Giggenbach, 1988). Este diagrama permite, para além da estimativa da temperatura em profundidade, verificar também o estado de equilíbrio água-rocha. Neste aspecto, verifica-se que a água em estudo está muito distante do equilíbrio total, podendo, no entanto, considerar--se que está em equilíbrio parcial. Por isso, como mostra a Figura 74, as temperaturas de reservatório resultantes da aplicação destes dois geotermómetros não são coincidentes. Assim, enquanto o geotermómetro K/Na produz uma estimativa próxima de 180 °C, o geotermómetro K/Mg não vai além dos 110 °C.

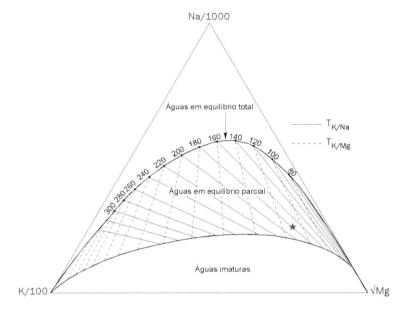

Figura 74: Projecção da composição mediana da água mineral natural da captação AC1A no diagrama de Giggenbach (1988).

No Quadro 19 apresenta-se uma síntese dos resultados obtidos a partir da aplicação de vários geotermómetros químicos. Como se observa, as temperaturas de reservatório estimadas variam entre 110 °C e 177 °C. Tal discrepância resulta do facto de não se verificarem os pressupostos atrás enunciados, nomeadamente a condição relativa ao equilíbrio da água em relação aos minerais do reservatório, como ilustra a Figura 74.

Em relação aos geotermómetros de sílica (quartzo, calcedónia e sílica gel), as temperaturas estimadas variam entre 115 °C (calcedónia) e 141 °C (quartzo-1). Estes geotermómetros são baseados em resultados experimentais relativos à solubilidade dos vários polimorfos de sílica em função da temperatura, incluindo o quartzo, a calcedónia e a sílica amorfa (sílica gel). O quartzo é a espécie mais estável e a de menor solubilidade, em contraste com a sílica amorfa, que é a menos estável e, por isso, a mais solúvel. Assim, o quartzo e a sílica amorfa representam os dois casos extremos do equilíbrio de dissolução-precipitação de sílica em sistemas

198 | COMPOSIÇÃO E ORIGEM DAS ÁGUAS MINERAIS NATURAIS

Quadro 19: Equações dos geotermómetros aplicados e respectivas estimativas das temperaturas de reservatório. (1) – Truesdell (1976); (2) – Founier (1977); (3) Fournier e Truesdell (1974); (4) Giggenbach *et al.*, (1983); (5) – Tonani (1980); (6) – Arnorsson (1983); (7) Fournier (1979); (8) Nieva e Nieva, 1987; (9) – Ginggebach (1988); (10) – Fournier e Truesdell (1973); (11) – Fouillac e Michard (1981); (12) – Kharaka e Mariner (1989).

Geotermómetro	Equação	Autor	T (°C)
Quartzo-1	$T\ (°C) = [1309/(5,19 - \log SiO2)]-273$	(1)	141
Quartzo-2	$T\ (°C) = [1522/(5,75 - \log SiO2)]-273$	(2)	136
Calcedónia	$T\ (°C) = [1032/(4,69 - \log SiO2)]-273$	(3)	115
Sílica gel	$T\ (°C) = [1000/(4,55 - \log SiO2)]-273$	(4)	124
Na/K	$T\ (°C) = [856/(0,857 + \log (Na/K))]-273$	(1)	117
Na/K	$T\ (°C) = [883/(0,780 + \log (Na/K))]-273$	(5)	144
Na/K	$T\ (°C) = [933/(0,993 + \log (Na/K))]-273$	(6)	127
Na/K	$T\ (°C) = [1217/(1,483 + \log (Na/K))]-273$	(7)	158
Na/K	$T\ (°C) = [1178/(1,470 + \log (Na/K))]-273$	(8)	147
Na/K	$T\ (°C) = [1390/(1,750 + \log (Na/K))]-273$	(9)	177
Na-K-Ca	$T\ (°C) = [1647/(2,47+ \log (Na/K) + 1/3\ (\log (Ca^{1/2}/Na) + 2,06)]-273$	(10)	151
K/Mg	$T\ (°C) = [4410/(14,0 - \log (K^2/Mg))]-273$	(9)	110
Na/Li	$T\ (°C) = [1000/(0,389+ \log (Na/Li))]-273$	(11)	137
Li/Mg	$T\ (°C) = [2200/(5,470+ \log (Li/Mg^{1/2}))]-273$	(12)	128

hidrotermais (Verma, 2000). Em reservatórios com temperaturas superiores a 180 °C, e mesmo em alguns acima de 90 °C, a concentração de sílica em solução é determinada pela solubilidade do quartzo. Contudo, a calcedónia parece controlar a concentração de sílica em reservatórios com temperaturas inferiores a 140 °C. De qualquer forma, a deposição de sílica amorfa à superfície implica a sobressaturação em relação ao quartzo (Nicholson, 1993). A dispersão dos valores das temperaturas estimadas pode ser atribuída a vários factores, incluindo o ganho ou perda de vapor no reservatório, a mistura de diferentes fluidos, o reequilíbrio durante a ascensão, etc. (Fournier e Truesdell, 1974). Por estas razões, as estimativas baseadas nos geotermómetros de sílica tendem a ser inferiores às temperaturas reais dos reservatórios (Calado, 2001).

O geotermómetro baseado nas concentrações de sódio e potássio produz estimativas que variam entre 117 °C e 177 °C, em função da equação utilizada. A dependência térmica da relação Na/K é devida à troca catiónica que se estabelece com os feldspatos alcalinos a altas temperaturas, pelo que fornece bons resultados em sistemas de alta entalpia. Em reservatórios com temperaturas inferiores a 120 °C, os resultados não são tão fiáveis uma vez que as concentrações destes elementos são influenciadas também por outros minerais, como as argilas (Nicholson, 1993).

O geotermómetro Na-K-Ca dá bons resultados em reservatórios de alta temperatura (>~180 °C), sendo menos rigoroso a baixas temperaturas. Nestes casos, o geotermómetro K/Mg fornece resultados mais fiáveis (Nicholson, 1993). Por isso, a estimativa obtida (151 °C) deve ser encarada com reservas.

O geotermómetro K/Mg conduz a uma temperatura de reservatório de 110 °C. No entanto, este geotermómetro tende a produzir estimativas demasiado baixas (Pirlo, 2004).

O geotermómetro Na/Li de Fouillac e Michard (1981) baseia-se numa fórmula empírica, não tendo sido estabelecida ainda uma base teórica para este geotermómetro. Dado que os minerais de lítio são relativamente raros, é pouco provável que o lítio em solução esteja em equilíbrio com um mineral de lítio. No entanto, o geotermómetro Na/Li parece ser eficiente em sistemas de baixa e alta temperatura, embora, se o fluxo lateral for significativo, a razão Na/Li pode ser alterada, por absorção do lítio aos minerais argilosos (Nicholson, 1993). Pela aplicação deste geotermómetro obtém-se uma temperatura de reservatório de 137 °C (Quadro 19).

O geotermómetro Li/Mg é válido para uma vasta gama de temperaturas (50 °C-300 °C) e é particularmente usado em sistemas onde não foi ainda atingido o equilíbrio entre o fluido e a rocha (Nicholson, 1993), como é o caso da água mineral em estudo. A estimativa obtida pela aplicação deste geotermómetro indica uma temperatura de reservatório de 128 °C.

Tratando-se de um ambiente de baixa entalpia e baixa salinidade, com uma concentração de lítio inferior a 1 ppm, os geotermómetros Na/Li e Li/Mg não são precisos, uma vez que não foram adequadamente calibrados para estas condições (D'Amore *et al.*, 1987).

200 | COMPOSIÇÃO E ORIGEM DAS ÁGUAS MINERAIS NATURAIS

Como vimos anteriormente, a água mineral em estudo corresponde a uma água cloretada diluída, em equilíbrio parcial com as rochas do reservatório. Neste sentido, os diagramas de mistura entalpia-sílica constituem uma técnica simples para estimar a temperatura da componente profunda da mistura. Este método baseia-se no balanço entre os teores de sílica e o calor. A sua aplicação depende das três seguintes suposições (Fournier e Truesdell, 1974; Truesdell e Fournier, 1977):

- não ocorrem perdas de calor após a mistura;
- a solubilidade do quartzo controla a concentração de sílica do fluido original;
- não há precipitação nem deposição de sílica durante o processo ascendente do fluido, antes ou depois da mistura.

A aplicação deste método, considerando a existência de perdas de vapor (arrefecimento adiabático) antes da mistura, conduziu ao resultado apresentado na Figura 75. Assim, o fluido profundo antes da evaporação apresenta uma temperatura de cerca de 190 ºC e um teor em sílica de 220 mg/Kg. A fracção de fluido perdido por evaporação estima-se em 18% e a fracção de fluido parental na emergência, após evaporação, é de, aproximadamente, 30%. Este modelo assume que a separação de vapor ocorre para uma temperatura de 100 ºC e pressão de 1 atmosfera pelo que, se estas condições não se verificarem, as estimativas apresentadas deixam de ser válidas. Em condições ideais, a temperatura e o teor de sílica estimados com base neste modelo podem representar as condições reais do reservatório (Nicholson, 1993).

Reed e Spycher (1984) consideram que a melhor estimativa da temperatura de reservatório pode ser obtida considerando simultaneamente o estado de equilíbrio da água em relação a vários minerais, em função da temperatura. Nesta lógica, se um grupo de minerais converge para o equilíbrio a uma dada temperatura, esta temperatura corresponde à temperatura de reservatório. A aplicação desta metodologia à água mineral em estudo baseou-se em simulações efectuadas pelo programa PHREEQC (Parkhurst *et al.*, 1980). Os resultados obtidos não mostram convergência para o equilíbrio para nenhuma temperatura específica, provavelmente como resultado de diluições do fluido profundo com águas subterrâneas mais superficiais (Xilai *et al.*, 2002). No entanto, à temperatura de emergência, a água mostra-se em equilíbrio ou mesmo sobressaturada em relação a algumas espécies minerais, nomeadamente, a calcite, a calcedónia, a fluorite, o feldspato potássico, a moscovite, o

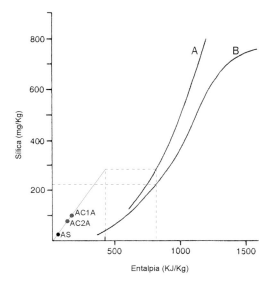

Figura 75: Modelo de mistura entalpia – sílica. A – curva de solubilidade do quartzo com perdas máximas de vapor; B – curva de solubilidade do quartzo na ausência de perdas de vapor; AC1A, AC2A – pontos representativos da águas minerais em estudo; AS – ponto representativo das águas subterrâneas não minerais. Adaptado de Nicholson (1993).

quartzo, a sepiolite e o talco. Aliás, os estados de saturação da calcedónia e da fluorite ocorrem a temperaturas semelhantes, à volta de 100 °C. O próprio quartzo fica em equilíbrio com a água a uma temperatura situada entre 110 °C e 120 °C.

Não obstante as limitações das aplicações geotermométricas acima discutidas, parece poder concluir-se que a temperatura de reservatório da água mineral natural de Caldas da Saúde não é inferior a 100 °C, sendo provavelmente superior a 115 °C, ou seja, ao valor da estimativa do geotermómetro de calcedónia, já que esta poderá controlar a concentração de sílica no reservatório (Xilai *et al.*, 2002). Além disso, admitindo que a água em estudo resulta da diluição de um fluido profundo com águas subterrâneas mais superficiais, a temperatura em profundidade poderia ascender aos 190 °C, tal como se infere da aplicação do modelo de mistura sílica-entalpia (Figura 75). No entanto, esta estimativa deve ser

202 | COMPOSIÇÃO E ORIGEM DAS ÁGUAS MINERAIS NATURAIS

encarada com prudência, já que o ponto representativo da composição e da temperatura das águas subterrâneas não minerais regionais é determinante no processo. Ligeiros desvios na posição deste ponto implicam alterações significativas nas estimativas, tanto da temperatura do fluido profundo como da sua concentração inicial de sílica. Ora, considerando que os valores utilizados correspondem a médias de toda a região do Minho, as estimativas apresentadas poderão não ser muito rigorosas. Com efeito, como salienta Lima (2001), é elevada a variabilidade composicional das águas subterrâneas na região, mesmo em termos da concentração de sílica, observando-se diferenças assináveis entre pontos situados a pequenas distâncias. Como tal, a eleição de uma composição representativa das águas subterrâneas não minerais é de maior importância na aplicação daquela metodologia e, como se disse, condiciona fortemente as estimativas obtidas.

12. PROFUNDIDADE DO CIRCUITO HIDROMINERAL

Como é do conhecimento geral, a temperatura do subsolo aumenta com a profundidade, de acordo com um gradiente médio de 30 ºC/km. Contudo, este valor médio apresenta variações espaciais significativas, podendo atingir valores tão baixos como 10 ºC/km em áreas continentais cratonizadas ou tão altos como 50 ºC/km em regiões vulcânicas. Na maioria dos casos, o gradiente geotérmico em áreas continentais situa--se entre 20 ºC/km e 30 ºC/km (Hall, 1996).

Na área de concessão de Caldas da Saúde, a cerca de 200 m da captação AC1A, foi possível efectuar três determinações do gradiente geotérmico num furo inactivo implantado num aquífero não mineral. A primeira decorreu em Maio de 1998 e as duas seguintes em Julho do mesmo ano, intervaladas de uma quinzena. Na Figura 76 apresenta-se a respectiva projecção da temperatura da água em função da profundidade. O gradiente geotérmico obtido, apesar de não ser igual nas três situações, não apresenta acentuadas diferenças, variando entre 6,0 ºC/100 m e 6,9 ºC/100 m. Este valor é significativamente superior ao gradiente médio (3 ºC/100 m) e apresenta ainda uma diferença mais acentuada em relação aos gradientes determinados por Almeida (1990) em locais do Minho ocidental, que variam entre 1,69 ºC/100 m e 2,74 ºC/100 m.

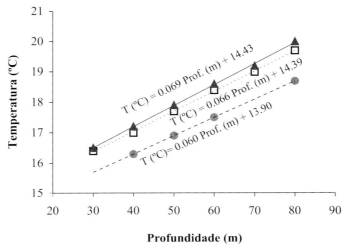

Figura 76: Determinação do gradiente geotérmico na ocorrência hidromineral de Caldas da Saúde.

Aqueles valores, francamente anómalos, poderão estar sobreavaliados devido à ascensão da água mineral quente nas proximidades e, por isso, reflectirem o arrefecimento da água durante o seu percurso ascensional. O arrefecimento da água mineral durante a ascensão foi também avaliado entre os 60 m e os 40 m de profundidade e traduz-se num gradiente de -2,5 °C/100 m. Subtraindo este valor aos gradientes antes definidos obtém-se um gradiente geotérmico médio de aproximadamente 4,0 °C/100 m de profundidade. Este valor tem validade apenas até 80 m de profundidade, embora não sejam expectáveis diferenças significativas nos primeiros quilómetros da crosta superior, salvo se a área em questão corresponder a uma zona de levantamento crustal, tal como proposto por Cabral (1993). Segundo este autor, a região noroeste de Portugal continental sofreu movimentos verticais no período Pliocénico Superior--Quaternário que poderão atingir os 400 m. A área onde se insere a ocorrência hidromineral de Caldas da Saúde terá tido movimentações entre 100 m e 200 m, pelo que não se exclui a hipótese do gradiente geotérmico ser menor em profundidades superiores às investigadas nas determinações efectuadas. No entanto, como sustentam Ribeiro e Almeida (1981), esta área deverá possuir um fluxo de calor acima dos valores médios, devido a heterogeneidades do Manto Superior e/ou a efeitos da colisão entre a Europa e a África.

Admitindo um gradiente geotérmico médio de 3 °C/100 m, o circuito hidrogeológico associado a esta ocorrência hidromineral deverá atingir profundidades não inferiores a 700 m, negligenciando o arrefecimento durante o percurso ascensional da água. No entanto, considerando que a recarga do sistema terá de efectuar-se a cotas mais elevadas, onde a temperatura média do ar é mais baixa, a profundidade de circulação será superior à referida.

Adoptando o valor obtido nas determinações efectuadas (4,0 °C/100 m), a temperatura de emergência da água mineral natural (35,5 °C) poderia ser atingida a profundidades da ordem dos 525 m. No entanto, a "temperatura de reservatório" implica uma maior profundidade de circulação do fluido hidromineral. Aliás, a temperatura da água na captação AC2A (27,4 °C) é significativamente mais baixa que a da captação AC1A (35,5 °C), o que sugere um maior arrefecimento no percurso ascensional da água nas estruturas intersectadas por aquela captação. Com efeito, as águas das duas captações deverão possuir um reservatório comum, dada a sua similitude composicional. Por isso, a diferença térmica registada deverá estar relacionada com a velocidade diferencial do fluxo subterrâneo ascendente. Esta interpretação é apoiada pelas características hidráulicas das duas captações, já que AC1A possui uma produtividade substancialmente superior a AC2A.

Considerando uma temperatura de reservatório não inferior a 115 °C (geotermómetro da calcedónia) e adoptando o gradiente de 4,0 °C/100 m, a profundidade mínima do circuito hidromineral é de cerca de 2 500 m. Admitindo o gradiente de arrefecimento antes referido (2,5 °C/100 m), e adoptando a mesma temperatura de reservatório (115 °C), a profundidade do circuito ascenderia aos 3 200 m, já que o diferencial entre a temperatura de reservatório e a de emergência é de 80 °C. Estas estimativas foram efectuadas considerando a mais baixa temperatura de reservatório, devendo ser consideradas, por isso, profundidades mínimas. Por exemplo, se a temperatura de reservatório for de 177 °C (geotermómetro Na/K de Giggenbach, 1988), as profundidades dos circuitos são de 4 050 m e 5 660 m, se estimadas com base no gradiente geotérmico ou no gradiente de arrefecimento, respectivamente. Em qualquer dos casos, a profundidade do circuito hidromineral é de ordem quilométrica, o que, atendendo ao contexto geológico em causa, só pode ser explicada devido à existência de falhas que cortam profundamente os maciços graníticos, algumas delas provavelmente activas. De acordo com Calado (2001), será ao longo destas falhas que ocorre o fluxo de calor de origem profunda, relacionado com a ascensão de uma pluma procedente do manto, a qual provoca também a fusão parcial das rochas paleozóicas e pré-câmbricas, libertando voláteis como H_2S, CO_2, N_2, NaCl, F, B, entre outros, que vêm mineralizar as águas meteóricas, as quais ascenderiam posteriormente por um mecanismo convectivo.

13. ORIGENS DA MINERALIZAÇÃO

As potenciais origens da mineralização da água em estudo incluem: os aerossóis da precipitação, o CO_2 da atmosfera e do solo, a interacção água-rocha, a solubilização de sais existentes nas interfaces dos grãos minerais e nas inclusões fluidas, a mistura com fluidos hidrotermais residuais ou com águas salinas que penetraram nos granitos durante os tempos paleozóicos quando os terrenos sobrejacentes estavam submersos (Gascoyne, 2004). A estas origens deverá juntar-se ainda uma eventual comparticipação profunda, relacionada com processos magmáticos e/ou termometamórficos (Calado, 2001).

A influência dos aerossóis da precipitação na mineralização da água em estudo não deverá ser significativa, devido à sua baixa concentração de sais.

A origem do carbono inorgânico dissolvido (CID) na água mineral não se encontra ainda totalmente esclarecida. O seu teor mediano (1,55 mmol/L) é significativamente superior ao valor mediano das águas subterrâneas não minerais da região (0,41 mmol/L), o que, segundo Calado (2001), não poderia ser originado unicamente pelo CO_2 atmosférico e pelo CO_2 do solo. Para este autor, o carbono inorgânico total das águas sulfúreas resulta da mistura de CO_2 de origem endógena (magmática) e de origem exógena (atmosférica e biogénica).

Os isótopos de carbono constituem uma importante ferramenta na identificação das origens do carbono inorgânico dissolvido na água, em particular o ^{13}C, devido ao contraste composicional entre os vários reservatórios de carbono (Clark e Fritz, 1997).

Como se observa na Figura 77, o teor de $\delta^{13}C$ na atmosfera é de, aproximadamente, -7‰ VPDB. Na fotossíntese ocorre uma depleção de ^{13}C, não só na difusão do CO_2 para os estomas, mas também durante a fixação do carbono, quando o CO_2 é convertido em matéria orgânica

(CH_2O). Esta depleção depende do ciclo fotossintético adoptado pelas plantas e varia entre 5‰ e 25‰. A maioria das plantas converte o CO_2 atmosférico em matéria orgânica seguindo um mecanismo conhecido por ciclo de Calvin, ou ciclo C_3. Estas plantas apresentam uma composição em $\delta^{13}C$ que varia entre -24‰ e -30‰, com um valor médio de -27‰ VPDB (Figura 77). Algumas plantas fixam o dióxido de carbono atmosférico através de um mecanismo designado de ciclo de Hatch-Slack, ou ciclo C_4, que promove um menor fraccionamento isotópico, conduzindo a teores médios de $\delta^{13}C$ de -12,5‰ VPDB (Figura 77). Há ainda a considerar as plantas que alternam entre os ciclos C_3 e C_4, seguindo uma via designada de metabolismo ácido das Crassuláceas (Crassulacean Acid Metabolism – CAM). Estas plantas apresentam composições isotópicas intermédias entre as plantas C_3 e as plantas C_4 (Figura 77).

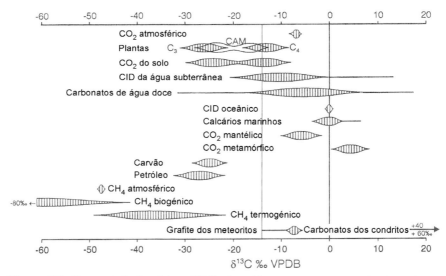

Figura 77: Composição isotópica ($\delta^{13}C$) de vários compostos naturais de carbono. A linha vertical representa a composição isotópica da água mineral natural de Caldas da Saúde (-13,94‰ VPDB). Adaptado de Clark e Fritz (1997).

Quando as plantas morrem, entram em decomposição, sendo a matéria orgânica convertida novamente em CO_2, que passa a fazer parte da atmosfera do solo. Este CO_2 do solo apresenta, portanto, uma composição isotópica semelhante à das próprias plantas (Figura 77). Quando as águas meteóricas se infiltram dissolvem o dióxido de carbono do solo retendo, assim, a assinatura isotópica do ambiente de infiltração, que pode ser utilizada para a identificação da origem do CID nas águas subterrâneas. A composição isotópica ($\delta^{13}C$) da água mineral natural de Caldas da Saúde (-13,94‰ VPDB) cai no domínio correspondente ao CO_2 do solo proveniente da decomposição de plantas C4 (Figura 77), o que poderia indicar que o CID da água mineral teria origem biogénica, de acordo com o metabolismo daquele tipo de plantas. Porém, esta hipótese não parece razoável, já que estas plantas têm pouca expressão em climas temperados, representando menos de 5% das espécies florais (Clark e Fritz, 1997). Nestes ambientes dominam as plantas C3, que se mostram empobrecidas em isótopo pesado (-27‰ VPDB) e, por isso, aparentemente incompatíveis com a assinatura isotópica da água mineral natural (-13,94‰ VPDB). Contudo, a distribuição das espécies de CID na água depende do pH, ocorrendo fraccionamento isotópico na interconversão das diferentes espécies aquosas e, principalmente, entre estas e o CO_2 do solo (Figura 78). Assim, considerando um teor de -23‰ de $\delta^{13}C$ no CO_2 do solo (por não ser exclusivamente de origem biogénica a partir de plantas C3), verifica-se que a composição isotópica da água mineral em estudo (-13,94‰VPDB) está em equilíbrio com o CO_2 do solo, para o valor de pH medido na emergência (8,74), sugerindo que o carbono inorgânico da água tem essencialmente origem na dissolução do CO_2 presente no solo. No entanto, esta inferência só é válida se se admitir que a água atingiu o valor final do pH (8,74) durante o processo de infiltração, ou seja, enquanto permaneceu em contacto com o CO_2 do solo, onde atingiu o equilíbrio. Ora, tal assunção poderá não ser razoável, já que, em terrenos graníticos, o CID e o aumento do pH estão essencialmente relacionados com a alteração dos aluminossilicatos, como as plagioclases. Nestes condições, a única modificação do sistema carbonatado decorre do aumento do pH e, consequentemente, da deslocação do equilíbrio da distribuição das espécies no sentido do aumento do bicarbonato e do carbonato. Desta forma, o equilíbrio com o CO_2 do solo será atingido se as reacções ocorrerem em sistema aberto, com fornecimento contínuo de CO_2. Portanto, a hipótese da origem biogénica do CID na água mineral natural pressupõe e existência de uma fonte contínua de CO_2 com uma composição isotópica de, aproximadamente, -23% VPDB.

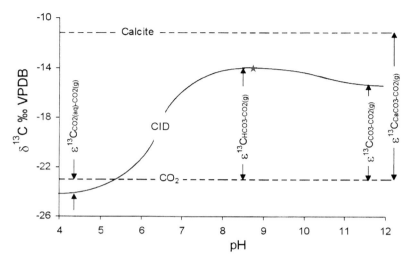

Figura 78: Variação da composição isotópica ($\delta^{13}C$) do carbono inorgânico dissolvido (CID) em equilíbrio com o CO_2 do solo a 25 °C ($\delta^{13}C=-23‰VPDB$). Assinala-se a posição da água mineral de Caldas da Saúde, em função do pH e da composição isotópica ($\delta^{13}C$). Adaptado de Clark e Fritz (1997).

Considerando a hipótese alternativa sugerida por Calado (2001) da origem mista (biogénica e magmática) do CID na água mineral, e adoptando para o CO_2 endógeno profundo (mantélico) um $\delta^{13}C=-5‰$, a proporção de CID profundo presente na água mineral em estudo é de cerca de 50%. A fracção remanescente (50%) corresponderia a CO_2 essencialmente biogénico.

Um outro processo envolvido na mineralização da água em estudo resulta da alteração dos minerais constituintes das rochas por acção da água. Como se referiu anteriormente, a dissolução dos aluminossilicatos conduz a um aumento de pH, devido ao consumo de CO_2 e a consequente produção das espécies de carbono combinado (bicarbonato e carbonato). Por exemplo, a dissolução incongruente da albite coloca em solução o sódio e a sílica e incrementa os teores de bicarbonato, de acordo com a equação (Clark e Fritz, 1997):

$$NaAlSi_3O_8 + CO_2 + \tfrac{11}{2}H_2O \rightarrow Na^+ + \tfrac{1}{2}Al_2Si_2O_5(OH)_4 + 2H_4SiO_4^0 + HCO_3^- \quad (43)$$

Nesta reacção, a espécie de neoformação é a caulinite ($Al_2Si_2O_5(OH)_4$), mas, em função da intensidade da hidrólise, poderão formar-se esmectites (no caso de desalcalinização e dessilificação parciais) ou gibsite (se ocorrer desalcalinização e dessilificação totais). Em qualquer dos casos, o sódio e o silício são parcial ou totalmente colocados em solução. Além disso, a solubilidade da albite (e de outros aluminossilicatos) é directamente proporcional à pressão parcial de CO_2, o que favorece a hipótese da existência de dióxido de carbono em profundidade, o qual promoveria a dissolução destes minerais, aumentando a concentração de sódio na água (Calado, 2001). Com efeito, o sódio surge na água mineral em estudo em concentrações (172 mg/L) muito superiores à média das águas subterrâneas não minerais (8,1 mg/L). No entanto, para aquele autor, estas concentrações elevadas estão relacionadas com soluções hidrotermais e não podem ser explicadas unicamente por interacção água-rocha. Não obstante, este processo coloca potencialmente em solução elementos como o sódio, o cálcio, o potássio, o ferro, o magnésio e o silício, entre outros. O alumínio tende a ser incorporado nos minerais de neoformação, como as esmectites, a caulinite e a gibsite, surgindo na água em concentrações muito baixas.

Entre os elementos antes referidos, o ferro e o magnésio, presentes em minerais como a biotite, ocorrem na água em estudo em concentrações anormalmente baixas. Aliás, o ferro surge invariavelmente em concentrações não quantificáveis, inferiores a 0,01 mg/L. Este facto está relacionado com a sua remoção da água, devido à precipitação de pirite, fenómeno favorecido pelo carácter redutor da água e pela presença de espécies de enxofre reduzido (Hounslow, 1995). Ambos os elementos são também incorporados em determinados minerais secundários, como as esmectites.

Um outro elemento que surge na água em concentrações relativamente baixas, quando comparadas com as do sódio (172 mg/L em AC1A), é o cálcio (6,20 mg/L em AC1A), não obstante a sua superioridade em relação à média das águas subterrâneas não minerais. Com efeito, atendendo à composição química e mineralógica dos granitos regionais, a alteração destas rochas deveria colocar em solução, para além do sódio, também outros elementos como o cálcio. As baixas concentrações relativas deste elemento na água mineral em estudo poderiam ser explicadas pela precipitação de calcite ($CaCO_3$) e fluorite (CaF_2), duas espécies minerais frequentemente encontradas em emergências de águas sulfúreas em relação às quais a água se encontra, à temperatura de emergência, saturada, ou mesmo, sobressaturada. Além disso, fenómenos de troca catiónica poderiam também explicar, simultaneamente, os teores reduzidos de magnésio e cálcio e, em parte, os teores elevados de sódio na água mineral. No entanto, Calado (2001) justifica estes teores de sódio a partir de vapores que se libertariam de um magma alcalino em fase de arrefecimento.

À semelhança do sódio, também o cloro surge na água em estudo em concentrações muito superiores às das águas subterrâneas não minerais. Aliás, estes são indiscutivelmente os dois elementos mais abundantes nesta água mineral e constituem, portanto, a matriz química da sua estrutura principal. Pelo seu carácter conservativo, o cloreto é considerado um dos melhores traçadores no estudo dos mecanismos e processos envolvidos na mineralização das águas subterrâneas. Lima (2001) mostra que as ocorrências hidrominerais da região do Minho apresentam concentrações de cloreto de acordo com um padrão semelhante ao da distribuição da composição deste constituinte na precipitação atmosférica regional, admitindo uma origem comum do cloreto nos dois tipos de água. Porém, o autor salienta que as concentrações de cloreto encontradas em algumas águas minerais, de uma forma particular a de Caldas da Saúde, dificilmente seriam explicadas por simples concentração por evaporação da água da precipitação. Para além deste processo, tais concentrações resultariam da interacção água-rocha, nomeadamente da dissolução de minerais acessórios presentes nos granitos, como a apatite. Neste sentido, a relação cloreto/brometo tem sido usada como indicador das fontes de mineralização das águas minerais. Assim, na ausência de importante interacção água-rocha, a proporção Cl^-/Br^- na água do mar (~288) deverá conservar-se nas águas subterrâneas. Na precipitação regional, esta relação é ainda superior (Oliveira e Lima, 2007a,b). Nas rochas granitóides, a relação entre estes dois constituintes está normalmente compreendida entre 100 e 80. Estes dois halogéneos são importantes constituintes traço nas rochas ígneas e metamórficas, podendo estar associados à própria estrutura dos minerais, nas inclusões fluidas e nas superfícies de contacto entre os diferentes cristais constituintes das rochas. Por isso, a interacção água-rocha fará baixar o valor da relação nas águas subterrâneas (Stober e Bucher, 1999). Com base nos dados composicionais da água da captação AC1A, o valor da razão Cl^-/Br^- é de 117, ou seja, muito inferior ao valor relativo à da água do mar (288), mas próximo dos valores típicos nos granitos, o que realça a importância da interacção água-rocha na mineralização da água mineral natural em estudo.

A origem do cloro nas águas subterrâneas pode também ser inferida a partir do estudo dos seus isótopos estáveis. O cloro tem dois isótopos estáveis, ^{35}Cl e ^{37}Cl, com abundâncias relativas de 75,77% e 24,23%, respectivamente (Emsley, 1998). Pelo seu carácter conservativo e natureza inorgânica, o cloreto apresenta um fraccionamento isotópico devido essencialmente a processos físicos, tais como a difusão e a evaporação (Clark e Fritz, 1997).

São exíguos os estudos sobre a composição isotópica ($\delta^{37}Cl$) das rochas e das águas. Os dados disponíveis mostram uma grande variabilidade composicional, mas observam-se várias sobreposições nos diferentes reservatórios (Figura 79). As águas subterrâneas apresentam composições que, de um modo geral, variam entre -1,5‰ e 1,5‰ SMOC. A própria água do mar mostra uma certa variação, a qual é função da sua salinidade (Clark e Fritz, 1997). O teor isotópico da água mineral natural de Caldas da Saúde (-0,04‰ SMOC) é muito próximo do padrão, deixando em aberto as diversas hipóteses sobre a origem do cloro na água mineral. No entanto, comparticipações profundas não parecem compatíveis com a assinatura isotópica da água mineral natural, já que a fonte mantélica dos basaltos da crista média oceânica tem um teor isotópico igual ou inferior a -1,6‰ SMOC (Bonifacie et al., 2008). Por isso, admite-se uma origem mista para as elevadas concentrações de cloreto na água mineral

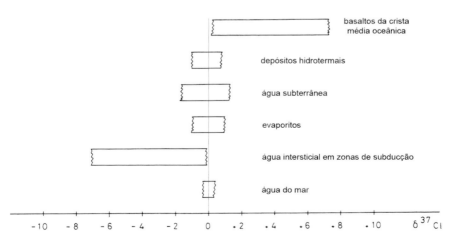

Figura 79: Composição isotópica ($\delta^{37}Cl$) de algumas águas e rochas. A linha vertical representa a composição da água mineral natural de Caldas da Saúde. Adaptado de Hoefs (1997).

em estudo. Por um lado, a comparticipação da própria água da precipitação e da sua concentração durante a infiltração; por outro lado, a dissolução de minerais como a apatite ao longo do circuito hidromineral.

Tal como o cloro, também o flúor ocorre na água mineral em estudo em concentrações anormalmente elevadas (19,8 mg/L em AC1A). Concentrações desta ordem de grandeza são mais características de águas de regiões vulcânicas (Nicholson, 1993). Os teores de fluoreto nas águas subterrâneas estão normalmente controlados pela dissolução da fluorite (CaF_2), o que está de acordo com o estado de saturação da água em estudo à temperatura de emergência (Figura 80).

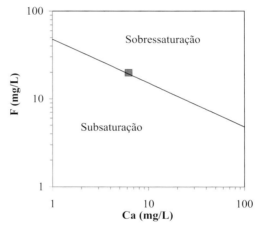

Figura 80: Solubilidade da fluorite a 25 °C e 1 bar e projecção da composição da água da captação AC1A. Valor de $K_{fluorite}$ ($10^{-9,8}$) obtido em Krauskopf e Bird (1995).

A origem do fluoreto na água deverá estar relacionada com o processo de interacção água-rocha, nomeadamente a dissolução de fluorite, apatite e micas ou, como sugere Calado (2001), "em vapores que se libertam de um magma em arrefecimento". Esta última hipótese necessita ainda de mais argumentos, mas é certo que o fornecimento contínuo de flúor a partir de uma fonte profunda explicaria, não só os teores elevados deste elemento na água em estudo (e em outras águas sulfúreas), mas também as baixas concentrações de cálcio, devido à precipitação de fluorite, desencadeada por um excesso de flúor (Figura 80).

Um dos temas mais estudados e controversos no domínio das águas sulfúreas tem a ver com a presença de formas reduzidas de enxofre e a sua origem. De facto, como se viu oportunamente, na água mineral em estudo o enxofre surge essencialmente em dois estados de oxidação distintos (S^{2-} e S^{6+}), a que correspondem fundamentalmente duas espécies químicas diferentes, o hidrogenossulfureto (HS^-) e o sulfato (SO_4^{2-}). Na primeira destas espécies (HS^-) o enxofre está no seu estado mais reduzido, o que não é frequente em águas de maciços graníticos. No mesmo estado reduzido encontra-se o enxofre no gás sulfídrico (H_2S), sendo o equilíbrio entre as duas espécies determinado pelo pH das soluções (Figura 28). Para os valores de pH da água mineral em estudo (8,74 em AC1A), a espécie iónica (HS^-) domina em relação à espécie gasosa (H_2S). No entanto, esta está também presente (embora em muito baixas concentrações), como facilmente se reconhece a partir do seu odor característico.

Sobre a origem do enxofre reduzido nas águas sulfúreas, Calado (2001) apresenta as seguintes quatro hipóteses:

1. Redução de sulfatos;
2. Dissolução de sulfuretos;
3. Fusão de pirite em profundidade;
4. Ascensão de gás sulfídrico a partir do manto.

De acordo com as duas primeiras hipóteses, o enxofre reduzido estará relacionado com o processo de interacção água-rocha. As restantes duas hipóteses apelam à fusão de rocha e, portanto, à presença de magma.

De acordo com Calado (2001), a redução de sulfatos, quer ocorra a partir da oxidação da matéria orgânica, quer por mediação microbiana, não parece constituir a hipótese mais plausível para a ocorrência de enxofre reduzido na água mineral em estudo. Com efeito, considerando que o circuito hidromineral está circunscrito ao maciço granítico, a inexistência de matéria orgânica em profundidade inviabilizaria tal processo. Além disso, atendendo à temperatura da água em profundidade (provavelmente superior a 100 °C) e à pressão, não parecem estar reunidas as condições para o desenvolvimento dos microrganismos capazes de reduzirem o enxofre (Calado, 2001). No entanto, esta questão necessita de ser melhor estudada, até porque têm sido identificadas espécies microbianas termófilas em nascentes termais, nomeadamente bactérias dos géneros *Thermodesulfobacterium*, *Thermodesulfovibrio* e *Thermodesulfobium* e arqueobactérias dos géneros *Archaeglobus* e *Caldivirga* (Konhauser, 2007).

A dissolução da pirite pode ser escrita através da seguinte equação (Boulegue, 1982):

$$FeS_2 + H_2O \rightarrow FeS + 3/4\ HS^- + 1/4\ SO_4^{2-} + 5/4\ H^+ \qquad (44)$$

De acordo com esta equação, o hidrogenossulfureto (HS-) poderia ter origem na dissolução de sulfuretos, como a pirite. Contudo, na opinião de Calado (2001), esta hipótese é pouco provável já que, para justificar os teores de HS- de algumas águas sulfúreas, seriam necessárias quantidades de pirite incompatíveis com a sua abundância nas rochas graníticas.

Alternativamente, aquele autor considera mais viáveis as hipóteses de origem profunda do enxofre, quer através da fusão de pirite, quer pela ascensão de gás sulfídrico proveniente do manto.

O recurso às técnicas isotópicas poderá contribuir para esclarecer a questão da origem do enxofre reduzido na água mineral em estudo. O enxofre tem quatro isótopos estáveis (^{32}S, ^{33}S, ^{34}S e ^{36}S), com abundâncias relativas de 95,02%, 0,75%, 4,21% e 0,02%, respectivamente (Emsley, 1998). Na Figura 81 apresenta-se a composição isotópica de algumas rochas e da água do mar. Os teores são expressos em relação ao padrão CDT (Cañon Diablo Troilite). As diferentes rochas consideradas apresentam grande variabilidade isotópica, à excepção dos basaltos, cujos teores caem numa gama mais restrita, variando sensivelmente entre 0‰ e 5‰ CDT. A água do mar possui actualmente um teor isotópico de 21‰ CDT (Figura 81).

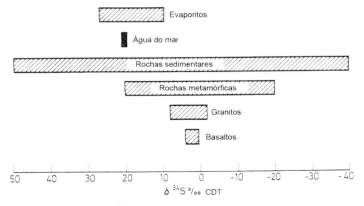

Figura 81: Teores de $\delta^{34}S$ em diferentes tipos de rochas e na água do mar. Adaptado de Hoefs (1997).

As variações isotópicas do enxofre são devidas a dois mecanismos de fraccionamento. O mais importante é o efeito cinético relacionado com a redução bacteriana de sulfatos. O segundo mecanismo prende-se com as reacções de troca entre sulfatos e sulfuretos (Hoefs, 1997).

Como se viu anteriormente, são diversos os géneros de bactérias capazes de obterem a sua energia por via anaeróbia, oxidando matéria orgânica através da redução de sulfatos. Este processo pode esquematizar--se pelas seguintes reacções (Clark e Fritz, 1997):

$$2CH_2O + SO_4^{2-} \rightarrow 2HCO_3^- + H_2S \tag{45}$$

$$CH_4 + SO_4^{2-} \rightarrow HCO_3^- + HS^- + H_2O \tag{46}$$

Na primeira reacção (45) seria produzido o gás sulfídrico que, em função do pH, seria transformado em hidrogenossulfureto. Além disso, seria também produzido bicarbonato. A segunda reacção (46) explicaria a formação directa de hidrogenossulfureto a partir da oxidação do metano, ou seja, carbono no seu estado mais reduzido. Também nesta reacção seria produzido bicarbonato.

Nestas reacções, o fraccionamento isotópico ocorre devido à maior facilidade de quebra da ligação [32]S-O, relativamente à ligação [34]S-O (Clark e Fritz, 1997). Como resultado, o sulfato remanescente vai ficando enriquecido em isótopo pesado, enquanto o sulfureto produzido (H_2S ou HS[-]) estaria empobrecido em [34]S.

O fraccionamento isotópico associado ao processo antes descrito apresenta algumas diferenças, em função das reacções ocorrerem em sistema aberto ou em sistema fechado. No primeiro caso, o sulfureto produzido é extremamente empobrecido em isótopo pesado mas o teor isotópico do sulfato permanece praticamente inalterado, devido ao aporte contínuo de sulfato. Num sistema fechado, o sulfato remanescente vai ficando enriquecido em isótopo pesado. Na Figura 82 ilustra-se o fraccionamento isotópico do enxofre durante a redução microbiana de sulfatos em sistema fechado. Para o efeito foi considerado um factor de fraccionamento de 1,025 e um teor inicial de $\delta^{34}S$ no sulfato de 10‰ CDT (Hoefs, 1997). Como se observa, à medida que a fracção remanescente de sulfato diminui, o teor isotópico do sulfureto aproxima-se assimpto-ticamente da composição inicial do sulfato.

Na água mineral natural de Caldas da Saúde, o teor de $\delta^{34}S$ no sulfato é de 22,6‰ CDT, verificando-se um forte empobrecimento em isótopo pesado no sulfureto da mesma água, cujo teor é de -3,0‰ CDT. Considerando o teor isotópico dos sulfatos e aplicando o modelo de fraccionamento expresso na Figura 82, obtém-se um teor isotópico no sulfureto muito semelhante ao valor determinado experimentalmente. Estes dados são compatíveis com a hipótese da proveniência do hidrogenossulfureto a partir da redução de sulfatos.

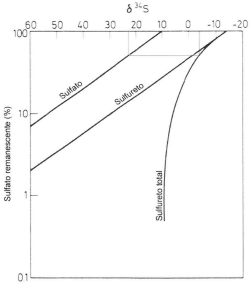

Figura 82: Fraccionamento isotópico do enxofre durante a redução de sulfatos em sistema fechado, assumindo um factor de fraccionamento de 1,025 e uma composição isotópica inicial do sulfato de 10‰. Assinala-se a composição isotópica do sulfato e do sulfureto da água mineral de Caldas da Saúde. Adaptado de Hoefs (1997).

Ao contrário do processo bacteriano, a redução termoquímica de sulfatos não implica um fraccionamento isotópico significativo entre o sulfato e o sulfureto (Hoefs, 1997), sendo, por isso, de excluir esta hipótese na água mineral em estudo.

A hipótese da origem mantélica do hidrogenossulfureto não parece encontrar, ao nível isotópico, argumentos de sustentação. Com efeito, a composição isotópica do sulfureto da água mineral em estudo (-3,0‰ CDT) mostra um empobrecimento em relação à composição do enxofre magmático, que se aproxima do padrão, ou seja, apresenta um teor de aproximadamente 0‰ CDT (Clark e Fritz, 1997). No entanto, Calado (2001) sugere que o empobrecimento da espécie hidrogenossulfureto (HS⁻) em relação ao gás magmático (H_2S) poderia resultar do fraccionamento isotópico associado à dissociação da espécie gasosa, embora considere que o factor de fraccionamento não justificaria aquelas diferenças. Desta forma, aquele autor admite como explicação mais provável o fraccionamento decorrente da precipitação de pirite, que mobilizaria preferencialmente o isótopo pesado, conduzindo ao enriquecimento em isótopo leve do sulfureto em solução. Simultaneamente, este processo de precipitação explicaria também as baixas concentrações de ferro.

Em relação ao sulfato, poder-se-ia considerar que a sua origem estivesse relacionada com a oxidação do sulfureto, como aliás sugere Calado (2001), mas, como salienta este autor, não é fácil identificar o agente oxidante. Além disso, o fraccionamento isotópico relacionado com a oxidação de sulfureto é consideravelmente inferior ao da redução de sulfato. Em condições aeróbias, o sulfato resultante fica empobrecido em isótopo pesado relativamente ao sulfureto. Pelo contrário, a oxidação anaeróbia do sulfureto pode enriquecer o sulfato, mas o factor de enriquecimento é baixo (Clark e Fritz, 1997). Como tal, independentemente da via seguida, a oxidação de sulfuretos não explicaria o teor isotópico do sulfato ($\delta^{34}S$ = 22,6‰ CDT) na água mineral de Caldas da Saúde, quando comparado com o seu teor do sulfureto ($\delta^{34}S$ = -3,0‰ CDT).

Como se depreende do exposto, é extremamente complexa a questão relacionada com a origem do enxofre reduzido na água. Mesmo que os dados isotópicos sejam compatíveis com a redução de sulfatos, fica por esclarecer a proveniência destes, já que os teores são substancialmente superiores às concentrações normais das águas regionais, não obstante uma destas águas apresentar um teor de enxofre total (2,10 mmol/L) superior ao da água mineral natural em estudo (1,017 mmol/L em AC1A). Há, por isso, a considerar ainda a possibilidade de mistura com águas salinas que penetraram nos granitos em tempos paleozóicos ou de intrusão recente, facilitada por fracturas transversais à costa, nomeadamente as de orientação ENE-WSW, que condicionam o traçado dos principais cursos de água regionais. A proximidade ao oceano Atlântico e as assinaturas isotópicas do sulfato e do cloro da água mineral natural apoiam esta hipótese, que explicaria também os teores elevados de outros elementos, como o cloro e o sódio.

Em síntese, poderá dizer-se que a mineralização da água mineral de Caldas da Saúde é anómala em termos regionais e, aparentemente, não pode ser explicada apenas pelos processos que governam a mineralização das restantes águas subterrâneas, nomeadamente a reacção da água com as rochas. Aliás, não obstante a consistência dos argumentos que sustentam esta hipótese, há outros indicadores da intervenção de processos exóticos ao sistema, já que a presença e concentração de alguns elementos na água mineral não parece explicável unicamente pela interacção água--rocha. Além disso, algumas evidências que sustentam este processo, nomeadamente as decorrentes da aplicação de técnicas isotópicas, não têm obrigatoriamente uma interpretação única. De facto, a assinatura isotópica desta água mineral não permite isolar o reservatório principal que lhe confere tais características, deixando em aberto um conjunto de possibilidades.

O modelo proposto por Calado (2001) para a origem das mineralizações incomuns das águas sulfúreas assenta no facto de que determinadas presenças e concentrações de elementos nestas águas não têm explicação num quadro geoquímico pouco profundo. Para este autor, as águas sulfúreas da Zona Centro Ibérica (onde se inclui a de Caldas da Saúde) fazem parte de um "sistema geotérmico de vapor dominante", ou seja, um sistema em que o enriquecimento da água subterrânea comum em determinadas espécies químicas resultaria da incorporação de vapores libertados por fluidos hidrotermais em profundidade. O processo magmático profundo estaria relacionado com a existência de uma pluma mantélica (hot-spot) sob a Zona de Galiza – Trás-os-Montes (ZGTM) que, apesar de ter abortado antes de se manifestar à superfície, estaria num processo de desgasificação suficiente para produzir CO_2 e, eventualmente, flúor. A mesma pluma mantélica induziria a fusão parcial de níveis crustais, gerando H_2S e outros voláteis que proporcionariam as mineralizações invulgares das águas sulfúreas.

No cenário anteriormente descrito, a ocorrência hidromineral de Caldas da Saúde estaria relacionada com uma zona profunda de "neutralização primária" (Giggenbach, 1988), mas relativamente distante da fonte mantélica, a qual se situaria por baixo da ZGTM. A ascensão dos voláteis seria favorecida pela fracturação profunda que terá controlado, primeiro, a instalação dos granitos hercínicos e, posteriormente, a instalação dos filões, uns de filiação basáltica e outros de filiação granítica. Assim, as mega-estruturas de direcção N-S a NNE-SSW seriam responsáveis pela ascensão dos fluidos profundos à escala regional. Atendendo ao campo de tensões regional actual (Cabral, 1993; Ribeiro *et al.*, 1996), estas fracturas dispõem-se perpendicularmente à tensão máxima horizontal, sendo retomadas como falhas inversas (em compressão). Mais à superfície, a circulação da água mineral estaria condicionada por fracturas conjugadas, em regime de tracção.

Uma outra hipótese para a origem do calor e, eventualmente, da mineralização da água mineral natural estará relacionada com o desenvolvimento de uma zona de subducção no limite entre a crosta adelgaçada, a oeste, e a crosta "normal" do Maciço Ibérico, a leste (Cabral, 1993).

Como se depreende do exposto ao longo deste capítulo, são múltiplas as hipóteses sobre a origem da mineralização da água mineral natural e os dados disponíveis não são ainda suficientes para dar preferência a uma, em detrimento das restantes. Não obstante, os processos comuns envolvidos na mineralização das águas subterrâneas estão, neste caso, bem marcados, particularmente no que respeita à reacção entre a água e as rochas. No entanto, como se enfatizou, estes processos dificilmente explicariam a mineralização inusitada desta água mineral, pelo que se aceita também a intervenção de fenómenos menos vulgares, concretamente a ascensão de fluidos profundos. As diversas técnicas aplicadas ao estudo desta água mineral natural e os dados daí obtidos não permitiram ainda o estabelecimento de um modelo suficientemente sólido, capaz de explicar inequivocamente todas as características físico-químicas da água. Não restam dúvidas de que se trata de um fluido invulgar no contexto regional, com uma estrutura química de base relativamente simples, mas de elevada complexidade em termos da sua composição global. Portanto, terá de admitir-se que tal complexidade não será provavelmente explicada pelos modelos simples relativos às águas subterrâneas comuns, conjecturando-se uma situação que encerra um conjunto de diversos mecanismos que, interagindo, proporcionam à água mineral as suas marcas singulares.

No futuro, o prosseguimento das investigações virá com certeza dar o seu contributo para a melhor compreensão do fenómeno, sendo certo que não existe nenhuma técnica que o possa vir a explicar de forma axiomática. De facto, a análise remota de fenómenos inacessíveis terá sempre de lidar com a incerteza das ilações o que, aliás, torna tão aliciantes as ciências naturais como a Hidrogeologia.

14. IDADE DA ÁGUA

A "idade" de uma água subterrânea corresponde ao tempo médio de residência da água no meio subterrâneo, ou seja, o intervalo de tempo que decorre entre a infiltração e a emergência, isto é, o tempo necessário para que a água efectue o percurso entre as áreas de recarga e de descarga. Como se viu oportunamente, a área de recarga do sistema hidromineral de Caldas da Saúde deverá circunscrever-se aos limites da bacia hidrográfica do Rio Pele. Por sua vez, e sem prejuízo do fluxo prosseguir parcialmente para jusante, a descarga do aquífero mineral ocorrerá essencialmente na zona da manifestação hidromineral, no próprio espaço da estância termal.

A datação das águas subterrâneas pode ser efectuada em termos relativos ou absolutos, estando as técnicas isotópicas entre as mais utilizadas neste processo, particularmente o estudo do decaimento dos radionuclídeos. O trítio (^3H) e o radiocarbono (^{14}C) são os isótopos mais frequentemente utilizados na datação de águas subterrâneas.

O trítio é usado para datar águas "modernas", ou seja, as que se infiltraram nas últimas décadas e que, por isso, fazem parte de um ciclo hidrológico recente. Aliás, este isótopo de hidrogénio tornou-se um padrão na definição de água "moderna", devido aos testes termonucleares que ocorreram entre 1951 e 1976 e que incrementaram de forma significativa a actividade do trítio na atmosfera (Clark e Fritz, 1997). Assim, o ano de 1951 constitui um marco na definição de água "moderna", considerando-se como tal toda a água subterrânea cuja recarga ocorreu após aquele ano.

Por processos naturais, o trítio é produzido pela interacção da radiação cósmica com os gases atmosféricos. Na reacção mais importante, um neutrão rápido (de nível energético superior a 4 MeV) interage com o azoto atmosférico, de acordo com a reacção (Clark e Fritz, 1997):

$$^{14}_{7}N \; + \; ^{1}_{0}n \; \rightarrow \; ^{12}_{6}C \; + \; ^{3}_{1}H \qquad (47)$$

Uma vez formado, o trítio combina-se com o oxigénio estratosférico originando moléculas de água, segundo a reacção (Clark e Fritz, 1997):

$$^{3}H + O_2 \; \rightarrow \; ^{3}HO_2 \rightarrow \; ^{1}H\,^{3}HO \qquad (48)$$

Desta forma, o trítio é o único radioisótopo que de facto permite datar a água. Os outros isótopos radioactivos que podem ser utilizados no processo de datação, como o ^{14}C, não fazem parte da molécula de água, ocorrendo na água como substâncias dissolvidas, cuja abundância está controlada por processos físico-químicos e biológicos.

O decaimento radioactivo do trítio segue uma lei exponencial a que corresponde um tempo de semi-vida de 4 500 dias ± 8 dias, ou seja, cerca de 12,32 anos (Lucas e Unterweger, 2000). Neste processo, o trítio transforma-se em hélio, por emissão beta, podendo a reacção escrever-se da seguinte forma (Clark e Fritz, 1997):

$$_1^3H \; \rightarrow \; _2^3He + \beta^- \tag{49}$$

A concentração de trítio é normalmente expressa em unidades de trítio (UT). Uma UT corresponde a um átomo de trítio por 10^{18} átomos de hidrogénio, sendo equivalente a 0,118 Bq/kg ou a 3,19 pCi/kg. Por sua vez, um Bq (becquerel) equivale a uma desintegração por segundo.

A actividade do trítio na precipitação é muito baixa e representa um equilíbrio secular entre a produção natural e o somatório do decaimento na atmosfera e as perdas para rios e oceanos. As taxas de produção de trítio e a sua actividade na precipitação dependem da latitude geomagnética, sendo mais elevadas em altas latitudes. Em latitudes intermédias, a actividade do trítio na precipitação, resultante de processos naturais, é inferior a 10 UT e situa-se, em termos gerais, em torno das 5 UT.

Os testes nucleares levados a cabo pelo Reino Unido, pelos Estados Unidos e pela ex-URSS, no período de 1951 a 1963, injectaram na atmosfera grandes quantidades de isótopos radioactivos, como o trítio (^3H) e o radiocarbono (^{14}C). Nestes testes foram libertadas para a atmosfera mais de duas centenas de TBq (10^{12} Bq) de trítio, o que provocou um aumento exponencial de trítio na precipitação (Figura 83). As quantidades libertadas nos testes realizados pela China e pela França no decénio de 1967 a 1976 foram muito inferiores e, por isso, não tiveram o mesmo impacto nos níveis de trítio na precipitação (Figura 83). Não obstante, a contaminação da precipitação manteve-se por mais de quatro décadas, tendo provavelmente atingido nos dias de hoje níveis equivalentes à época pré-testes.

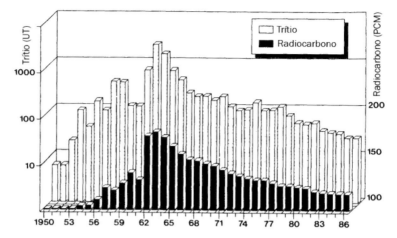

Figura 83: Actividades do trítio na precipitação e do radiocarbono no dióxido de carbono atmosférico na Europa Central, entre 1950 e 1986. Adaptado de Dubinchuk *et al.* (1989).

Além dos ensaios nucleares, há produção de trítio de origem antrópica nos núcleos dos reactores em centrais nucleares mas, em condições de normal funcionamento, as quantidades libertadas para a atmosfera não são muito significativas, sendo comparáveis às libertadas em pequenos ensaios nucleares (Clark e Fritz, 1997).

Como se viu anteriormente, a origem natural do trítio na atmosfera e, consequentemente, na precipitação está relacionada com a produção de neutrões pela radiação cósmica e com a sua interacção com o azoto atmosférico. No entanto, ainda por processos naturais, há também fluxo de neutrões no meio subterrâneo, devido à fissão nuclear espontânea do urânio e do tório. Assim, em rochas com quantidades apreciáveis de lítio, estes neutrões promovem a formação de trítio, através da cisão do ^6Li, com emissão de partículas alfa, como ilustra a reacção (Clark e Fritz, 1997):

$$^6Li + n \rightarrow {}^3H + \alpha \qquad (50)$$

Este trítio geogénico pode ser incorporado directamente nas águas subterrâneas, onde a sua concentração dependerá essencialmente do teor de lítio nas rochas. Contudo, dado o curto tempo de semi-vida e a baixa produção, a actividade de trítio geogénico nas águas subterrâneas é, normalmente, insignificante, embora em áreas com determinadas especificidades geológicas possam ocorrer níveis bastante elevados. Constituem exemplos alguns depósitos uraníferos, onde a actividade do trítio pode ser superior a 250 UT (Clark e Fritz, 1997).

Considerando o atrás exposto, poderá admitir-se que a presença de trítio nas águas subterrâneas se deve quase exclusivamente a processos cosmogénicos e termonucleares. Como tal, a actividade do trítio nas águas subterrâneas poder ser utilizada para determinar as épocas de recarga. Assim, uma água infiltrada antes do início dos testes nucleares (o primeiro grande teste ocorreu em 1952) deverá apresentar uma actividade de trítio praticamente nula. Com efeito, se admitirmos que a concentração natural de trítio na precipitação é de 10 UT e que a água se infiltrou no final de 1951, actualmente esta água teria uma actividade de trítio ligeiramente inferior a 0,4 UT, ou seja, seria praticamente indetectável pelas técnicas analíticas mais comuns. De acordo com o raciocínio exposto, uma água que apresente uma actividade de trítio inferior a 0,4 UT terá sido infiltrada antes de 1952. Pelo contrário, águas com actividades superiores àquele valor serão consideradas modernas, podendo concluir-se que a sua recarga é relativamente recente, posterior a 1952. Como tal, a aplicação do trítio na datação de águas subterrâneas assume um carácter qualitativo, não sendo possível efectuar interpretações quantitativas relativamente aos tempos médios de residência das águas no meio subterrâneo (Clark e Fritz, 1997).

A actividade do trítio na água mineral natural de Caldas da Saúde é praticamente nula, o que é compatível com uma recarga anterior a 1952. No entanto, tal como se enfatizou anteriormente, não é possível fazer uma estimativa quantitativa da idade da água, com base apenas nestes resultados. Além disso, atendendo a que a actividade do trítio na precipitação regional é actualmente relativamente baixa, não é possível afirmar inequivocamente que a infiltração desta água é anterior a 1952, embora seja altamente provável. Com efeito, em águas subterrâneas não minerais da região do Minho foram identificadas actividades de trítio que atingem as 6,5 UT e, em todos os casos, as actividades alcançam níveis detectáveis pelos métodos analíticos convencionais.

Em face do exposto, poderá dizer-se que a água mineral em estudo deverá ter uma recarga anterior a 1952, não devendo, por isso, ser considerada uma água moderna, mas antes uma água submoderna. Além disso, é possível também concluir sobre a inexistência de fenómenos de mistura com águas modernas. Neste sentido, na tentativa de obter uma idade absoluta para esta água é necessário recorrer a outros isótopos, nomeadamente ao radiocarbono (^{14}C). Embora o carbono não faça parte da molécula de água, ele está praticamente presente em todas as águas subterrâneas sendo, aliás, um dos seus constituintes principais dissolvidos, quer sob a forma inorgânica (CID), quer sob a forma orgânica (COD).

Pelo seu longo tempo de semi-vida (5 730 anos), o radiocarbono é utilizado para datar paleoáguas, isto é, águas com tempos de residência no meio subterrâneo da ordem dos milhares de anos.

Como vimos em relação ao trítio, também o radiocarbono é produzido através da radiação cósmica, na parte superior da atmosfera, devido ao bombardeamento dos átomos de azoto por neutrões secundários (Clark e Fritz, 1997):

$$^{14}_{7}N + {}^{1}_{0}n \rightarrow {}^{14}_{6}C + {}^{1}_{1}p \qquad (51)$$

Este ^{14}C oxida para dióxido de carbono ($^{14}CO_2$) e mistura-se com os gases atmosféricos, daí resultando um fluxo constante de $^{14}CO_2$ para a troposfera, podendo dissolver-se nos oceanos, nas águas superficiais e nas águas subterrâneas, ou ser incorporado nos tecidos vegetais durante a fotossíntese. A maior parte do ^{14}C das águas subterrâneas é introduzido a partir do CO_2 do solo, o qual está em constante troca com o CO_2 atmosférico. Desta forma, a actividade do ^{14}C nas águas subterrâneas é semelhante à do dióxido de carbono atmosférico (Mazor, 1991). Por sua vez, a decomposição vegetal e a respiração devolvem a maior parte do carbono à atmosfera. Esta acumulação de $^{14}CO_2$ na troposfera, nas águas e nos tecidos vivos é compensada essencialmente pelo decaimento radioactivo do ^{14}C e pela incorporação de carbono em carbonatos marinhos, dando origem a um "equilíbrio secular" bastante consistente para períodos de tempo relativamente curtos, da ordem das dezenas ou centenas de anos (Clark e Fritz, 1997). Este equilíbrio mantém uma actividade específica de $^{14}CO_2$ atmosférico de aproximadamente 13,56 desintegrações por minuto por grama de carbono, a que corresponde cerca de um átomo de ^{14}C por 10^{12} átomos de carbono total.

Ao contrário do trítio, a actividade do radiocarbono é referida em relação a um padrão internacional (ácido oxálico) denominado "carbono moderno" (Cm), pelo que as actividades do ^{14}C medidas são expressas em percentagem de carbono moderno (pCm). Dado que o ^{14}C sofre fraccionamento isotópico em diversos processos orgânicos e inorgânicos (tal como os isótopos estáveis), as actividades de ^{14}C medidas devem ser normalizadas para um valor comum de $\delta^{13}C$ de -25‰. Uma vez que o factor de fraccionamento do ^{14}C é 2,3 vezes superior ao do ^{13}C, a actividade do ^{14}C deve ser corrigida tendo em conta também este valor de enriquecimento (Clark e Fritz, 1997).

A datação com base no radiocarbono baseia-se na perda do radionuclídeo parental numa dada amostra e pressupõe dois aspectos fundamentais. O primeiro é o de que a sua concentração (actividade) inicial é conhecida e que a mesma permaneceu constante no passado. No segundo aspecto pressupõe-se que o sistema é fechado, ou seja, não há ganhos nem perdas de radionuclídeo parental, para além da diminuição resultante do próprio decaimento radioactivo. Se estas duas condições se verificarem, a idade é determinada com bastante precisão através da avaliação da perda de radionuclídeo parental, de acordo com a sua taxa de decaimento, cuja equação pode ser escrita da seguinte forma:

$$a_t = a_o \cdot e^{-\lambda t} \tag{52}$$

onde a_o representa a actividade inicial do radionuclídeo e a_t a sua actividade após um tempo, t. A constante de decaimento, λ, pode ser determinada com base no tempo de semi-vida que, no caso do ^{14}C, é de 5 730 anos. Assim:

$$\frac{a_o}{2} = a_o \cdot e^{-\lambda \cdot 5730} \Leftrightarrow \lambda = \frac{\ln 2}{5730} \Leftrightarrow \lambda = 1,20968 \times 10^{-4} \ ano^{-1} \tag{53}$$

Por sua vez, o tempo (idade) pode ser determinado pela expressão:

$$t = -8267 \cdot \ln \left(\frac{a_t \ ^{14}C}{a_o \ ^{14}C} \right) \tag{54}$$

Como se disse anteriormente, a forma usual de exprimir a actividade do ^{14}C é em percentagem (pCm) relativamente à actividade inicial, a qual, nesta acepção, é de 100%. Como tal, de acordo com esta terminologia, a expressão anterior pode escrever-se:

$$t = -8267 \cdot \ln \left(\frac{\text{pCm}_{amostra}}{100} \right) \tag{55}$$

Graficamente e de forma simplificada, a idade pode ser determinada utilizando o diagrama da Figura 84. Assim, conhecida a actividade do ^{14}C de uma amostra e projectada no eixo das ordenadas, poderá ver-se a correspondente idade no eixo das abcissas, utilizando a curva de decaimento.

O potencial de datação do método do radiocarbono está, em primeira análise, limitado, não só pelos pressupostos antes referidos, mas também pela precisão analítica e pelo limite de detecção. No caso das águas subterrâneas, devido também a outras restrições, a datação está normalmente limitada a 30 000 anos (Clark e Fritz, 1997).

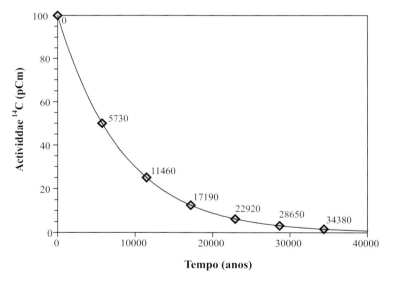

Figura 84: Curva de decaimento do ^{14}C, de acordo com um tempo de semi--vida ($t_{1/2}$) de 5 730 anos. Estão assinaladas as idades correspondentes a t_0, $t_{1/2}$, $t_{1/4}$, $t_{1/8}$, $t_{1/16}$, $t_{1/32}$ e $t_{1/64}$, ou seja, até seis tempos de semi-vida.

Como se referiu anteriormente, um dos problemas relacionados com a datação por radiocarbono prende-se com o conhecimento da sua actividade inicial. De facto, a produção de ^{14}C está dependente do fluxo de neutrões secundários originados pela radiação cósmica, o que determina variações da actividade do ^{14}C atmosférico ao longo do tempo. A Figura 85 mostra a variação da actividade do radiocarbono atmosférico nos últimos 35 000 anos, onde se realça a variação durante o Holocénico, época em que a actividade do ^{14}C apresenta uma variação superior a 10%. Estas variações têm repercussões a nível das datações baseadas no radiocarbono.

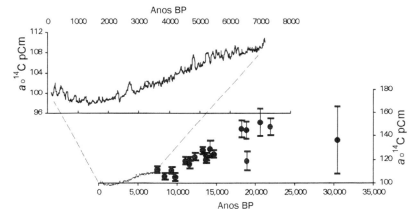

Figura 85: Variação da actividade do ^{14}C atmosférico nos últimos 35 000 anos, deduzida a partir de dados dendocronológicos. Anos BP (*Before Present*) refere-se a anos anteriores a 1950. Adaptado de Clark e Fritz (1997).

Além da variação natural da actividade do ^{14}C atmosférico, há ainda a considerar o efeito antropogénico, sobretudo no último século, devido à utilização dos combustíveis fósseis, que veio diluir em cerca de 25% a actividade do ^{14}C atmosférico (Clark e Fritz, 1997), já que o CO_2 resultante das combustões não contém radiocarbono. Pelo contrário, e ainda devido à influência antrópica, os testes nucleares aumentaram de forma significativa a actividade do ^{14}C atmosférico (Figura 83). No entanto, ambos os efeitos antropogénicos não são relevantes a nível das paleoáguas, tendo apenas repercussões em sistemas hidrogeológicos recentes.

Mas as dificuldades em utilizar o radiocarbono na datação de águas subterrâneas não se limitam à definição da sua actividade na origem. De facto, como se referiu anteriormente, uma das situações mais complexas no processo de datação prende-se com a verificação da condição da ausência de trocas com o exterior. Ao longo do percurso da água no meio subterrâneo há fenómenos de diluição ou perda de radiocarbono, destacando-se os decorrentes de reacções geoquímicas, nomeadamente a dissolução de minerais carbonatados, como a calcite e a dolomite. No caso da água mineral natural de Caldas da Saúde, atendendo aos mecanismos envolvidos na sua mineralização, colocam-se ainda outros problemas, particularmente o relativo à origem do carbono inorgânico dissolvido (CID) na água. Embora esta questão esteja ainda rodeada de grandes incertezas, admitiu-se que o CID poderia ter uma origem mista, equitativamente repartida pelas componentes biogénica e geogénica. Nesta situação, a actividade do radiocarbono na água está diluída em 50%, devido à incorporação de CO_2 profundo (mantélico), o qual não contém ^{14}C.

A actividade do ^{14}C na água mineral em estudo é de 2,76±0,27 pCm, sendo o seu teor de $\delta^{13}C$ de -13,94‰ VPDB. Normalizando aquele valor em relação ao padrão de -25‰ VPDB para o $\delta^{13}C$, obtém-se uma actividade de 2,68 pCm. Considerando a lei de decaimento radioactivo do ^{14}C e admitindo que a actividade do ^{14}C inicial na água de infiltração é de 100 pCm, obtém-se uma idade aparente de 29 921 anos BP. As idades mínima e máxima, atendendo ao erro analítico, seriam de 29 128 anos BP e 30 799 anos BP, respectivamente. Se admitirmos, como vimos anteriormente, que o CID desta água mineral natural corresponde à mistura de duas fontes de carbono, em proporções iguais, o tempo de permanência da água no meio subterrâneo seria de 24 191 anos. Portanto, em qualquer dos casos, a idade aparente da água em estudo é da ordem das dezenas de milhares de anos. Por isso, se este tempo for considerado exagerado, terá de se admitir que a comparticipação da fonte geogénica (profunda) de carbono é muito superior à da fonte biogénica. No entanto, o teor de $\delta^{13}C$ na água (-13,94 ‰ VPDB) não apoia esta hipótese, já que o carbono endógeno ou de origem magmática tem um teor de $\delta^{13}C$ de cerca de -6 ‰ VPDB (Geyh, 2000).

A idade da água estimada com base na actividade do radiocarbono poderá afastar-se de forma significativa da realidade, não só devido aos efeitos antes referidos, mas também como resultado de outros fenómenos que poderão contribuir para a perda ou diluição do ^{14}C, o que conduziria a valores excessivos. Entre eles citam-se a difusão de ^{14}C na matriz do aquífero, a redução de sulfatos e a metanogénese (Clark e Fritz, 1997). No presente caso, a redução de sulfatos poderá ter grande importância na diluição do ^{14}C, uma vez que se admitiu que o hidrogenossulfureto presente na água poderia estar relacionada com aquele processo. Salienta--se, portanto, que as estimativas apresentadas correspondem a idades não corrigidas. O cálculo de idades corrigidas implica a quantificação do chamado factor de diluição (que normalmente varia entre 0,5 e 1), tarefa extremamente complexa em diversos meios hidrogeológicos. Por isso, a idade determinada pela simples aplicação da lei de decaimento radioactivo é normalmente denominada idade radiométrica (^{14}C) convencional (Mook, 2000). Todavia, importa enfatizar que, mesmo aplicando um factor de diluição de 0,5, a idade corrigida seria de 24 191 anos BP, ou seja, 5 730 anos (um tempo de semi-vida) inferior à idade radiométrica.

Não obstante as incertezas associadas às estimativas efectuadas, poderá dizer-se que a água mineral natural de Caldas da Saúde possui um longo tempo de permanência no meio subterrâneo, possivelmente da ordem dos milhares de anos. Independentemente da idade absoluta da água, a sua recarga é, com toda a certeza, anterior a 1952 e não são identificados fenómenos de mistura com águas mais recentes.

Na classificação sugerida por Mook (2000), a água em estudo é considerada uma água fóssil ou muito antiga (Figura 86). Este tipo de água não contém trítio e a actividade do radiocarbono é também nula ou quase nula, pelo que a sua idade é de algumas dezenas de milhares de anos. No entanto, sublinha-se uma vez mais que a actividade do ^{14}C determinada nesta água poderá estar afectada por diversos fenómenos de diluição e perda de radiocarbono durante o percurso subterrâneo, conduzindo a estimativas por excesso. Contudo, independentemente da concentração de ^{14}C na água, a ausência de trítio permite concluir que não se trata de uma água recente, não sendo também de considerar a mistura de águas antigas com águas recentes (Figura 86).

As ilações antes apresentadas são ainda apoiadas pelos dados relativos à actividade do gás radão na água mineral natural em estudo e nas águas subterrâneas não minerais da região. Assim, enquanto a água da captação AC1A apresenta uma actividade de ^{222}Rn de 16,9 Bq/L, os níveis de ^{222}Rn de uma água subterrânea colhida num furo nas imediações da estância termal atingiram valores de, aproximadamente, 1 250 Bq/L, ou seja, 74 vezes superiores ao da água mineral natural. Este facto sugere que o tempo de permanência da água mineral no meio subterrâneo é muito superior ao da água não mineral e mostra a ausência de mistura dos dois tipos de água.

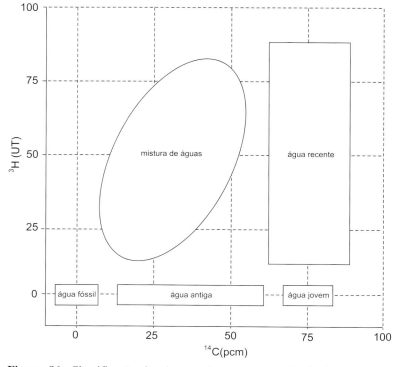

Figura 86: Classificação das águas subterrâneas em função dos teores em trítio e em radiocarbono. Adaptado de Mook (2000).

Em conclusão, os dados apresentados, não permitindo esclarecer cabalmente a questão relacionada com a idade da água mineral natural de Caldas da Saúde, convergem no sentido de a considerar uma água não recente, com longos tempos de residência no meio subterrâneo, os quais, não sendo inferiores a 60 anos, poderão mesmo atingir valores da ordem dos milhares de anos.

15. MODELO CONCEPTUAL

Um modelo conceptual é uma representação de conceitos e das suas inter-relações. Constitui a primeira etapa da modelação de um sistema e visa exprimir e clarificar o significado dos termos e conceitos usados.

Em hidrogeologia, os modelos conceptuais são frequentemente utilizados para descrever o funcionamento dos sistemas hidrogeológicos, nomeadamente no que se refere aos circuitos das águas subterrâneas e à sua interacção com o meio. Os elementos estruturantes destes modelos incluem dados de natureza geológico-estrutural, geomorfológica, hidrogeológica, hidrogeoquímica e geotermométrica (Lima e Oliveira, 2007).

Também no caso do sistema hidromineral de Caldas da Saúde, a conceptualização de um modelo hidrogeológico permitirá a integração de toda a informação apresentada e facilitará a compreensão dos mecanismos envolvidos na génese e composição da água mineral natural. Não obstante a incerteza subjacente a algumas interpretações efectuadas, propõe-se um modelo conceptual baseado numa origem exclusivamente meteórica da água mineral natural, assumindo-se válidas as principais ilações relativas às diferentes fases do circuito hidrogeológico, partindo da zona de recarga do sistema e terminando na área das emergências minerais. Como tal, preconiza-se o modelo de circulação que a seguir se descreve de forma sucinta e simplificada.

Tendo uma origem exclusivamente meteórica, o circuito hidrogeológico do sistema hidromineral de Caldas da Saúde tem início na infiltração da precipitação. Este fenómeno ocorre na chamada área de recarga, cuja altitude média é da ordem dos 250 m e deverá estar circunscrita à bacia hidrográfica do Rio Pele, particularmente aos seus sectores culminantes. A infiltração ocorre preferencialmente ao longo de fracturas, algumas de expressão regional, muitas das quais associadas à rede de drenagem.

Tratando-se de um meio granítico, a circulação subterrânea da água faz-se quase exclusivamente através das descontinuidades da rocha, ou seja, através das fracturas, razão pela qual os aquíferos associados a estes meios hidrogeológicos são usualmente denominados de aquíferos fracturados, como é o caso do aquífero mineral de Caldas da Saúde.

À medida que se infiltra e durante a sua percolação em profundidade, a água vai aquecendo e adquirindo mineralização, podendo atingir profundidades da ordem dos 2 500 m e temperaturas provavelmente não inferiores a 115 ºC.

A mineralização da água em estudo é anómala em termos regionais, não só devido às concentrações elevadas de alguns dos seus constituintes, mas também pela presença de espécies invulgares nas águas subterrâneas comuns dos granitos, destacando-se as formas reduzidas de enxofre. Como tal, a composição desta água não parece explicável unicamente pelos processos que governam a mineralização das restantes águas subterrâneas regionais, admitindo-se a intervenção de fenómenos menos vulgares, como a ascensão de fluidos profundos. O eventual processo magmático profundo gerador deste fluidos estaria relacionado com uma pluma mantélica que, abortando antes de se manifestar à superfície, estaria num processo de desgasificação, produzindo dióxido de carbono e flúor. Esta pluma induziria a fusão parcial de níveis crustais, gerando outros voláteis que proporcionariam a mineralização exótica da água, nomeadamente o sulfureto de hidrogénio, o cloreto de sódio, o boro e o bromo, entre outros.

O tempo de permanência desta água mineral no meio subterrâneo é seguramente muito superior ao das águas subterrâneas comuns. As técnicas convencionais de avaliação da idade da água convergem no sentido de a considerar uma água não recente. Não sendo inferiores a 60 anos, os tempos de residência da água no meio subterrâneo poderão atingir valores da ordem dos milhares de anos, tratando-se, provavelmente, de uma água fóssil.

A circulação de água em profundidade estará associada a uma rede de fracturas, de que se destacam as descontinuidades de direcção NE-SW a ENE-WSW, que constituirão os principais eixos colectores e de escoamento subterrâneo.

Por sua vez, a ascensão e emergência da água mineral parece estar relacionada com fracturação de orientação aproximada NNW-SSE, que constituirá a principal estrutura permeável, podendo a zona de contacto entre as duas fácies graníticas, com esta mesma orientação, ter também papel activo nos processos. O nó tectónico resultante da intersecção das famílias de fracturas antes referidas proporcionará uma área com permeabilidade acrescida, favorecendo a ascensão do fluido profundo. Este fluido será do tipo cloretado e apresentará uma mineralização muito superior à da água mineral natural tal como surge na emergência. Será, por isso, durante a ascensão que o fluido profundo ficará diluído por mistura com águas subterrâneas de circulação mais cortical, sem, contudo, perder a sua matriz cloretada. No entanto, as águas subterrâneas intervenientes no processo de mistura não são águas de infiltração recente.

O funcionamento do sistema hidromineral será assegurado por um mecanismo de convecção mista, envolvendo convecção simples e convecção forçada, esta última relacionada com o gradiente hidráulico criado entre as áreas de recarga e de descarga do sistema.

Na Figura 87 está representado, de forma esquemática e simplificada, o modelo conceptual do sistema hidromineral de Caldas da Saúde.

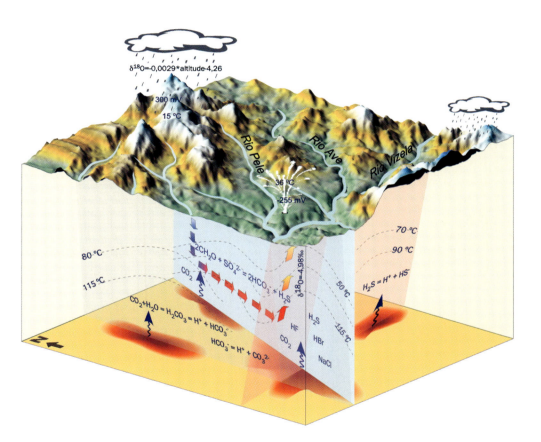

Figura 87: Estrutura conceptual do sistema hidromineral de Caldas da Saúde.

REFERÊNCIAS BIBLIOGRÁFICAS

Acciaiuoli, L. (1944a) – *Águas de Portugal: Minerais e de Mesa. História e Bibliografia*, II volume, Ministério da Economia, Direcção Geral de Minas e Serviços Geológicos, Lisboa, 254 p.

Acciaiuoli, L. (1944b) – *Águas de Portugal: Minerais e de Mesa. História e Bibliografia*, IV volume, Ministério da Economia, Direcção Geral de Minas e Serviços Geológicos, Lisboa, 353 p.

Acciaiuoli, L. (1952) – *Le Portugal Hydrominéral*. I Volume. Direction Générale des Mines et des Services Géologiques, Lisbonne, 284 p.

Acciaiuoli, L. (1953) – *Le Portugal Hydrominéral*. II Volume. Direction Générale des Mines et des Services Géologiques, Lisbonne, 574 p.

Albu, M.; Banks, D.; Nash, H. (1997) – Mineral and Thermal Groundwater Resources. In: *Mineral and Thermal Water Resources* (M.Albu, D. Banks, H. Nash (coords.), Chapman & Hall: 1-202.

Alexander, J.; Högberg, J.; Thomassen, Y.; Aaseth, J. (1988) – Selenium. In: *Handbook on Toxicity of Inorganic Compounds* (H. G. Seiler, H. Sigel and A. Siegel, Eds.), Marcel Dekker, Inc., New York, 581-594.

Almeida, L. C. L. (1990) – *Prospecção Geotérmica. Determinação de Gradientes Geotérmicos em Furos de Sonda*. INMG, Lisboa.

Almeida, F. M.; Moura, J. E. C. (1970) – *Carta das Nascentes Minerais de Portugal. Escala 1:1 000 000*. Serviços Geológicos de Portugal.

Aoba, T.; Fejerskov, O. (2002) – Dental Fluorosis: Chemistry and Biology. *Critical Reviews in Oral Biology and Medicine*, 13(2): 155-170.

Appelo, C. A. J.; Postma, D. (1994) – *Geochemistry, Groundwater and Pollution*. A. A. Balkema, Rotterdam, 536 p.

Aral, H.; Vecchio-Sadus, A. (2008) – Toxicity of Lithium to Humans and the Environment-A Literature Review. *Ecotoxicology and Environmental Safety*, 70: 349-356.

Arnold, W. (1988) – Arsenic. In: *Handbook on Toxicity of Inorganic Compounds* (H. G. Seiler, H. Sigel and A. Siegel, Eds.), Marcel Dekker, Inc., New York, 79-93.

Arnórsson, B. (1983) – Chemical Equilibria in Iceland geothermal Systems. Implications for Chemical Geothermometry Investigations. *Geothermics*, 12: 119-128.

Arnórsson, S.; Óskarsson, N. (2007) – Molybdenum and tungsten in volcanic rocks and in surface and <100 ºC ground waters in Iceland. *Geochimica et Cosmochimica Acta*, 71: 284-304.

Atkins, P. W. (1988) – *Physical Chemistry*. 3rd Ed., Oxford University Press, Oxford, 857 p.

ATSDR (Agency for Toxic Substances and Disease Registry) (2002) – Toxicological Profile for Beryllium (Update). U.S. Department of Health and Human Services, Public Health Service, Atlanta, GA.

Baes, C. F.; Mesmer, R. E. (1976) – *The Hydrolysis of Cations*. John Wiley and Sons, New York, 489 p.

Bailey, R. A.; Clark, H. M.; Ferris, J. P.; Krause, S.; Strong, R. L. (2002) – *Chemistry of the Environment*. Second Edition, Academic Press, 835 p.

Bartlett, J. D.; Dwyer, S. E.; Beniash, E.; Skobe, Z.; Payne-Ferreira, T. L. (2005) – Fluorosis: a New Model and New Insights. *Journal of Dental Research*, 84(9): 832-836.

Barzilay, J. I.; Weinberg, W. G.; Eley, J. (1999) – *The Water We Drink: Water Quality and its Effects on Health*. Rutgers University Press, New Jersey, 180 p.

Bear, J.; Jacobs, M. (1965) – On the movement of water bodies injected into aquifers. *Journal of Hydrology*, 3, nº 1: 37-57.

Berner, E. K.; Berner, R. A. (1987) – *The Global Water Cycle: Geochemistry and Environment*. Prentice Hall, 397 p.

Bertholf, R. L. (1988) – Zinc. In: *Handbook on Toxicity of Inorganic Compounds* (H. G. Seiler, H. Sigel and A. Siegel, Eds.), Marcel Dekker, Inc., New York, 787-800.

Bertholf, R. L.; Wills, M.; Savory, J. (1988) – Aluminum. In: *Handbook on Toxicity of Inorganic Compounds* (H. G. Seiler, H. Sigel and A. Siegel, Eds.), Marcel Dekker, Inc., New York, 55-64.

Bhatnagar, A.; Minocha, A. K., Pudasainee, D.; Chung, H.-K.; Kim, S.-H.; Kim, H.-S.; Lee, G.; Min, B.; Jeon, B.-H. (2008) – Vanadium Removal From Water by Waste Metal Sludge and Cement Immobilization. *Chemical Engineering Journal*, 144: 197-204.

Birch, N. J. (1988a) – Lithium. In: *Handbook on Toxicity of Inorganic Compounds* (H. G. Seiler, H. Sigel and A. Siegel, Eds.), Marcel Dekker, Inc., New York, 383-393.

Birch, N. J. (1988b) – Sodium. In: *Handbook on Toxicity of Inorganic Compounds* (H. G. Seiler, H. Sigel and A. Siegel, Eds.), Marcel Dekker, Inc., New York, 625-629.

Birch, N. J. (1988c) – Magnesium. In: *Handbook on Toxicity of Inorganic Compounds* (H. G. Seiler, H. Sigel and A. Siegel, Eds.), Marcel Dekker, Inc., New York, 397-403.

Birch, N. J.; Karim, A. R. (1988) – Potassium. In: *Handbook on Toxicity of Inorganic Compounds* (H. G. Seiler, H. Sigel and A. Siegel, Eds.), Marcel Dekker, Inc., New York, 543-547.

Blaney, H. F.; Criddle, W. D. (1950) – Determining Water Requirements in Irrigated Areas from Climatological and Irrigated Data. SCS, TP-96, August.

Bonifacie, M.; Jendrzejewski, N.; Agrinier, P.; Humler, E.; Coleman, M.; Javoy, M. (2008) – The Chlorine Isotope Composition of Earth's Mantle. *Science*, 319(5869): 1518-1520.

Boulegue, J. (1982) – Chimie et Origine du Soufre Dans les Eaux Thermominérales des Pyrénées-Orientales. *Presse Thermale et Climatique*, vol. 179, 2: 87-92.

Bulman, R. A. (1988) – Iodine. In: *Handbook on Toxicity of Inorganic Compounds* (H. G. Seiler, H. Sigel and A. Siegel, Eds.), Marcel Dekker, Inc., New York, 327-339.

Butler, E. C. V. (1999) – Iodine. In: *Encyclopedia of Geochemistry* (C. P. Marshall, R. W. Fairbridge, Eds.), Kluwer Academic Publishers, 341-342.

Cabral, J. (1993) – *Neotectónica de Portugal Continental*. Tese de Doutoramento, Departamento de Geologia, Faculdade de Ciências da Universidade de Lisboa, 418 p.

Calado, C. (2001) – *A Ocorrência de Água Sulfúrea Alcalina no Maciço Hespérico: Quadro Hidrogeológico e Quimiogénese*. Tese de Doutoramento, Universidade de Lisboa, 462 p.

Calado. C. (1992) – *Carta de Nascentes Minerais*. Atlas do Ambiente. Direcção-Geral dos Recursos Naturais, Lisboa.

Calado. C. (1995) – *Carta de Nascentes Minerais: Notícia Explicativa*. Atlas do Ambiente. Direcção-Geral do Ambiente, Lisboa, 37 p.

Calzado, L. E.; Gomez, C. O.; Finch, J. A. (2005) – Nickel Recovered from Solution by Oxidation Using Ozone: Some Physical Properties. *Minerals Engineering*, 18: 537-543.

Carneiro, A. L. (1931) – *As Águas Minerais das Caldas-da-Saúde*. Edição do Autor, Porto, 19 p.

Carneiro, A. L. (1962) – *As Caldas da Saúde: Elementos para uma Monografia*. Imprensa Portuguesa, Porto, 38 p.

Chapelle, F. H. (1997) – *The Hidden Sea. Ground Water, Springs, and Wells*. Geoscience Press, Inc., Tucson, 238 p.

Charlson, R.J., Rodhe, H. (1982) – Factors controlling the acidity of natural rainwater. *Nature*, 295: 683-685.

Clark, I.; Fritz, P. (1997) – *Environmental Isotopes in Hydrogeology*. Lewis Publishers, New York, 328 p.

Combs Jr., G. F. (2005) – Geological Impacts on Nutrition. In: *Essentials of Medical Geology : Impacts of the Natural Environment on Public Health* (O. Selinus, B. Alloway, J. A. Centeno, R. B. Finkelman, R. Fuge, U. Lindh, P. Smedley, Eds.), Elsevier Academic Press, 161-177.

Coplen, T. B. (1994) – Reporting of Stable Hydrogen, Carbon and Oxygen Isotopic Abundances. *Pure Appl. Chem.*, 66: 273-276.

Coplen, T. B.; Herczeg, A.; Barnes, C. (2001) – Isotope Engineering Using Stable Isotopes of the Water Molecule to Solve Practical Problems. In: *Environmental Tracers in Subsurface Hydrology* (P. Cook and A. L. Herczeg, Ed.), Kluwer Academic Publishers, Boston, 79-110.

Craig, H. (1961) – Isotopic Variations in Meteoric Waters. *Science*, 133: 1702-1703.

Custódio, E.; Llamas, M. R. (1983) – *Hidrologia Subterranea*. 2ª ed., Ed. Omega, 2 vols., 2359 p.

D'Amore, F.; Fancelli, R.; Caboi, R. (1987) – Observations on the Application of Chemical Geothermometers to Some Hydrothermal Systems in Sardinia. *Geothermics*, 16: 271-282.

Danese, A.; Parlante, C. M. (2008) – Mood (Affective) Disorders. *Medicine*, 36, 8: 410-414.

Davie, R. J.; Coleman, I. P. L. (1988b) – Cesium. In: *Handbook on Toxicity of Inorganic Compounds* (H. G. Seiler, H. Sigel and A. Siegel, Eds.), Marcel Dekker, Inc., New York, 217-221.

Davie, R. J.; Coleman, I. P. L. (1988a) – Rubidium. In: *Handbook on Toxicity of Inorganic Compounds* (H. G. Seiler, H. Sigel and A. Siegel, Eds.), Marcel Dekker, Inc., New York, 567-570.

Davis, S. N.; De Wiest, R. (1971) – *Hidrogeologia*. Ed. Ariel, Barcelona, 563 p.

De Zuane, J. (1997) – *Handbook of Drinking Water Quality*. 2nd Ed., Van Nostrand Reinhold, New York, 575 p.

Direcção-Geral de Geologia e Minas (1992) – *Termas e Águas Engarrafadas em Portugal*. DGGM, Lisboa.

Dissanayake, C. B. (1991) – The Fluoride Problem in the Groundwater of Sri Lanka-Environmental Management and Health. *International Journal of Environmental Studies*, 38: 137-155.

Drever, J. I. (1988) – *The Geochemistry of Natural Waters*. Prentice-Hall, Inc., New Jersey, 437 p.

Dubinchuk, V.; Fröhlich, K.; Gonfiantini, R. (1989) – Isotope Hydrology: Investigating Groundwater Contamination. *IAEA Bulletin*, 1: 24-27.

Durfor, C. N.; Becker, E. (1962) – *Public Water Supplies of the 100 Largest Cities in the United States*. U. S. Geological Survey Water-Supply Paper 1812, 364 p.

Edmunds, M.; Smedley, P. (1996) – Groundwater geochemistry and health: an overview. In : *Environmental Geochemistry and Health with special reference to developing countries* (J. D. Appleton, R. Fuge, G. J. H. McCall, Eds.), Geological Society, 91-105.

Edmunds, M.; Smedley, P. (2005) – Fluoride in Natural Waters. In : *Essentials of Medical Geology : Impacts of the Natural Environment on Public Health* (O. Selinus, B. Alloway, J. A. Centeno, R. B. Finkelman, R. Fuge, U. Lindh, P. Smedley, Eds.), Elsevier Academic Press, 301-329.

Emsley, J. (1998) – *The Elements*. 3rd Ed., Oxford University Press, 292 p.

Ewers, U.; Manojlovic, N.; Hadnagy, W.; Grover, Y. (1988) – Chlorine. In: *Handbook on Toxicity of Inorganic Compounds* (H. G. Seiler, H. Sigel and A. Siegel, Eds.), Marcel Dekker, Inc., New York, 223-237.

Featherstone, J. D. B. (2004) – The Continuum of Dental Caries-Evidence for a Dynamic Disease Process. *Journal of Dental Research*, 83 (Special Issue C): C39-C42.

Fouillac, C.; Michard, G. (1981) – Sodium/Lithium Ratio in Water Applied to Geothermometry of Geothermal Reservoirs. *Geothermics*, 10: 55-70.

Fournier, R. O. (1977) – Chemical Geothermometers and Mixing Models for Geothermal Systems. *Geothermics*, 5: 41-50.

Fournier, R. O. (1979) – Geochemical and Hydrological Considerations and the Use of Enthalpy-Chloride Diagrams in the Prediction of Underground Conditions in Hot-spring Systems. *Journ. Volcanol. Geotherm. Res.*, 5: 1-16.

Fournier, R. O.; Truesdell, A. H. (1973) – An Empirical Na-K-Ca Geothermometer for Natural Waters. *Geochimica et Cosmochimica Acta*, 37: 1255-1275.

Fournier, R. O.; Truesdell, A. H. (1974) – Geochemical Indicators of Subsurface Temperature – Part 2. Estimation of Temperature and Fraction of Hot Water Mixed With Cold Water. *Journ. Res. U. S. Survey*, 2: 263-270.

Friedberg, K. D.; Schiller, E. (1988) – Silicon. In: *Handbook on Toxicity of Inorganic Compounds* (H. G. Seiler, H. Sigel and A. Siegel, Eds.), Marcel Dekker, Inc., New York, 595-617.

Galloway, J.N., Likens, G.E., Keene, W.C., Miller, J.M. (1982) – The composition of precipitation in remote areas of the world. *Journal of Geophysical Research,* 87, 8771-8786.

Gascoyne, M. (2004) – Hydrogeochemistry, Groundwater Ages and Sources of Salts in a Granitic Batholith on the Canadian Shield, Southeastern Manitoba. *Applied Geochemistry*, 19: 519-560.

Geyh, M. (2000) – *Environmental Isotopes in the Hydrological Cycle. Principles and Applications. Volume IV: Groundwater. Saturated and Unsaturated Zone.* UNESCO/IAEA, Viena, 190 p.

Giggenbach, W. F. (1988) – Geothermal solute equilibria. Derivation of Na-K-Mg-Ca geoindicators. *Geochimica et Cosmochimica Acta*, 52: 2749-2765.

Giggenbach, W. F.; Gonfiantini, R.; Jangi, B. L.; Truesdell, A. H. (1983) – Isotopic and Chemical Composition of Parbaty Valley Geothermal Discharges, North-West Himalaya, Índia, *Georthermics*, 12: 199-222.

Glasstone, S.; Lewis, D. (1960) – *Elements of Physical Chemistry.* Princeton, N. J., 758 p.

Gray, N. F. (1994) – *Drinking Water Quality: Problems and Solutions.* John Wiley & Sons, Chichester, 315 p.

Greenberg, A. E.; Clesceri, L. S.; Eaton, A. D., Eds. (1992) – *Standard Methods For the Examination of Water and Wastewater.* 18th Ed., APHA, AWWA, WEF, New York.

Hall, A. (1996) – *Igneous Petrology* (2nd edition). Longman Group Limited, 551 p.

Hamilton, J. W.; Wetterhahn, K. E. (1988) – Chromium. In: *Handbook on Toxicity of Inorganic Compounds* (H. G. Seiler, H. Sigel and A. Siegel, Eds.), Marcel Dekker, Inc., New York, 239-250.

Handy, R. D.; Eddy, F. B.; Baines, H. (2002) – Sodium-dependent Copper Uptake Across Epithelia: a Review of Rationale With Experimental Evidence from Gill and Intestine. *Biochimica et Biophysica Acta*, 1566: 104-115.

Hem, J. D. (1985) – *Study and Interpretation of the Chemical Characteristics of Natural Water.* 3rd. ed., U. S. Geological Survey Water-Supply Paper 2254, 263 p.

Hoefs, J. (1997) – *Stable Isotope Geochemistry*. Springer-Verlag, Berlin, 201 p.

Hounslow, A. W. (1995) – *Water Quality Data. Analysis and Interpretation*. Lewis Publishers, New York, 397 p.

IGC (1984) – Carta Corográfica de Portugal na Escala 1/50 000. Folha 9B (Guimarães). Série M 7810. Edição 2, Lisboa.

IGE (1997) – Carta Militar de Portugal. Escala 1/25 000. Folha 98. Série M 888. Edição 2, Lisboa.

Institute of Medicine (1982) – *Drinking Water and Health.* Volume 4. National Academy Press, Washington, D.C., 299 p.

Institute of Medicine (2000) – *Dietary Reference Intakes for Vitamin C, Vitamin E, Selenium, and Carotenoids.* National Academy Press, Washington, D.C., 506 p.

Institute of Medicine (2001) – *Dietary Reference Intakes for Vitamin A, Vitamin K, Arsenic, Boron, Chromium, Copper, Iodine, Iron, Manganese, Molybdenum, Nickel, Silicon, Vanadium, and Zinc.* National Academy Press, Washington, D.C., 773 p.

Institute of Medicine (2004) – *Dietary Reference Intakes for Water, Potassium, Sodium, Chloride, and Sulfate.* National Academy Press, Washington, D.C., 640 p.

Institute of Medicine (2007a) – *Health Effects of Beryllium Exposure: A Literature Review.* National Academy Press, Washington, D.C., 108 p.

Institute of Medicine (2007b) – *Spacecraft Water Exposure Guidelines for Selected Contaminants.* Volume 2. National Academy Press, Washington, D.C., 514 p.

International Union of Pure and Applied Chemistry (1994) – Atomic Weights of the Elements 1993. *Pure Appl. Chem.*, 66: 2423-2444.

Jaeger, A. (2003) – Lithium. *Medicine*, 31(10): 58.

Jenkins, D. N.; Prentice, J. K. (1982). Theory for Aquifer Test Analysis in Fractured Rocks Under Linear (Nonradial) Flow Conditions. *Ground water*, vol. 20, n° 1: 12-21.

Jones, B. (2005) – Animals and Medical Geology. In : *Essentials of Medical Geology: Impacts of the Natural Environment on Public Health* (O. Selinus, B. Alloway, J. A. Centeno, R. B. Finkelman, R. Fuge, U. Lindh, P. Smedley, Eds.), Elsevier Academic Press, 513-526.

Julivert, M.; Fontboté, J.; Ribeiro, A.; Conde, L. (1972) – *Mapa Tectónico de la Península Ibérica y Baleares. Escala 1/1 000 000*. Instituto Geologico y Minero de España.

Julivert, M.; Fontboté, J.; Ribeiro, A.; Conde, L. (1977) – *Mapa Tectónico de la Península Ibérica y Baleares*. Instituto Geologico y Minero de España, Servicio de Publicaciones, Ministerio de Industria, Madrid, 113 p.

Kharaka, Y. K.; Mariner, R. H. (1989) – Chemical Geothermometers and Their Application to Formation Waters From Sedimentary Basins. In: Naeser, N. D.; McCulloch, T. H. (eds.), *Thermal History of Sedimentary Basins: Methods and Case Histories*, Springer-Verlag: 99-117.

Kettrup, A.; Hüppe, U. (1988) – Nitrogen. In: *Handbook on Toxicity of Inorganic Compounds* (H. G. Seiler, H. Sigel and A. Siegel, Eds.), Marcel Dekker, Inc., New York, 475-489.

REFERÊNCIAS BIBLIOGRÁFICAS | 241

Konhauser, K. (2007) – *Introduction to Geomicrobiology*. Blackwell Publishing, 425 p.

Kotaś, J.; Stasicka, Z. (2000) – Chromium Occurrence in the Environment and Methods of its Speciation. *Environmental Pollution*, 107: 263-283.

Krauskopf, K. B.; Bird, D. K. (1995) – *Introduction to Geochemistry*. 3rd Ed., McGraw--Hill, Inc., New York, 647 p.

Kurokawa, Y.; Maekawa, A.; Takahashi, M.; Hayashi, Y. (1990) – Toxicity and Carcinogenicity of Potassium Bromate – A New Renal Carcinogen. *Environmental Health Perspectives*, 87: 309-335.

Lambotee-Vandepaer, M.; Bogaert, M. D. (1988) – Scandium. In: *Handbook on Toxicity of Inorganic Compounds* (H. G. Seiler, H. Sigel and A. Siegel, Eds.), Marcel Dekker, Inc., New York, 577-580.

Larsen, L. (1988) – Boron. In: *Handbook on Toxicity of Inorganic Compounds* (H. G. Seiler, H. Sigel and A. Siegel, Eds.), Marcel Dekker, Inc., New York, 129-141.

Lepierre, C. (1930-31) – Chimie et Physico-Chimie des Eaux. In: *Le Portugal Hydrologique et Climatique*, Indústrias Gráficas (Ed.), Lisboa: 75-106.

Lima, A. S.; Oliveira, A. C. V.; Costa, J. A. B. (2006) – *Perímetro de Protecção da Ocorrência Hidromineral de Caldas da Saúde*. Relatório inédito, Empresa das Caldas da Saúde. S. A., 69 p.

Lima, A. S.; Silva, M. O. (2000) – Utilização de Isótopos Ambientais na Estimativa das Áreas de Recarga em Regiões Graníticas (Minho-NW de Portugal). In: *Las Águas Subterráneas en el Noroeste de la Península Ibérica* (J. Samper, T. Leitão, L. Fernández, L. Ribeiro, Eds.), Instituto Geológico y Minero de España, 387-394.

Lima, A. S.; Silva, M. O. (2003) – Origens das Mineralizações de Águas Subterrâneas em Terrenos Graníticos. *Actas do VI SILUSBA*, Praia, Cabo Verde, 10-13 de Novembro de 2003. Publicação em CD-ROM.

Lima, A.S. (1994) – *Hidrogeologia de Regiões Graníticas (Braga – NW Portugal)*. Tese de Mestrado, Universidade do Minho, Braga, 202 p.

Lima, A.S. (2001) – *Hidrogeologia de Terrenos Graníticos (Minho-Portugal)*. Tese de Doutoramento, Universidade do Minho, Braga, 451 p.

Lima, A.S. (2007) – Contributo dos aerossóis marinhos e continentais para a composição química da precipitação atmosférica na região do Minho (NW de Portugal). *Resumos do VI Congresso Ibérico de Geoquímica/XV Semana de Geoquímica*, Universidade de Trás-os-Montes e Alto Douro, Vila Real, 16 a 21 de Julho de 2007, Publicação em CD-ROM, 442-445.

Lima, A. S.; Oliveira, A. C. V. (2007) – Conceptualização de Modelos Hidrogeológicos em Águas Sulfúreas. In: *O Valor Acrescentado das Ciências da Terra no Termalismo e no Engarrafamento de Água. II Fórum Ibérico de Águas Engarrafadas e Termalismo* (H. I. Chaminé e J. M. Carvalho, Eds.), 141-160.

Lima, A.S.; Oliveira, A.C.V.; Costa, J.A.B. (2007) – Delimitação de Perímetros de Protecção de Recursos Hidrominerais: Proposta Metodológica Aplicada à Ocorrência de Caldas da Saúde (Noroeste de Portugal). *Actas do 8º SILUSBA*, São Paulo, Brasil, 25 a 29 de Novembro de 2007, publicação em CD-ROM.

Lindh, U. (2005) – Biological Functions of the Elements. In: *Essentials of Medical Geology: Impacts of the Natural Environment on Public Health* (O. Selinus, B. Alloway, J. A. Centeno, R. B. Finkelman, R. Fuge, U. Lindh, P. Smedley, Eds.), Elsevier Academic Press, 115-160.

Longinelli, .; Selmo, E. (2003) – Isotopic Composition of Precipitation in Italy: a First Overall Map. *Journal of Hydrology*, 270: 75-88.

Lopes, A. L. (1892) – *Aguas Minero-Medicinaes de Portugal*. M. Gomes, Livreiro-Editor, Lisboa, 476 p.

Lucas, L. L.; Unterweger, M. P. (2000) – Comprehensive Review and Critical of the Half-Life of Tritium. *Journal of Research of the National Institute of Standards and Technology*, 105(4): 541549.

Luzes, O.; Narciso, A. (1930-31) – *Les Eaux et les Stations Thermales (Le Portugal Hydrologique et Climatique)*. Indústrias Gráficas, Lisboa, 38 p.

Macedo, L.; Lima, A. S. (2007) – Hydrogeological Behavior of Fractured Shallow Aquifers: a Case Study in the Vieira do Minho Granite Area (NW Portugal). Actas de *"2007 U.S. EPA/ NGWA Fractured Rock Conference"*, Portland, Maine, USA, 24 a 26 de Setembro de 2007, 15 p.

Machata, G. (1988) – Barium. In: *Handbook on Toxicity of Inorganic Compounds* (H. G. Seiler, H. Sigel and A. Siegel, Eds.), Marcel Dekker, Inc., New York, 97-101.

Mason, P. (2004) – *Bicarbonate's Importance to Human Health*. Disponível online em http://www.mgwater.com/bicarb.shtml.

Mazor, E. (1991) – *Applied Chemical and Isotopic Groundwater Hydrology*. Halsted Press, a Division of John Wiley & Sons, Inc., New York, 274 p.

Meyer, C.B. (1988) – Sulfur. In: *Handbook on Toxicity of Inorganic Compounds* (H. G. Seiler, H. Sigel and A. Siegel, Eds.), Marcel Dekker, Inc., New York, 639-660.

Mittlefehldt, D. W. (1999) – Cesium. In: *Encyclopedia of Geochemistry* (C. P. Marshall, R. W. Fairbridge, Eds.), Kluwer Academic Publishers, 76.

Mook, W. G. (2000) – *Environmental Isotopes in the Hydrological Cycle. Principles and Applications. Volume I: Introduction. Theory, Methods, Review*. UNESCO/ /IAEA, Viena, 280 p.

Narciso, A. (1930-31) – Histoire des Thermes. In: *Le Portugal Hydrologique et Climatique*, Indústrias Gráficas (Ed.), Lisboa: 11-30.

National High Blood Pressure Education Program (2004) – *The Seventh Report of the Joint National Committee on Prevention, Detection, Evaluation, and Treatment of High Blood Pressure*. NIH Publication Nº 04-5230, 104 p.

Nicholson, K. (1993) – *Geothermal Fluids. Chemistry and Exploration Techniques*. Springer-Verlag, Berlin, 263 p.

Nieva, D.; Nieva, R. (1987) – Developments in Geothermal Energy in Mexico, Part 12 – A Cationic composition Geothermometer for Prospection of Geothermal Resources. *Heat Recovery and CHP*, 7: 243-258.

Nordberg, M.; Cherian, M. G. (2005) – Biological Responses of Elements. In: *Essentials of Medical Geology: Impacts of the Natural Environment on Public Health* (O. Selinus, B. Alloway, J. A. Centeno, R. B. Finkelman, R. Fuge, U. Lindh, P. Smedley, Eds.), Elsevier Academic Press, 179-200.

Ohmoto, H. (1986) – Stable Isotope Geochemistry of Ore Deposits. *Reviews in Mineralogy*, 16: 491-559.

Oliveira, A. C.; Lima, A. S. (2007a) – Composição química da precipitação atmosférica do noroeste da Península Ibérica. *Resumos do VI Congresso Ibérico de Geoquímica/XV Semana de Geoquímica*, Universidade de Trás-os-Montes e Alto Douro, Vila Real, 16 a 21 de Julho de 2007, Publicação em CD-ROM, 454-457.

Oliveira, A. C.; Lima, A. S. (2007b) – Mineral waters of northwestern of the Iberian Peninsula: estimation of the mean altitude of recharge areas based on isotopic data. *Actas do "XXXV IAH Congress: Groundwater and Ecosystems"*; Lisboa, 17-21 de Setembro de 2007, 8 p, publicação em CD-ROM.

Oliveira, A. C.; Lima, A. S. (2007c) – Componente vestigiária da precipitação atmosférica do noroeste da Península Ibérica. *Resumos do VI Congresso Ibérico de Geoquímica/XV Semana de Geoquímica*, Universidade de Trás-os-Montes e Alto Douro, Vila Real, 16 a 21 de Julho de 2007, Publicação em CD-ROM, 450-453.

Oliveira, A. C.; Lima, A. S. (2008) – Spatial Variability in the Stable Isotopes of Modern Precipitation in the Northwest of Ibéria. *Final Programme & Abstract Book of the Joint European Stable Isotope User Meeting: Advances in the Use of Stable Isotopes*: 222.

Parkhurst, D. L. (1995) – User's guide to PHREEQC – A computer program for speciation, reaction-path, advective-transport, and inverse geochemical calculations. *U.S. Geological Survey Water-Resources Investigations*, 95-4227, 143 p.

Parkhurst D. L., Thorenston D. C. & Plummer N. L. (1980) – PHREEQE – A computer program for geochemical calculations. *U.S. Geological Survey Water Resource Investigations*, 80-96, 210 p.

Peacock, C.; Sherman, D. (2004) – Vanadium(V) Adsorption onto Goethite (α-FeOOH) at pH 1.5 to 12: A Surface Complexation Model Based on Ab Initio Molecular Geometries and EXAFS Spectroscopy. *Geochimica et Cosmochimica Acta*, 68(8): 1723-1733.

Penman, H. L. (1950) – Evaporation Over the British Isles. *Quart. J. Roy. Met. Soc.*, LXXVI, 330: 372-383.

Pérez-Estaún, A.; Bea, F.; Bastida, F.; Marcos, A.; Catalán, J.R.M.; Poyatos, D.M.; Arenas, R.; García, F.D.; Azor, A.; Simancas, J.F.; Lodeiro, F.G. (2004) – La Cordillera Varisca Europea: El Macizo Ibérico. In: *Geología de España* (J.A. Vera, Ed.), SGE-IGME, Madrid, 21-25.

Piper, A. M. (1944) – A graphical procedure in the the geochemical interpretation of water analyses. *Transactions of the American Geophysical Union*, 25: 914-923.

Pirlo, M. C. (2004) – Hydrogeochemistry and Geothermometry of Thermal Groundwaters from the Birdsville Track Ridge, Great Artesian Basin, South Australia. *Geothermics*, 33: 743-774.

Plummer, L. N.; Busenberg, E. (1982) – The solubilities of calcite, aragonite and vaterite in CO_2-H_2O solutions between 0 and 90 °C, and an evaluation of the aqueous model for the system $CaCO_3$-CO_2-H_2O. *Geochimica et Cosmochimica Acta*, 46: 1011-1040.

Reimann, C.; Caritat, P. (1998) – *Chemical Elements in the Environment. Factsheets for the Geochemist and Environmental Scientist*. Springer-Verlag, Berlin, Heidelberg, New York, 398 p.

Ribeiro, A.; Almeida, F. M. (1981) – Geotermia de Baixa Entalpia em Portugal Continental. *Geonovas*, vol. 1, 2: 60-71.

Ribeiro, O.; Lautensach, H.; Daveau, S. (1988) – *Geografia de Portugal. II – O Ritmo Climático e a Paisagem*. Ed. João Sá da Costa, Lisboa, 335 – 623.

Ribeiro, A.; Cabral, J.; Baptista, R.; Matias, L. (1996) – Stress Pattern in Portugal Mainland and the Adjacent Atlantic Region, West Iberia. *Tectonics*, vol. 15, 2: 641-659.

Rickard, D. T. (1972) – Covellite Formation in Low Temperature Aqueous Solutions. *Mineral Deposita*, 7: 180-188.

Rozanski, K.; Araguás-Araguás, L.; Gonfiantini, R. (1993) – Isotopic Patterns in Modern Global Precipitation. In: *Climate Change in Continental Isotopic Records* (P. K. Swart, K. C. Lohman, J. Mckenzie and S. Savin, Ed.), American Geophysical Union, Geophysical Monograph, 78: 1-36.

Rubenowitz-Lundin, E. ; Hiscock, K. (2005) – Water Hardness and Health Effects. In: *Essentials of Medical Geology: Impacts of the Natural Environment on Public Health* (O. Selinus, B. Alloway, J. A. Centeno, R. B. Finkelman, R. Fuge, U. Lindh, P. Smedley, Eds.), Elsevier Academic Press, 331-345.

Sari, Y. W.; Soejoko, D. S.; Dahlan, K. (2007) – Nanostructure in Bone Apatite. In: *3rd Kuala Lumpur International Conference on Biological Engineering 2006, Biomed 06, IFMBE Proceedings* (F. Ibrahim, N. A. Abu Osman, J. Usman, N. A. Kadri, Eds.), Springer-Verlag, 15: 118-121.

Sarkar, B. (1988) – Copper. In: *Handbook on Toxicity of Inorganic Compounds* (H. G. Seiler, H. Sigel and A. Siegel, Eds.), Marcel Dekker, Inc., New York, 263-276.

Schöeller, H. (1962) – *Les Eaux Souterraines*. Ed. Masson, Paris, 642 p.

Schrauzer, G. N. ; Shrestha, K. P. (1990) – Lithium in Drink Water and the Incidence of Crimes, Suicides and Arrests Related to Drug Addictions. *Biological Trace Element Research*, 25: 105-114.

Schrauzer, G. N. (2002) – Lithium : Occurrence, Dietary Intakes, Nutritional Essentiality. *Journal of the American College of Nutrition*, 21(1): 14-21.

Séby, F.; Potin-Gautier, M; Giffaut, E.; Borge, G; Donard, O. F. X. (2001) – A critical review of thermodynamic data for selenium species at 25 ºC. *Chemical Geology*, 171: 173-194.

Seiler, R. L.; Stollenwerk, K. G.; Garbarino, J. R. (2005) – Factors controlling tungsten concentrations in ground water, Carsno Desert, Nevada. *Applied Geochemistry*, 20: 423-441.

Shaw, E. (1994) – *Hydrology in Practice*. Third Edition, Chapman & Hall, London, 569 p.

Simmons, E. C. (1999) – Rubidium: Element and Geochemistry. In: *Encyclopedia of Geochemistry* (C. P. Marshall, R. W. Fairbridge, Eds.), Kluwer Academic Publishers, 555-556.

Skinner, H. C. W. (2005) – Mineralogy of Bone. In: *Essentials of Medical Geology: Impacts of the Natural Environment on Public Health* (O. Selinus, B. Alloway, J. A. Centeno, R. B. Finkelman, R. Fuge, U. Lindh, P. Smedley, Eds.), Elsevier Academic Press, 667-693.

Sørensen, S. (1909) – The measurement of the hydrogen ion concentration and its importance for enzymatic process. *Biochemische Zeitschrift*, 21: 131–304.

Stanley, J. S.; Mock, D. M.; Griffin, J. B.; Zempleni, J. (2002) – Biotin Uptake into Human Peripheral Blood Mononuclear Cells Increases Early in the Cells Cycle, Increasing Carboxylate Activities. *Journal of Nutrition*, 132: 1854-1859.

Sticht, G. (1988) – Fluorine. In: *Handbook on Toxicity of Inorganic Compounds* (H. G. Seiler, H. Sigel and A. Siegel, Eds.), Marcel Dekker, Inc., New York, 283-294.

Sticht, G.; Käferstein, H. (1988) – Bromine. In: *Handbook on Toxicity of Inorganic Compounds* (H. G. Seiler, H. Sigel and A. Siegel, Eds.), Marcel Dekker, Inc., New York, 143-154.

Stober, I.; Bucher, K. (1999) – Origin of Salinity of Deep Groundwater in Crystalline Rocks. *Terra Nova*, 11: 181-185.

Sunderman, F. W. (1988) – Nickel. In: *Handbook on Toxicity of Inorganic Compounds* (H. G. Seiler, H. Sigel and A. Siegel, Eds.), Marcel Dekker, Inc., New York, 453-468.

Thornthwaite, C. W. (1944) – Report of the Committee on Transpiration and Evaporation, 1943-44. *Transactions of the American Geophysical Union*, 25: 683-693.

Thornthwaite, C. W.; Mather, J. R. (1955) – *The Water Balance*. Publication 8: 1-86. Centeron, New Jersey, Laboratory of Climatology.

Tilemann, I. J. (2005) – *Das Thermalwasser von Baden-Baden*. Baden-Baden, 18 p.

Tonani, F. (1980) – Some Remarks on the Application of Geochemical Techniques in Geothermal Exploration. *Proc. Adv. Eur. Geoth. Res.*, Second Symposium, Strasbourg: 428-443.

Trigo, R.; Osborn, T.J.; CorteReal, J. (2002) – Influência da Oscilação do Atlântico Norte no Clima do Continente Europeu e no Caudal dos Rios Ibéricos Atlânticos. *Finisterra*, XXXVII, 73: 5-31.

Truesdell, A. H. (1976) – Summary of Section III. Geochemical Techniques in Exploration. *Proc. Second United Nations Symposium on the Development and Use of Geothermal Resources*. San Francisco: 53-79.

Truesdell, A. H.; Fournier, R. O. (1977) – Procedure for Estimating the Temperature of a Hot-water Component in a Mixed Water by Using a Plot of Silica Versus Enthalpy. *Journ. Research U. S. Geol. Survey*, 5: 49-52.

Verhas, M.; Guéronnière, V.; Grognet, J.; Paternot, J.; Hermanne, A.; Van den Winkel, P.; Gheldof, R.; Martin, P.; Fantino, M.; Rayssiguier, Y. (2002) – Magnesium Bioavailability from Mineral Water. A Study in Adult Men. *European Journal of Clinical Nutrition*, 56: 442-447.

Verma, M. P. (2000) – Chemical Thermodynamics of Sílica: A Critique on its Geothermometer. *Geothermics*, 29: 323-346.

Walton, J. R. (2007) – An Aluminum-based Rat Model for Alzheimer's Disease Exhibits Oxidative Damage, Inhibition of PP2A Activity, Hyperphosphorylated Tau, and Granulovacuolar Degeneration. *Journal of Inorganic Biochemistry*, 101: 1275--1284.

Wennig, R.; Kirsch, N. (1988a) – Titanium. In: *Handbook on Toxicity of Inorganic Compounds* (H. G. Seiler, H. Sigel and A. Siegel, Eds.), Marcel Dekker, Inc., New York, 705-714.

Wennig, R.; Kirsch, N. (1988b) – Strontium. In: *Handbook on Toxicity of Inorganic Compounds* (H. G. Seiler, H. Sigel and A. Siegel, Eds.), Marcel Dekker, Inc., New York, 631-638.

Wennig, R.; Kirsch, N. (1988c) – Molybdenum. In: *Handbook on Toxicity of Inorganic Compounds* (H. G. Seiler, H. Sigel and A. Siegel, Eds.), Marcel Dekker, Inc., New York, 437-447.

Wennig, R.; Kirsch, N. (1988d) – Tungsten. In: *Handbook on Toxicity of Inorganic Compounds* (H. G. Seiler, H. Sigel and A. Siegel, Eds.), Marcel Dekker, Inc., New York, 731-738.

Williamson, M.; Rimstidt, J. (1992) – Correlation Between Structure and Thermodynamic Properties of Aqueous Sulfur Species. *Geochimica et Cosmochimica Acta*, 56: 3867-3880.

Wood, S. A.; Samson, I. M. (2006) – The Aqueous Geochemistry of Gallium, Germanium, Indium and Scandium. *Ore Geology Reviews*, 28: 57-102.

Xilai, Z.; Armannsson, H.; Yongle, L.; Hanxue, Q. (2002) – Chemical Equilibria of Thermal Waters for the Application of Geothermometers from the Guanzhong Basin, China. *Journal of Volcanology and Geothermal Research*, 113: 119-127.

Zoltai, T.; Stout, J. H. (1984) – *Mineralogy: Concepts and Principles*. Macmillan Publishing Company, New York, 505 p.

Zorn, H.; Diller, W.; Eisenmann, R.; Freundt, K.; Friedberg, D.; Mengel, K.; Schiele, R.; Triebig, G. (1988a) – Carbon. In: *Handbook on Toxicity of Inorganic Compounds* (H. G. Seiler, H. Sigel and A. Siegel, Eds.), Marcel Dekker, Inc., New York, 183-214.

Zorn, H.; Stiefel, T.; Beuers, J.; Schlegelmilch, R. (1988b) – Beryllium. In: *Handbook on Toxicity of Inorganic Compounds* (H. G. Seiler, H. Sigel and A. Siegel, Eds.), Marcel Dekker, Inc., New York, 105-114.